高等学校工程管理系列教材

项目融资

（修订本）

叶苏东　著

清华大学出版社
北京交通大学出版社
·北京·

内 容 简 介

本书在阐述项目融资主要内容及最新研究成果的基础上，探讨了项目融资的实际应用问题，通过案例分析使读者掌握项目融资的运用、加深对项目融资的理解，并在学习项目融资基本知识的同时，扩大视野，能够创造性地运用项目融资模式。

本书可作为高等院校工程管理、项目管理专业本科生及研究生的教材，也可作为项目融资方面的培训教材，同时还可供项目融资实践工作者参考。

本书封面贴有清华大学出版社防伪标签，无标签者不得销售。
版权所有，侵权必究。侵权举报电话：010-62782989　13501256678　13801310933

图书在版编目（CIP）数据

项目融资 / 叶苏东著． — 北京 ： 北京交通大学出版社 ：清华大学出版社，2018.5（2024.1重印）
（高等学校工程管理系列教材）
ISBN 978-7-5121-3544-4

Ⅰ．① 项…　Ⅱ．① 叶…　Ⅲ．① 项目融资–高等学校–教材　Ⅳ．① F830.45

中国版本图书馆 CIP 数据核字（2018）第 091546 号

项目融资
XIANGMU RONGZI

责任编辑：赵彩云

出版发行：	清华大学出版社	邮编：100084	电话：010-62776969	http://www.tup.com.cn
	北京交通大学出版社	邮编：100044	电话：010-51686414	http://www.bjtup.com.cn

印　刷　者：北京虎彩文化传播有限公司
经　　　销：全国新华书店
开　　　本：185 mm×260 mm　印张：15.25　字数：390 千字
版　印　次：2024 年 1 月第 1 次修订　2024 年 1 月第 3 次印刷
书　　　号：ISBN 978-7-5121-3544-4/F·1779
定　　　价：49.00 元

本书如有质量问题，请向北京交通大学出版社质监组反映。对您的意见和批评，我们表示欢迎和感谢。
投诉电话：010-51686043，51686008；传真：010-62225406；E-mail：press@bjtu.edu.cn。

前　言

"古为今用，洋为中用。"项目融资理念起源于欧洲，在20世纪80年代引入中国，不但为改革开放和中华民族伟大复兴作出了巨大贡献，而且得到了发展和完善，在实践中不断有新的项目融资模式出现，如项目收益权质押贷款、项目收益债券和票据、项目资产证券化、与REITS相结合等。为了扩大项目融资的应用范围，2014年提出了具有中国特色的"政府和社会资本合作"（Public-Private-Partnership，PPP）模式，其应用范围包括基础设施和公用事业项目的建设运营，并为中国企业在"一带一路"建设中提供助力。鉴于此，本书在阐述项目融资主要内容的基础上，着重讨论项目融资的实际应用问题，并通过国内外的案例分析，使读者掌握运用项目融资的方法、加深对项目融资的理解；本书还介绍了项目融资的最新研究成果，并在学习项目融资基本知识的同时，扩大视野，能够创造性地运用项目融资模式。

本书共分为10章，第1~6章完整阐述项目融资知识体系及其5个主要知识领域，重点突出项目融资的基本理论内容：

第1章（项目融资概述）叙述项目融资的定义、特征、适用范围，比较项目融资与公司融资的不同；阐述项目融资知识体系，展现项目融资的整体框架，让读者了解项目融资所涉及的主要内容；介绍实施项目融资的阶段、步骤和成功的基本条件，以及项目融资的起源、发展趋势和应用范围。

第2章（项目综合分析）叙述主要的项目评价方法、项目风险的种类及其划分的方法，以及项目融资中主要风险对策。

第3章（项目资金结构）叙述项目的资金结构、股本资金、准股本资金和债务资金的特点，项目资金的主要来源及主要融资工具。

第4章（项目投资结构）叙述项目投资结构的作用、项目投资结构的基本形式、各种项目投资结构的优缺点、设计项目投资结构的主要考虑因素。

第5章（项目资信结构）叙述项目资信的构成、项目资产和收益及其特点、项目相关合同和协议、项目资信增级措施。

第6章（项目融资结构）叙述项目融资结构的设计原则及主要的项目融资结构形式。

第7~10章的内容涉及项目融资的主要融资方式，重点突出项目融资过程中几大融资工具的一些实际操作问题：

第7章（项目权益质押贷款）叙述项目权益质押贷款的融资方式。

第8章（项目收益债券和票据）叙述项目收益债券和票据的融资方式。

第9章（其他形式的融资方式）讨论融资租赁、融资基金和直接融资等融资方式。

第10章（项目资产证券化）叙述项目资产证券化融资方式。

本书的篇章结构如下所示：

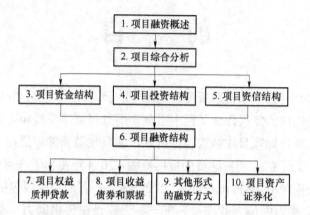

需要指出的是，项目融资仍然处在发展和创新的过程之中，希望读者能运用项目融资知识，进行独立思考和创新思维，促进项目融资理论的发展。在应用项目融资时，应以中华民族伟大复兴为目的，践行社会主义核心价值观，结合中国社会主义特色，创新项目融资应用模式，为促进社会经济发展作贡献。

本书得到了国家自然科学基金项目（71171017）的资助，在此表示感谢。

叶苏东
2024 年 1 月

目　录

第1章　项目融资概述 ... 1
1.1　项目融资的定义及相关概念 ... 1
1.1.1　项目融资的定义 ... 1
1.1.2　项目融资与相关概念 ... 3
1.2　项目融资的运作框架 ... 8
1.2.1　项目分析与评价 ... 9
1.2.2　项目资金结构 ... 9
1.2.3　项目投资结构 ... 9
1.2.4　项目资信结构 ... 10
1.2.5　项目融资结构 ... 10
1.3　项目融资的运作过程 ... 12
1.4　项目融资的主要特点 ... 14
1.4.1　项目融资的主要参与人 ... 14
1.4.2　项目融资的贷款特点 ... 17
1.4.3　项目融资的优缺点 ... 17
1.5　项目融资的起源及应用 ... 19
1.5.1　项目融资的起源 ... 19
1.5.2　项目融资的应用 ... 20
1.6　本书的组织结构 ... 21
思考题 ... 22

第2章　项目综合分析 ... 23
2.1　项目的现金流分析 ... 24
2.1.1　确定条件下的现金流分析 ... 24
2.1.2　风险条件下的现金流分析 ... 26
2.2　项目投资决策方法 ... 28
2.2.1　基于确定现金流的评价方法 ... 28
2.2.2　考虑风险影响的评价方法 ... 32
2.2.3　考虑社会利得和成本的评价方法 ... 36
2.2.4　贷款人的项目评价决策方法 ... 38
2.2.5　项目投资决策方法的比较 ... 39
2.3　项目风险分析 ... 42
2.3.1　项目风险识别 ... 43
2.3.2　项目风险评估 ... 44

  2.3.3 项目风险对策 ································· 45
  2.3.4 项目风险对策的实施措施 ·························· 48
 2.4 案例分析——澳大利亚 Hills M2 高速公路项目 ············· 49
思考题 ·· 51

第3章 项目资金结构 ······································· 52
 3.1 项目资金类型、来源及金融工具 ···························· 53
  3.1.1 项目资金类型 ································· 53
  3.1.2 项目资金来源及金融工具 ·························· 55
 3.2 股本资金的筹集概述 ································· 56
  3.2.1 以股权证书形式筹集股本资金 ······················· 56
  3.2.2 以股票形式筹集股本资金 ·························· 56
 3.3 债务资金的筹集概述 ································· 58
  3.3.1 高级债务资金的金融工具 ·························· 58
  3.3.2 次级债务资金的金融工具 ·························· 59
  3.3.3 债务资金的关键要素 ····························· 60
 3.4 项目资金结构设计 ·································· 61
  3.4.1 项目资金的股债比例 ····························· 62
  3.4.2 项目资金的币种组合 ····························· 63
  3.4.3 项目资金的投入时间 ····························· 64
  3.4.4 项目资金的筹集方式 ····························· 64
  3.4.5 项目资金的来源组合 ····························· 64
  3.4.6 项目资金结构设计的主要考虑事项 ····················· 65
 3.5 案例分析——加拿大 407 公路项目 ························· 68
  3.5.1 项目概况 ····································· 68
  3.5.2 项目资金结构 ································· 69
  3.5.3 项目收入及其分配 ······························· 71
  3.5.4 贷款和债券的风险-回报 ··························· 71
  3.5.5 经验教训 ····································· 73
思考题 ·· 74

第4章 项目投资结构 ······································· 75
 4.1 项目投资结构的含义和经济实体类型 ························ 76
  4.1.1 特殊目的载体 ································· 76
  4.1.2 经济实体类型 ································· 76
  4.1.3 经济实体的特点比较 ····························· 83
 4.2 项目投资结构设计 ·································· 84
  4.2.1 投资结构的构成 ································ 84
  4.2.2 单实体投资结构 ································ 85

  4.2.3 双实体投资结构 ·· 87
  4.2.4 多实体投资结构 ·· 89
  4.2.5 投资结构设计的主要考虑事项 ·· 92
 思考题 ··· 94

第5章 项目资信结构 ·· 95
 5.1 项目资信构成 ·· 96
  5.1.1 项目资产和项目收益 ·· 97
  5.1.2 项目的合同结构 ·· 98
 5.2 项目资信增级 ·· 103
  5.2.1 内部增信的主要措施 ·· 104
  5.2.2 外部增信的主要措施 ·· 105
  5.2.3 其他增信措施 ·· 111
 5.3 项目资信结构设计的主要考虑事项 ·· 112
  5.3.1 物权担保的局限性 ·· 112
  5.3.2 融资协议中的积极和消极保证条款 ·································· 112
  5.3.3 项目融资的主要资信基础 ·· 112
  5.3.4 债权保障的连续有效 ·· 113
 5.4 案例分析——印尼Paiton电厂项目 ··· 113
 思考题 ··· 120

第6章 项目融资结构 ·· 121
 6.1 项目融资结构设计 ·· 122
  6.1.1 项目融资结构设计的主要目标 ··· 122
  6.1.2 项目融资结构设计的基本思路 ··· 123
  6.1.3 项目融资结构设计的关键问题 ··· 124
 6.2 典型的项目融资结构 ·· 126
  6.2.1 利用专设项目公司安排融资 ··· 126
  6.2.2 利用专设融资公司安排融资 ··· 128
  6.2.3 利用专设信托基金安排融资 ··· 128
 6.3 项目融资结构设计应注意的事项 ··· 131
  6.3.1 有限追索权融资的实现 ·· 131
  6.3.2 项目风险的分担 ··· 131
  6.3.3 资产负债表外融资的实现 ·· 132
  6.3.4 提高项目资信 ·· 132
  6.3.5 项目融资结构的整体优化 ·· 132
 6.4 案例分析——中国广西来宾B电厂项目 ··· 133
 思考题 ··· 135

第7章 项目权益质押贷款 ... 136
7.1 项目权益质押贷款的基本概念 ... 137
7.1.1 项目权益质押贷款的含义 ... 137
7.1.2 项目权益质押贷款的特点 ... 137
7.2 项目权益质押贷款的交易框架及流程 ... 138
7.2.1 项目权益质押贷款交易典型结构 ... 138
7.2.2 项目权益质押贷款基本流程 ... 141
7.2.3 辛迪加银团贷款概述 ... 144
7.3 案例分析 ... 148
7.3.1 以设施使用协议收益为质押的项目融资 ... 148
7.3.2 以销售协议收益为质押的项目融资 ... 153
7.3.3 以项目收费权为质押的项目融资 ... 159
思考题 ... 162

第8章 项目收益债券和票据 ... 163
8.1 项目收益债券和票据的基本概念 ... 164
8.1.1 项目收益债券的含义及特点 ... 164
8.1.2 项目收益票据的含义及特点 ... 165
8.1.3 项目收益债券和票据的比较 ... 166
8.2 项目收益债融资过程及主要参与人 ... 167
8.2.1 项目收益债融资过程 ... 167
8.2.2 项目收益债融资主要参与人 ... 169
8.3 项目收益债的关键事项 ... 174
8.3.1 项目收益债的发行方式 ... 174
8.3.2 项目收益债交易中的资金监管 ... 177
8.3.3 项目收益债交易中的增信措施 ... 178
8.4 项目收益债券和票据融资案例分析 ... 178
8.4.1 广州市第四资源热力电厂垃圾焚烧发电项目收益债券 ... 178
8.4.2 武汉城市圈环线高速公路洪湖段项目收益票据 ... 181
思考题 ... 185

第9章 其他形式的融资方式 ... 186
9.1 融资租赁 ... 187
9.1.1 直接融资租赁 ... 187
9.1.2 杠杆融资租赁 ... 187
9.2 融资基金 ... 190
9.2.1 融资基金的类型 ... 190
9.2.2 融资基金为项目融资的交易结构 ... 192
9.2.3 苏州绕城高速公路项目的股权投资信托基金融资案例分析 ... 194

9.3 项目主办人直接安排融资·· 195
   9.3.1 统一安排融资并统一销售的融资结构································ 196
   9.3.2 各自安排融资但统一销售的融资结构································ 197
   9.3.3 统一安排融资但各自销售的融资结构································ 198
   9.3.4 各自安排融资并各自销售的融资结构································ 199
   9.3.5 直接融资的特点·· 200
9.4 案例分析——澳大利亚波特兰铝厂项目···································· 200
   9.4.1 项目概况·· 200
   9.4.2 投资结构·· 201
   9.4.3 资金结构·· 201
   9.4.4 资信结构·· 202
   9.4.5 融资结构·· 203
   9.4.6 经验总结·· 204
思考题··· 205

第10章 项目资产证券化··· 206
10.1 资产证券化的基本概念·· 207
   10.1.1 资产证券化的类型·· 207
   10.1.2 资产证券的类型·· 210
   10.1.3 资产证券化融资与项目收益债融资的比较······················· 210
10.2 资产证券化的过程及交易结构·· 211
   10.2.1 资产证券化的过程·· 211
   10.2.2 资产证券化的交易结构··· 213
10.3 资产证券化的关键事项·· 218
   10.3.1 资产证券化中基础资产的选择···································· 218
   10.3.2 资产证券化中特殊目的载体的设立······························· 219
   10.3.3 资产证券化中信用增级·· 219
   10.3.4 资产证券化中资金流的管理······································ 221
10.4 资产证券化案例分析··· 222
   10.4.1 珠海高速公路项目资产证券化···································· 222
   10.4.2 华夏幸福固安PPP资产支持专项计划····························· 225
思考题··· 230

参考文献··· 231

后记··· 233

第1章

项目融资概述

任何项目的建设都需要资源,其中资金是最基本的资源,因为其他资源都可以用资金采购而获得。俗话说,巧妇难为无米之炊。没有资金,项目就无法启动;资金不足,项目就可能中断;资金不及时,项目就可能延期;只有筹集到所需资金,项目才可以开工。因此,人们一直在探讨如何为项目筹集资金,并且创新出许多筹措项目资金的方式,其中最为突出的是项目融资(project financing, project finance)。

1.1 项目融资的定义及相关概念

孙子曰:"知己知彼,百战不殆。"要成功地应用项目融资,就必须了解项目融资的含义及其特点。区分项目融资的概念与其他相关概念有利于更好地理解项目融资。

理解项目融资的含义应首先理解融资的概念。融资也称金融,就是货币资金的融通,通常指货币资金的持有者和需求者之间,直接或间接地进行资金融通的活动。这是资金双向互动的过程,包括资金的融入(筹措资金)和融出(贷放资金);但通常所说的融资是狭义的融资,主要指一个实体机构(企业、公司)的资金筹集的行为与过程,即资金的融入及当事人通过各种方式到金融市场上筹措资金的行为。那么,什么是项目融资?

1.1.1 项目融资的定义

项目融资的概念来源于实践,是通过对大量的项目融资实践进行抽象总结并提炼其共性特征后形成的,即先有项目融资实践,后有"项目融资"这一名称。因此,不同的人对项目融资的定义可能有所不同,但都是围绕项目融资的主要特征进行的。下面列举几个典型的项目融资的定义。

《美国财会标准手册》(1981年)把项目融资看作"对需要大规模资金的项目采取的金融活动。借款人原则上将项目本身拥有的资金及其收益作为还款资金来源,将项目资产作为抵押,而该项目实施实体的信用能力通常不作为重要因素来考虑"。该定义强调项目融资的两个主要特征:一是以项目资产作抵押,以项目收益还贷付息;二是项目实施实体本身的信用不重要。在实践中,项目实施实体常常是为实施项目而专门成立的公司,没有任何历史信用记录,因而其信用能力不作为重要因素来考量。该定义仅表明项目融资是筹集项目资金的金融活动,而没有明确具体的融资工具。

Clifford Chance 法律公司在其编著的《项目融资》一书中写道:"'项目融资'用于代表广泛的,但具有一个共同特征的融资方式,该共同特征是:融资不是主要依赖项目发起人①的信贷或所涉及的有形资产。在项目融资中,提供优先债务的参与方的收益在相当大的程度上依赖于项目本身的效益,因此他们将其自身利益与项目的可行性,以及潜在不利因素对项目影响的敏感性紧密联系起来。"这个定义明确地用总结项目融资共性特征的方式进行阐述,它突出项目融资的3个主要特征:一是融资主要不是依赖项目主办人的资信或其有形资产;二是债务的偿还依赖项目本身的效益;三是债权人承担一定的项目风险。该定义仅表明项目融资是债务融资方式,没有明确具体的融资工具。

中华人民共和国国家计划委员会和国家外汇管理局联合颁布的《境外进行项目融资管理暂行办法》(计外资〔1997〕612 号)将项目融资定义为"以境内建设项目的名义在境外筹措外汇资金,并仅以项目自身预期收入和资产对外承担债务偿还责任的融资方式",并强调项目融资应具有以下性质:① 债权人对于建设项目以外的资产和收入没有追索权;② 境内机构不以建设项目以外的资产、权益和收入进行抵押、质押或偿债;③ 境内机构不提供任何形式的融资担保。虽然上述对项目融资的定义也是以列举其主要特征的方式进行的,但完全针对中国当时项目融资的状况,不具有普遍性。例如:把项目融资的范围限定为"在境外筹措外汇资金",而把国内资金市场排除在外;此外,"境内机构"主要指政府部门和国有企业,不考虑私营企业,主要是防止国有资产的流失。上述定义强调"在境外筹措外汇资金",却没有明确采用什么样的融资工具去筹措外汇资金;定义中还提到了"追索权"②,强调不能追索建设项目以外的资产和收入。

P. K. Nevitt 和 F. Fabozzi 在其合著的《项目融资》一书中,把项目融资定义为"贷款人③(或称放贷人)在向一个经济实体提供贷款时,考察该经济实体的现金流和收益,将其视为偿还债务的资金来源,并将该经济实体的资产作为贷款的抵押,若对这两点感到满意,则贷款人同意放贷"。该定义突出项目融资的两个要点:一是项目融资是以一个经济实体为主体安排的融资,而不是以项目主办人④为主体;二是项目融资中偿还贷款的资金来源仅限于项目本身产生的现金流,如果进行清算,也只限于项目本身的资产。此外,该定义突出融资工具为贷款。

根据中国银行业监督管理委员会于 2009 年 7 月 18 日发布的《项目融资业务指引》第三条的规定,项目融资为符合以下 3 个特征的贷款:① 贷款用途通常是用于建造一个或一组大型生产装置、基础设施、房地产项目或其他项目,包括对在建或已建项目的再融资;② 借款人通常是为建设、经营该项目或为该项目融资而专门组建的企事业法人,包括主要从事该项目建设、经营或融资的既有企事业法人;③ 还款资金来源主要依赖该项目产生的销售收入、补贴收入或其他收入,一般不具备其他还款来源。上述对项目融资的定义也是以列举项目融资的主要特征的方式进行的,但其含义的界定有较强的局限性,即把项目融资限定在贷款范畴且对贷款的用途、借款人的性质也进行了限定。此外,该定义把项目融资等同于贷款,而不是一种融资活动。

---

① 项目发起人,即项目主办人,是负责筹措项目资金、负责项目实施的项目开发商,详细内容见 1.4.1 节。
② 债权人的追索权指债务人未能按期偿还债务时,债权人要求债务人以抵押资产以外的其他资产偿还债务的权利。
③ 贷款人指在贷款活动中运用信贷资金或自由资金向借款人发放贷款的金融机构。
④ 项目融资中,项目主办人一般不是债务人。

上述几种项目融资的定义都取其狭义，即为项目融入资金。综合来看，项目融资具有4个基本特征：① 项目融资是以一个经济实体为主体安排的融资，而不是以项目主办人为主体；② 项目融资中偿还贷款的资金来源仅限于项目本身产生的现金流；③ 进行清算时，一般只限于项目本身的资产，如果有担保的话，一般不超过担保范围，是一种无追索权或有限追索权的融资；④ 项目债权人承担一定的项目风险。其基本思想是以项目自身的资信为主来筹集项目所需要的资金。此外，有些定义明确为贷款融资，有些定义则模糊处理。

因此，项目融资可定义为项目主办人通过风险隔离安排和信用增进措施，以项目资产、预期收益或权益作抵（质）押，为获得一种无追索权或有限追索权的债务资金而进行的融资活动。

1.1.2 项目融资与相关概念

为了更好地理解项目融资的基本概念，需要对"项目融资"与"筹集项目资金""结构性融资""公司融资""抵押贷款""信用贷款""项目开发模式"几个概念或术语进行简要的区分。

1. 项目融资与筹集项目资金

"筹集项目资金"指针对具体项目的一切融资活动，即通过一定渠道、采取适当方式筹措项目所需资金的财务活动。按所筹资金的权益性质不同，分为股权资本和债权资本；按筹资活动是否通过金融机构，分为间接筹资（如银行贷款）和直接筹资（如发行债券）；按资金取得方式不同，分为私募和公募；按资金来源不同，分为内部筹资和外部筹资。筹集项目资金的方法不限，其融资方式可能很单一，也可能很复杂，如既可以是公司融资，也可以是项目融资，还可以是二者的结合。因此，"筹集项目资金"可泛指为建设新项目、收购或改造已有项目或者债务重组所进行的融资活动，是为了项目去融资；而"项目融资"则是利用项目本身的未来收益来筹集该项目所需资金，是利用项目来融资。由此可见，"筹集项目资金"包括"项目融资"。此外，项目融资只是项目债务资金的一种，是项目所需资金的一部分。本书所讨论的内容主要是"项目融资"，但为了对比，并不局限于严格意义上的"项目融资"。

2. 项目融资与结构性融资

结构性融资是通过复杂的法律及公司实体协助转移风险的一种融资。它不同于传统的融资，结构性融资利用特定目的实体（special purpose entity, SPE）将拥有未来现金流的特定资产剥离开来，并以该特定资产为标的进行融资，其资信基础是特定资产，而不是资产所有人的资信。结构性融资是针对具体情况进行特别设计的融资结构，主要是针对不同投资者的需求，混合运用债权（高级与低级、短期与长期）和股权（普通和从属）及其他融资技术，控制信用风险的结构，解决一般融资方式难以解决的问题。通过不同的期限档次和信用档次，结构性融资证券可以满足不同投资者的需求。结构性融资的高收益特点可以吸引"收益导向型"投资者，结构性融资的期限分档特点可以吸引"期限导向型"投资者，结构性融资的信用分档特点可以吸引"信用导向型"投资者；否则，这些投资者就会因投资收益、期限或信用的不匹配而放弃投资。结构性融资方式广泛用于资产证券化①，并且在并购融资和项目融资也得到应用。例如，项目资本常常由股本资金、次级债务资金和高级债务资金三类资金构成，这种资金结构就是结构性融资的应用。此外，作为项目融资工具之一的项目收益债券可以进行结构性设计：不同期限、不同信用档次的债券。

3. 项目融资与公司融资

根据资信基础的不同，筹集项目资金的方式可分为两种：一种是建立在项目主办人本身的资信基础上的公司融资；另一种是建立在项目资产及其预期收益基础上的项目融资。二者的主要区别可以通过一个例子来说明。

某项目总投资为100亿元，A公司决定与B公司和C公司一起合作开发，出资比例分别为A公司45%、B公司30%、C公司25%；项目利润按相应的出资比例分配，即A、B和C三家公司分别获得项目利润的45%、30%和25%。如果采用公司融资，则A公司需要出资45亿元、B公司需要出资30亿元、C公司需要出资25亿元。每家公司的资金可以是自有资金，也可以是贷款，或者二者的混合。如果是贷款，则公司负责还贷付息，当从项目中获得的项目收益不够还贷时，公司需要利用其他的项目或业务的收益来补足；进行清算时，如果项目资产不足以抵偿债务，则追索到公司的其他资产。以A公司为例，A公司的45亿元资金中部分是自有资金，部分是贷款，如图1-1所示。

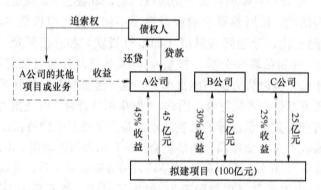

图1-1 典型的公司融资

如果采用项目融资，需要在三家公司之外成立独立经济实体（如项目公司），由该经济实体进行项目融资。假设项目的债股比为70:30，则需要70亿元外部贷款，30亿元股本资金；其中，A公司需要出资13.5亿元、B公司需要出资9亿元、C公司需要出资7.5亿元。每家公司的股本资金可以是自有资金，也可以是贷款（以公司名义借款的公司融资），或者二者的混合。为了简化，这里假设股本资金都是自有资金。每家公司可以直接投资，也可以通过专门成立的子公司进行投资。为了简化，这里假设是直接投资。项目公司负责融资70亿元贷款，并承担还贷责任，以项目资产和预期收益作抵押，用项目收益进行还贷付息，还贷盈余才能进行分红；进行清算时，清算范围限定在项目资产之内，不追索投资公司的其他资产，如图1-2所示。

---

① 资产证券化操作流程是项目主办人将证券化资产出售给一家专门设立机构，或者由该机构主动购买可证券化的资产，然后由该机构将这些资产汇集成资产池，再以该资产池所产生的现金流为支撑在金融市场上发行有价证券融资，最后用资产池产生的现金流来清偿所发行的有价证券。

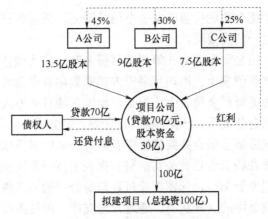

图 1-2 典型的项目融资

由上面的例子可以看出，公司融资与项目融资有很大的不同，具体表现在以下几个方面。

（1）资信基础不同。公司融资的资信基础是整个公司的资信，包括主观因素（主要是其经营团队的领导者的信用）和客观因素（公司的各种资产）。用公司融资的方式为项目筹集资金时，贷款人的贷款对象是项目主办人（借款人），其贷款决策主要考虑借款人的资信状况（资产状况和信誉水平）；而拟建项目只作参考，主要考虑如果该项目失败，是否影响公司的还贷能力。因此，即使项目本身不能产生足够的现金流或者完全失败，只要借款人有足够的资金（如其他商业活动或项目产生的现金流）还本付息即可。项目融资的资信基础是单项资产的资信，是建立在项目本身资产及其预期现金流基础上的贷款，债权人的债权清偿只能靠项目自身产生的现金流和项目实体的其他资产。用项目融资方式为项目筹集资金时，贷款人的贷款对象是为项目融资专门成立的特殊目的实体（如项目公司），其贷款决策主要考虑项目本身产生现金流的能力和资产价值；而项目主办人的资信状况只作为衡量资信担保的依据，起辅助参考作用。

（2）追索程度不同。理论上，债权人对债务人有不同程度的追索权，如无追索权、有限追索权和完全追索权。在无追索权的融资情形下，贷款的清偿完全局限在抵押资产之上，如果该抵押资产不足以清偿全部贷款，债权人无权向债务人进行追偿。在有限追索权的融资情形下，除了抵押资产外，债权人还要求由债务人之外的第三方提供担保（如完工担保），如果该抵押资产不足以清偿全部贷款，债权人有权向担保人进行追偿，但不超过担保范围。公司融资属于完全追索权的融资，要求借款人在整个贷款期内承担完全清偿贷款的责任。借款人未按期偿还债务时，被清算的资产范围是借款人的全部资产，即不限于项目本身，可涉及项目资产以外的其他资产。项目融资一般是有限追索权的融资，贷款人要求项目主办人在项目的出资以外，只承担有限的承诺，如完工担保等，被清算的资产范围只限于项目本身和项目主办人提供的担保，除此之外，不能涉及其他资产。无追索权的项目融资在实践中很少使用，被清算的资产范围完全限于项目资产本身，不涉及项目资产以外的任何资产。

（3）债务比例不同。项目融资的对象是一个特定的项目，其资产较容易控制，项目公司的业务范围比较单一，管理及资信评估相对简单；而公司融资的对象是一家公司，其资产较难控制，公司的业务范围较广，管理及资信评估较为复杂。因此，项目融资可以有较高的债务比例（一般70%以上），而公司融资一般不超过60%。进行公司融资时，银行对公司的债-

值比有一定的要求，并根据公司的价值确定一个信贷限额。采用项目融资时，所借债务理论上不影响项目主办人的这一信贷限额。

（4）会计处理不同。用公司融资方式筹集项目资金时，项目债务是项目主办人的债务的一部分，必须反映在资产负债表上。用项目融资方式筹集项目资金时，项目债务是项目公司的债务，反映在项目公司的资产负债表上，但是否反映在项目主办人的资产负债表上取决于项目主办人与项目公司的财务关系。一般的会计准则是：如果项目公司的持股比例超过50%，那么该公司的资产负债表需要全面合并到该投资者自身公司的财务报表中；如果其持股比例在20%～50%，那么需要在投资者自身公司的财务报表中按投资比例反映出该公司的实际盈亏情况；如果其持股比例少于20%，只需在投资者自身公司的财务报表中反映出实际投资成本，无须反映任何被投资公司的财务状况。通过合理安排，项目主办人可实现资产负债表外融资[①]（off-balance-sheet financing，简称"表外融资"）。

值得注意的是，2001年安然事件[②]之后，美国财务会计准则委员会紧急出台了FIN46条款，凡是满足以下三个条件中任一条件的特殊目的实体（special purpose entity, SPE）都应被视作可变利益实体（variable interest entity, VIE），将其损益状况并入"第一受益人"的资产负债表中：① 风险股本很少，这个实体（公司）主要由外部投资支持，实体（公司）本身的股东只有很小的投票权；② 实体（公司）的股东无法控制该实体（公司）；③ 股东享受的投票权和股东享受的利益分成不成比例。设置这样的规定就是为了防止通过SPE控制表外资产，却能把大量的风险和收益隐藏，从而可以保证至少有一家机构会把这样的表外资产并入资产负债表。

（5）风险分担不同。因追索程度不同，贷款人所承担的风险也不同。在公司融资中，贷款人承担的风险相对较小，主要承担借款人的资信风险（破产风险），项目风险主要由借款人承担；而在项目融资中，项目风险由项目参与人分担，贷款人承担部分项目风险。由于所承担的风险不同，导致融资成本不同。根据风险与回报均衡的原则，项目融资比公司融资的融资成本高，其利息率一般要比同等条件的公司融资利息率高0.3%～1.5%。此外，项目融资的融资成本还包括融资的前期费用，如融资顾问费、项目评估费用、法律费用及承诺费。

（6）资金控制程度不同。项目融资的贷款条件比公司融资要严格。在项目融资中，由于贷款人的追索权除了项目主办人提供的担保外，只限于项目的资产和收入，因此贷款人对借款人的经营活动进行较为严格的控制：不允许项目公司经营项目以外的任何业务；要求对项目公司所签订的合同和协议有接管权，当项目由贷款人接管后，要求原项目公司所签订的合同和协议仍然有效；要求项目公司在贷款期内为项目购买一定的保险，等等。特别是对项目资金的控制，公司融资中一般只规定提取贷款的机制；但项目融资通常规定贷款直接支付给承约商（设计施工承包商、设备/材料/燃料等供应商、运营商等）或存入指定托管账户，而且对项目公司的账户设立和项目收入分配的优先顺序也都有具体规定，目的是在保证项目正常运营的前提条件下，最大限度地控制项目公司的现金流。

项目融资与公司融资的比较如表1-1所示。

---

① 资产负债表外融资，简称表外融资，指不需列入资产负债表的融资方式，即该融资既不在资产负债表的资产方表现为某项资产的增加，也不在负债及所有者权益方表现为负债的增加。

② 安然事件（The Enron Scandal），指2001年发生在美国的安然公司（Enron Corporation）破产案及相关丑闻。

表 1-1 项目融资与公司融资的比较

	项目融资	公司融资（传统融资）
资信基础	项目资产和预期收益	借款人的资信
追索程度	有限追索或无追索	完全追索
债务比例	杠杆比率高，债务比例可达70%以上	债务比例一般不超过60%
会计处理	债务不出现在项目主办人的资产负债表上	债务出现在借款人的资产负债表上
风险分担	贷款人承担部分项目风险	贷款人只承担借款人的资信风险
资金控制	严格控制项目的现金流	不控制公司的现金流

4. 项目融资与抵押贷款和信用贷款

抵押贷款指贷款人要求借款人提供一定的抵押品作为保证而发放的贷款。抵押品一般为易于保存和变卖的财产，如有价证券、国债券、各种股票、商品的提单、房地产等。这些抵押品在进行贷款谈判时就已经存在，并且其价值比较明确可靠。贷款到期，借款人必须如数归还，否则银行有权处理其抵押品，作为一种补偿。

信用贷款是仅凭借款人的信誉，不需要提供抵押品或担保而发放的贷款。其特征就是借款人无须提供抵押品或第三方担保，仅凭自己的信誉就能取得贷款，并以借款人信用程度作为还款保证。

项目融资是"以项目资产、预期收益或权益作抵押取得的一种无追索权或有限追索权的融资或贷款"。从该项目融资的定义可知，项目融资实质上也是一种抵押贷款（对于新建项目，由于资产还未形成，一般是以收益权作质押），只是抵押品比较特殊，是拟建项目资产及其预期收益，在签订贷款协议时还不存在，具有较大的不确定性，与浮动抵押①的概念类似；此外，项目资产一般很难出售（未完工的项目更难出售），其售价也难以偿还贷款。由此可见，项目融资与抵押贷款类似，但项目融资更注重项目收益，而不是项目资产本身，因而具有更大的风险。但项目融资与信用贷款不同，前者是拟建项目的资产及其预期收益作为抵押的放贷行为，后者是根据借款人的社会信用和财力情况决定的放贷行为。信用贷款的债权人所要面临的风险是最大的，项目融资的风险次之，抵押贷款的风险最小。

5. 项目融资与项目开发模式

任何私营企业参与或投资基础设施都以获利为目的，如何获得偿付（如果投资的话，如何收回投资并获得合理利润）决定了他们的参与方式。从获得偿付的时间来看，可以是在建设期内分期获得偿付、在完工时一次或多次获得偿付或者在运行期内分期获得偿付；从偿付依赖于项目收益（项目运营）的程度来看，可以是与项目收益无关、与项目收益部分相关或者完全依赖于项目收益。这两个方面可以形成9种组合，但有效组合只有5种，对应5类开发模式（或策略），如图1-3所示。在第①类开发模式（如传统的施工合同、设计+施工合同、

---

① 浮动抵押（floating charge）指抵押人将其现在和将来所有的全部财产或者部分财产上设定的担保，在行使抵押权之前，抵押人对抵押财产保留在正常经营过程中的处分权。浮动抵押的概念来源于英国衡平法院在司法实践中发展出来的一种特殊的抵押制度。浮动抵押作为一种以将有和现有财产为标的的担保物权制度，无疑扩大了可以作为担保的财产范围；浮动抵押人拥有对被抵押财产的自由处分权，因此兼顾正常经营和融资的需要；此外，实行抵押权时，接管人制度的存在，亦可以保持企业的整体存在，不至于被迫出卖、拍卖企业，能够充分发挥企业的价值。但是，浮动抵押人具有自由处分被抵押财产的权利，造成抵押标的具有不稳定性，担保权人的利益处于不稳定状态，不利于其利益的实现。

交钥匙合同）中，私营企业一般都是在建设期内获得偿付，并在质保期内完全付清，因而与项目收益（项目运营）无关，其建设资金一般由业主负责筹措。在第②类开发模式（如 build-transfer 模式，简称 BT 模式）中，私营企业一般是在完工时或质保期内一次或多次获得偿付，因而与项目收益（项目运营）无关，其建设资金先由私营企业筹措，最终由业主另行筹措资金偿付。在第③类开发模式中，虽然业主可以利用项目收入，但是偿付与项目收益无关，业主负责筹措资金偿付私营企业。例如，多数 BT 项目在竣工移交之后 3~5 年内分期付清回购价款，个别 BT 项目回购付款期更长；采用可用性付费的 public-private partnership（PPP）项目也是在运营期内分期支付开发商的投资。在第④类开发模式［主要是 BOT（build-operate-transfer）模式的演变形式］中，偿付与项目收益部分相关，业主需要另行筹措部分资金补偿项目收益的不足，即所谓的可行性缺口补助。在第⑤类开发模式（主要是 BOT 模式）中，偿付完全依赖于项目收益，完全由项目收益来偿付私营企业。根据项目融资的定义，上述 5 类开发模式中，第④类和第⑤类开发模式可采用真正意义上的项目融资，第②类和第③类开发模式可采用非严格意义上的项目融资。应注意的是，此处是"可采用"，而不是"必须采用"。例如，BOT 模式本身并没有规定私人开发商用什么方式筹集资金，当 BOT 模式用于基础设施项目时，由于投资规模大，私人开发商除了自身投入的股权资本外，还需要大量的债务资金（一般 70% 以上）。为了减轻自身所承担的风险，私人开发商为实施 BOT 项目而专门成立项目公司，以该项目公司为载体，利用项目预期的现金流和收益作为偿还债务的资金来源，以项目资产作抵押，筹集项目所需的大部分资金。由此可见，BOT 模式是一种项目开发方式，而项目融资是一种为项目筹资的方式，二者常常结合起来使用，但并不是必须结合起来。BOT 项目可以不采用项目融资方式筹集资金，但项目融资必须依靠一个项目。例如，有些国内公司在海外的 BOT 项目就是利用公司融资的方式筹集资金的。

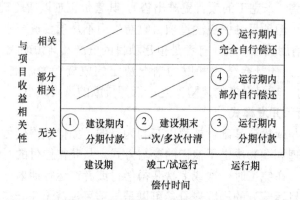

图 1-3　按偿付时间和与项目收益相关性划分的开发策略

1.2　项目融资的运作框架

根据项目融资的定义，项目融资是以项目自身的资产和预期收益作抵押（或质押）的融资。因此，首先需要分析项目效益和潜在的风险，然后在此基础上确定项目资金结构（简称资金结构，即股本资金与债务资金的比例）、项目投资结构（简称投资结构）和项目资信结构

（简称资信结构），并且整合优化为项目融资结构（或交易结构）。

1.2.1 项目分析与评价

项目融资不仅要求项目在技术上可行、经济合理、风险可接受，还要求项目具有可融资性。只有当项目本身具有偿债能力[①]时，才有可能实现项目融资。因此，先分析项目成本，确定项目的投资规模；再通过对项目未来收益进行预测，考察项目的现金流和风险，进而分析项目的偿债能力，从而确定融资规模；最后，分析融资风险，确定采取哪些资信增级措施。由此可见，项目效益和风险分析是进行项目融资设计的基础。

项目效益分析就是分析项目的财务经济效益和社会经济效益，项目风险分析就是分析项目可能遇到的风险。亚当·斯密在《国富论》中指出，私营公司只关心投资的利润。因而，对于项目投资者而言，要分析在项目特许期内是否能达到预期的财务经济效益并获得满意的投资收益率，以及影响项目经济效益的风险因素，从而判断项目是否可行。对于项目债务资金提供者而言，要分析项目贷款期内的项目效益和风险，从而判断项目债务资金本息偿还的可靠性和安全程度。对于政府而言，要分析在项目产生社会经济效益和特许期之后的财务经济效益，从而判断项目是否可行。由此可见，项目的财务分析、经济分析和风险分析三者相互关联（如图1-4所示），是项目融资的关键，投资结构、资金结构和资信结构的设计都是在项目的财务分析、经济分析和风险分析的基础上进行的。本书将在第2章（项目综合分析）进行详细阐述。

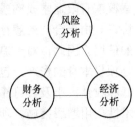

图1-4 项目分析框架

1.2.2 项目资金结构

任何项目的实施都需要资金，资金可以是股本资金，也可以是债务资金（包括高级债务资金和次级债务资金），但更多的情况是二者按一定比例的结合。项目资金的构成称项目资金结构（亦称项目资本结构，简称资金结构或资本结构），指项目各种资金的构成及其比例关系，即股本资金、次级债务资金和高级债务资金相互之间的比例关系。项目成本决定项目投资规模，项目收益和风险决定项目融资规模，结合其他因素就可以确定项目资金结构。

项目资金结构设计包括资金类型（股本资金和债务资金）、资金的使用期限（短期债务资金和长期债务资金）、资金币种（本币和外币）、贷款利率（固定利率和浮动利率）、资金的筹集方式、资本结构调整（包括再融资）等。股本资金、次级债务资金（简称次级债务）和高级债务资金（简称高级债务）三者之间相互关联、相互影响，如图1-5（a）所示。本书将在第3章（项目资金结构）进行详细阐述。

1.2.3 项目投资结构

对于股本资金而言，需要有一个经济实体汇集投资人的资金，然后由该经济实体向项目

[①] 偿债能力指项目按期偿还债务（包括本息）的能力。

投资，这种经济实体即投资主体[①]；对于债务资金而言，需要有一个经济实体负责借款和还款，该经济实体即融资主体；有了项目所需的资金后，还需要有一个经济实体负责项目的计划、组织、执行和控制，该经济实体即管理主体。管理主体、投资主体和融资主体是项目组织结构的核心，三者共同构成项目投资结构（或称项目组织结构，简称投资结构或组织结构），表明项目投资者（股权投资、债权投资）对项目资产与权益的法律拥有形式和项目投资者之间的法律合作关系。项目投资结构设计包括确定项目投资结构的形式，选择各个主体的类型（如公司型结构、合伙制结构、契约型结构、信托基金结构等），分配各个主体的职责、权益和风险等。管理主体、投资主体和融资主体三者之间相互关联、相互影响，如图1-5（b）所示。本书将在第4章（项目投资结构）进行详细阐述。

1.2.4 项目资信结构

根据项目融资的定义，项目融资是以项目资产、预期收益或权益作抵押取得的一种无追索权或有限追索权的融资或贷款。在进行融资时，项目资产和预期收益表现为一系列合同和协议。由于合同的履行存在一定的不确定性，一般通过担保安排和购买保险的方式增加偿债的信用。因此，对无追索权或有限追索权的债权人而言，其贷款的安全性来自3个方面：一是项目本身的资产，包括项目主办人的股权和次级债务资金；二是合同安排，项目的成本高低和收益大小及其可靠性都与合同安排密切相关；三是项目之外的信用担保和保险及其他技术性信用增级措施。项目的资产收益、合同协议和相关的信用增级措施（简称资信增级）共同构成了项目资信结构，以及债权受偿保障结构。项目资信是项目融资的关键，贷款人提供绝大部分项目所需资金（一般在70%以上），因而要求项目有足够的信用以保证贷款的回收。资产收益、合同协议和资信增级三者之间相互关联、相互影响，如图1-5（c）所示。本书将在第5章（项目资信结构）进行详细阐述。

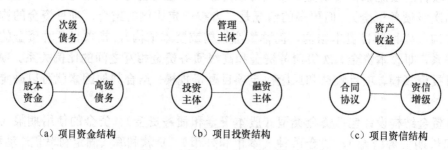

图1-5 项目融资的主要构成成分

1.2.5 项目融资结构

项目融资涉及3个方面——项目资金结构、项目投资结构和项目资信结构，它们共同构成项目融资结构。换句话说，项目融资结构是项目资金结构、项目投资结构和项目资信结构三者的整合结构，表现为一组抽象构件及构件间交互的关系。它从全局的、整体的观点出发，通过有机地整合协调项目的各个要素（管理主体、投资主体、融资主体、资金结

[①] 主体指法律上依法享有权利和承担义务的实体，可以是自然人，也可以是公司法人。

构、资金来源、合同安排、担保安排等），尽可能地消除单个结构的局限性，实现全局最优，并最终形成有效率的一个整体。在整合协调项目的各个要素过程中，关键是选择合适的项目融资模式。现有的项目融资模式包括项目主办人直接安排融资和通过独立的机构安排融资两大类模式。通过独立的机构安排融资的模式又包括通过特设的、单一目的公司安排融资，通过租赁公司安排融资，通过融资公司安排融资等模式。根据融资的主要资信基础，又可设计出不同特色的项目融资结构，如利用"设施使用协议"安排融资、利用"生产支付协议"安排的生产贷款、利用"租赁协议"安排的杠杆融资租赁、利用BOT特许经营权安排的融资等模式，也可用上述几种方法进行组合设计。本书将在第6章（项目融资结构）进行详细阐述。

项目资金结构与项目资信结构相互关联，相互影响。项目融资是"以项目资产、预期收益或权益作抵押取得的一种无追索权或有限追索权的融资或贷款"。根据项目融资的这一定义，项目的资产是贷款的抵押品之一，但由于项目的资产主要是用股本资金和债务资金来实现的，如果没有股本资金的投入，则形成了自己的贷款为自己的贷款作抵押的"自我抵押"。为了降低自我抵押的程度，要求项目主办人提供一定比例的股本资金。因而，项目资金结构在项目融资中起着重要的作用，股本资金的比例越高，债务资金的比例就越低，自我抵押的程度就越低，贷款就变得相对安全。股本资金是真正的抵押品，提高股本资金的比例，相应地提高了项目资信。此外，对于预计的现金流在某一范围内的项目而言，股本资金占总投资的比例越高，还贷的负担越轻，因而项目资信越好。另外，如果项目具有良好的项目资信，则股本资金的比例可以降低。换句话说，如果采用某种资信增级措施，提高了项目资信，则可以降低股本资金的比例，即改变了项目资金结构。由此可见，项目资金结构和项目资信结构是相互关联的。

项目投资结构与项目资信结构相互关联，相互影响。根据项目融资的定义，项目融资是一种无追索权或有限追索权的贷款，它涉及抵押品的界定问题。抵押品的界定与项目投资结构密切相关，是否追索项目主办人的其他资产取决于项目投资结构的设计：如果项目投资结构是独立的有限责任公司（或股份有限公司），则抵押品比较容易地界定在项目范围之内；否则，可能涉及项目主办人的其他资产和收益。由此可见，项目投资结构也与项目资信结构相互关联。例如，采用公司型投资主体时，由于公司的有限责任特性，项目资信与项目主办人资信分离。另外，项目资信结构影响项目投资结构的设计，项目融资的资信基础不同，项目投资结构就须做相应的调整。例如，以"生产支付协议"为资信基础安排贷款时，常常采用直接安排融资的方式，项目投资结构可以是契约型结构；而利用BOT特许经营权为基础安排贷款时，常常采用通过独立的经济实体安排融资的方式，项目投资结构一般为公司型投资结构。

项目投资结构与项目资金结构相互关联，相互影响。项目资金结构影响项目投资结构的设计，但反过来项目投资结构又会影响到项目资金结构的设计。例如，采用有限责任公司作为融资主体，难以吸收大众的股权投资（可以公开发行债券，但不能公开发行股票）；要吸收大众的股权投资，就必须采用股份有限公司形式的融资主体。

由此可见，项目投资结构、项目资金结构和项目资信结构三者相互关联，相互影响。例如，不同的资金来源有不同的条件要求，除了对债务-股权比例有一定的要求外，还可能有其他的要求。为了满足资金来源的条件要求，项目投资结构和项目资信结构需要做相应的调整。

如何设计项目投资结构、项目资金结构和项目资信结构,其决策核心是以风险-回报均衡为原则,对项目的责任及风险进行合理分担,并相应地分配项目收益,实现参与各方的风险-回报均衡。因此,项目融资结构设计建立在项目的财务分析、经济分析和风险分析的基础之上,如图1-6所示。

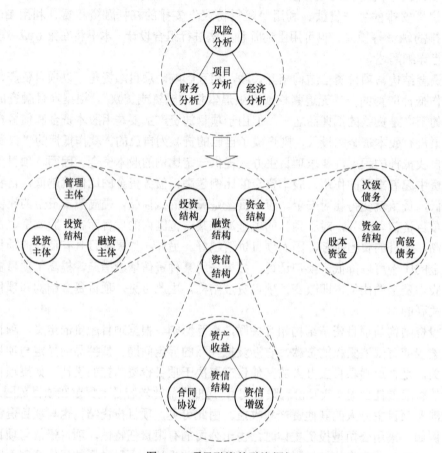

图1-6 项目融资的融资框架

1.3 项目融资的运作过程

项目从概念的提出到退出服务的整个生命周期可分为决策规划、设计施工、运营维护3个主要阶段。决策规划阶段(或称前期开发阶段)的主要任务之一是筹措资金,资金落实后方可开工建设;设计施工阶段的主要任务是项目设施的实现,将投资转变为项目设施;建设完工后才进入运营维护阶段,运营过程使项目提供产品和服务,并从产品和服务中获得收益,项目收益是否反馈到资金来源取决于融资安排。由此可见,融资、建设和运营相互关联。当采用项目融资为项目筹集资金时,项目融资作为项目开发的关键任务之一,也涉及上述3个阶段,每个阶段的任务和侧重点都不同,但重点在决策规划阶段。在决策规划阶段，主要任务是融资决策和融资谈判，在进入设计施工阶段之前，要完成融资关闭（financial close, financial closure, financial closing），即完成融资谈判并签署融资协议；在设计施工阶段，项目融资的主要任务是确保提款条件，保证贷款的发放及合理运用；在运营维护阶段，主要任务是贷款的偿还。项目生命周期中的主要过程及任务如图1-7所示。

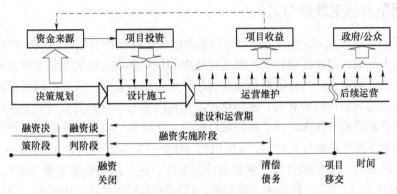

图1-7 项目生命周期中的主要过程及任务

1. 决策规划阶段

在决策规划阶段，主要解决如何筹集资金的问题。项目主办人需要做许多调查研究工作。首先，应分析项目所在国的私营企业参与基础设施开发的法律及政策框架的可行性；然后，明确项目的技术可行性及项目的商业吸引力，研究项目融资的可行性；最后，决定是否采用项目融资。如果采用项目融资，则进行下述工作：首先，进行项目分析，初步确定融资的比例（资金结构）；其次，选择和设计融资工具，设计投资结构和进行资信增级；最后，在资金市场上筹集项目所需资金，实现融资交割。

2. 设计施工阶段

在设计施工阶段，主要解决如何使用资金的问题。项目融资管理的主要任务是项目融资的执行控制。融资关闭后，项目进入设计施工，对于债权人而言，进入融资执行阶段。贷款人根据贷款协议向项目提供资金，并根据有关协议文件的规定监督项目的执行，管理和控制项目的贷款资金使用。

3. 运营维护阶段

运营维护阶段主要解决如何产生资金和偿还资金的问题。项目完工后，进入运营期，开始还贷付息，债权人主要控制项目现金流的流向，确保自己的利益。对于项目公司而言，应确保满足提款条件，保证贷款的适时提取和合理运用，按时还贷付息。

如果项目投资人想要提前撤出股权资本，可以通过资产证券化的方式发行债券，用募集的资金置换出股权资本。如果金融机构想要提前撤出债权资本，也可以把多个项目的债权资本组建成资产包（或单个项目）通过资产证券化的方式发行债券，用募集的资金置换出债权资本。

因此，项目融资成功的前提是选择正确的项目。在此基础上，以风险-回报均衡为原则，选择合适的投资结构，拓宽资金来源，实现最佳资金组合，增加项目资信等级，最大限度地实现各项目参与人的目标。

1.4 项目融资的主要特点

与传统的公司融资相比，项目融资具有许多独特之处，主要表现在：一是涉及参与人众多，不只是简单的贷款人与借款人和担保人之间的关系；二是贷款本身具有独特之处，一般为有限追索权或无追索权融资；三是对借、贷双方具有不同的优缺点，不是简单的零和游戏。

1.4.1 项目融资的主要参与人

根据项目融资的定义，项目融资是以项目本身的资产作抵押的贷款，而在签订贷款协议时，该项目资产还未形成，因此在项目资产形成过程中的任何参与人理论上都与项目融资有关。此外，根据项目融资的定义，项目收益是还贷付息的唯一资金来源，因此在项目运营过程中的任何参与人理论上都与项目融资有关。换句话说，项目融资与项目开发全过程紧密相关，项目的干系人也是项目融资的干系人。为了增加项目资信，又增加了担保和保险来分担项目风险。概括起来，项目融资的主要参与人包括：政府机构（特许经营权授予人），项目主办人（投资人），贷款人，项目承包商（简称承包商，包括设计承包商、施工承包商和工程总承包商等），包销商（或用户/客户），担保人，保险人，运营商，（设备/能源/原材料）供应商，项目主办人之外的投资人，各种咨询专家和顾问（如融资顾问、法律顾问、工程顾问、环保顾问）等。他们各自与项目建立某种联系。项目融资的主要参与人及其基本关系如图 1-8 所示。

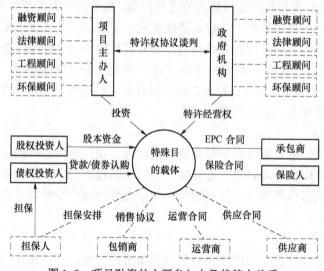

图 1-8　项目融资的主要参与人及其基本关系

以下将项目融资的主要参与人分为项目主办人、项目债权人、项目承建商、担保/保险人、咨询专家和顾问、所在国政府（中央政府和地方政府）、项目包销商、项目供应商、项目运营商，并分别进行阐述。

1. 项目主办人

项目主办人，简称主办人，是负责筹措项目资金、负责项目实施的项目开发商，不是简单地指首先提出项目建议书的人（项目建议书可以由政府提出，也可以由私营企业提出）。为了方便起见，本书将项目主办人和项目开发商视为同一个概念。

任何一个项目必定有项目主办人。项目主办人可以是自然人，但更多的是企业组织。一个项目可能只有一个项目主办人，但更多的是有多个项目主办人。除了少数项目主办人以投资为目的外，大多数项目主办人在项目中扮演多重角色——除了投资人的角色外，还可能承担承约商的角色。例如，在英法海底隧道项目中，15个项目主办人中有10家建筑企业，他们既是投资人，又是工程承包商；实质上，他们之所以成为项目主办人，是因为想获得隧道的施工合同。在项目融资中，项目主办人具有独特的地位，这是由项目融资的性质决定的。项目融资以融资关闭为标志分为两大阶段：融资关闭前阶段和融资关闭后阶段。在融资关闭前阶段，与贷款人打交道的是项目主办人，他与贷款人进行融资谈判，但是签订融资协议的却不是项目主办人，而是另外一个独立的法人（一般是为项目专门成立的项目公司）。在融资关闭后阶段，与贷款人打交道的是与其签订融资协议的法人。

由于项目主办人的多重角色，项目主办人通常不直接负责项目的建设和运营，而是通过设立专门的项目实体来进行，其业务只限于该项目的建设和运营。项目实体可以是有限责任公司、合伙公司、合营组织、信托机构等。有关项目管理、利润分成、利息支付、项目中止等事项都会在股东协议或合作协议中加以确定和规范。有些项目实体仅是为项目融资而成立，并不具备项目建设和运营的能力，只起资产运营公司的作用。例如，在印尼Paiton电厂项目中，电厂的建设由日本的三井物产有限公司领导的施工联合体负责，电厂的运行维护由MOMI公司（Mission Operation and Maintenance Indonesia Co.）公司负责，Paiton能源公司仅是实施项目的载体。有些项目实体承担项目的运营工作，如在英法海底隧道项目中，欧洲隧道公司负责建成后的隧道运营工作。有关项目实体形式将在第4章（项目投资结构）详细阐述。

为保持本书的简洁性，当"项目主办人"一词需出现在图表中时，一般使用其简称"主办人"。

2. 项目债权人

项目所需资金中，除小部分是股本资金外，大部分是债务资金。因此，项目债权人（简称债权人）是项目所需资金的最主要提供者。项目债权人可能是贷款银行，也可能是债权投资人。采用项目融资的项目一般投资规模大，单一的贷款人很难独立提供全部贷款；基于对风险的考虑，任何贷款人也不愿意为一个大项目提供全部贷款。因而，项目融资中通常有多个贷款人。可能的贷款人有商业银行、开发银行、商业金融机构、出口信贷机构、信托基金、债券市场的投资人等。贷款人的有关事项将在第3章（项目资金结构）详细阐述。

3. 项目承建商

采用项目融资的项目一般安排单一的项目承建商（简称承建商）负责项目的设计、采购和建设，并采用固定价格、确定完工日期的项目总承包合同（或称EPC合同、"交钥匙"合同），这种安排有利于项目管理；有时也可能与多个承建商签约，分别承担部分项目建设工作。例如，在台湾南北高速铁路项目中，台湾高速铁路公司获得特许经营权建设高速铁路；考虑到高速铁路的不同组成部分的特性，采用不同的采购方法：土建工程采用设计-施工（D&B）合同策略，车站采用先设计、再招标、然后施工的合同策略，机车车组及交通控制系统采用设计-采购-施工一体的"交钥匙"合同策略。铁路建设（土建部分）实行分标制的工程管理，全线（345 km）共分为12个合同段，每段实行一标联合承揽的办法。

4. 担保/保险人

项目主办人要根据项目所在国的法律要求购买指定的保险（强制保险）。此外，为了自己的利益，要根据适用的法律购买某些保险，根据所签订协议的要求购买指定的保险。贷款人为了贷款的安全，除了要求有关的项目参与人提供担保和购买保险外，自己也常常购买政治风险保险或担保。由于项目融资涉及许多难以预料的风险，这使得担保/保险人成为项目融资中必不可少的参与者。有关担保/保险事项将在第5章（项目资信结构）详细阐述。

5. 咨询专家和顾问

咨询专家和顾问包括工程顾问、环保顾问、融资顾问和法律顾问等。项目融资是一个非常复杂的结构化融资，涉及工程、环境、金融、法律等领域，虽然项目主办人可能在某一个或几个领域具有丰富的经验，但很少能通晓所有的相关领域，特别是当地的法律等。因此，聘用相应的咨询专家和顾问是一个明智的选择。

项目主办人可以聘用工程顾问进行可行性研究，对项目进行管理、监督和验收。在项目的设计和施工中有些技术问题，也需要专家提供咨询意见。例如，在英法海底隧道项目中，项目主办人就大跨度洞室的施工广泛地征求了国际上该领域的知名专家。收费公路项目的交通流量预测也常常由有关专家提供。项目贷款人中一般缺少工程技术专家，因此常常聘用工程顾问对项目进行评估，从而作出是否贷款的决定。

聘用熟知国际、国内金融市场的操作规则的融资顾问，为项目设计合适的融资结构，可降低成本和减少风险。通常项目公司选择商业银行或投资银行作为其融资顾问。项目公司在金融市场上筹集资金，往往聘请金融机构为其策划和操作，这些金融机构就是项目公司的融资顾问。

项目融资涉及的参与者众多，合同文件多，关系复杂，而且各国的法律有所不同，因此通常在项目一开始，就需要相应的律师介入，其职责包括制定相关的合同，保证合同的有效性（如出具法律意见书），避免日后的法律纠纷。

6. 项目所在国政府

项目所在国政府（中央政府和地方政府）有时在项目融资中可以起到关键的作用。在发达国家，政府很少参与项目融资。例如，在英法海底隧道项目中，英法两国政府除了授予特许经营权外，不提供任何担保或支持。如果有政府参与，一般也只是地方政府。但在发展中国家，中央政府和地方政府在项目融资中发挥重要的作用，其可以是担保方为项目融资提供帮助，也可以是项目产品或服务的购买者。此外，政府可通过制定相关的税收政策、外汇政策等为项目融资提供优惠待遇。

7. 项目包销商

任何一个项目不管是提供产品还是服务，都需要用户。但是，有的项目直接与用户打交道，如收费公路；而有的项目需要通过第三方与最终的用户建立联系，该第三方与项目实体签订购买协议，买下全部或绝大部分的项目产出，然后转售给最终的用户。例如，在独立电厂项目中，一般由电网公司与独立的发电商签订电力购买协议（power purchase agreement），负责电力销售。类似的还有水处理厂项目，项目公司与自来水公司签订购水合同，由自来水公司向用户供水。在这种情况下，项目包销商（简称包销商）是项目收入的主要来源（甚至是唯一来源），因此项目包销商的资信非常重要。如果项目包销商的资信不足，就需要寻求第三方的信用支持。例如，当项目包销商是公共事业单位时，常常要求政府提供担保（直接担保、支持信或安慰信）。

8. 项目供应商

根据提供的产品不同，项目供应商（简称供应商）可分为设备供应商、原材料供应商和燃料供应商。并不是所有的项目都有项目供应商直接参与（直接与项目实体签订供应合同或者作为项目主办人之一），如一般电厂项目有设备供应商和燃料供应商，但公路项目没有燃料供应商。为了保证项目的建设和运营，在电厂项目中，设备供应商通常作为项目主办人，并通过延期付款或者低息优惠出口信贷安排，拓展项目资金来源；燃料供应商为项目运营提供可靠的燃料供应，减少项目的燃料供应风险，因而也构成项目融资的重要参与者之一。

9. 项目运营商

项目运营商（简称运营商）可能是特殊目的实体自己，也可能是专业的运营商，其主要任务是负责项目的运营。如果项目运营比较简单，特殊目的实体可能自己负责运营，如收费公路项目一般由项目公司自己运营。如果项目运营比较复杂，特殊目的实体缺少相关的专业能力，可能委托专业运营公司进行运营，如电厂和水处理厂项目一般由专业运营公司进行运营。通常专业运营公司是项目主办人之一或项目主办人为本项目专门设立的项目运营公司。

1.4.2 项目融资的贷款特点

项目融资主要是依赖于项目的现金流量和资产而不是投资人或项目主办人的资信而安排的融资，是一种无追索权或有限追索权贷款，因而具有如下特征。① 融资用途的限定性：贷款的用途严格地限于该项目，一般建立专门的资金账户进行严格控制，有时贷款资金直接支付给项目的承约商，项目实体根本不接触贷款资金。② 融资安排的计划性：在时间上，根据项目进展投入资金，如果项目进展滞后，资金投放也相应地延迟；在数量上，根据项目预算筹备资金，由于项目预算存在一定程度的不确定性，一般都备有备用资金（如备用股本资金、备用债务资金）；由于还贷依赖于项目的现金流，因而建设期的贷款利息被资本化，即贷款本息延迟到项目开始商业运行以后才开始偿还。③ 还贷资源的限定性：由于还贷依赖于项目的现金流，一般建立专门的资金账户对项目的收入进行严格控制。④ 融资时间的长期性：建设期一般较长，投入运营后收入也是分散在整个运营期内，因而要求较长的贷款期限，一般10~15年，甚至更长。⑤ 融资清算的局限性：无追索权或有限追索权，除了在有限追索条件外，不涉及项目资产以外的资产。

1.4.3 项目融资的优缺点

项目融资对于项目主办人和贷款人而言具有不同的优缺点。

1. 项目融资的优点

对于项目主办人而言，项目融资具有下列优点。

（1）可保护自身资产。项目融资是一种无追索权或有限追索权的贷款。当贷款没有追索权时，贷款质押或抵押只限定在项目资产和预期收益，不需要项目主办人的其他资产作质押或抵押，从而避免在项目失败的情况下，项目主办人的项目之外的资产被追偿。当贷款只有有限追索权时，其追索权只限定在某个特定阶段（一般为项目开发建设阶段）或限定在一个规定的范围内（如项目的最小现金流量担保）。除此之外，追索不超过项目本身和项目主办人提供的担保范围，在一定程度上保护了项目主办人的自身资产。

（2）可提高债务比例。利用项目本身的资信，项目的债务比例一般为70%～80%（个别项目甚至能达到几乎100%的债务融资），项目主办人只需提供20%～30%的资金就可以承担项目，可实现"小投入，做大项目"。如果实现资产负债表外融资安排，则还可以避免项目贷款对项目主办人的信贷限额的影响①。

（3）可实现风险分担。在项目融资中，风险由参与各方分担。与传统的贷款不同，项目融资的贷款人也要承担部分风险。因此，当项目出现困难时，贷款人不是简单地进行项目清算，而是尽量采用其他的解决办法来渡过难关。有包销协议时，包销商一般也承担部分风险，如需求不足、价格上涨等风险。例如，在购电协议中可能有"无论提货与否均须付款"的条款，要求包销商最低承购一定的电量。

2. 项目融资的缺点

项目融资也给项目主办人带来不利因素，主要包括以下方面。

（1）融资成本较高（费用高、利率高）。项目融资的贷款利率一般比伦敦银行同业拆借利率高1%～3%，个别的甚至超过3%。此外，由于项目融资的安排比公司融资复杂，融资费用较高。例如，在英法海底隧道项目中，项目公司除了支付贷款利息外，还需支付下列费用：① 付给牵头银行筹集贷款资金总额的0.125%作为牵头费；② 签署贷款资金的0.875%作为签署贷款银行的费用；③ 从承诺贷款到正式签署贷款协议期间，按每年0.25%支付承诺金；④ 从正式签署贷款协议之日起到贷款提完止，每年按未提款部分的0.125%支付承诺金；⑤ 按半年期预算提取贷款，如有未提部分则按0.25%支付承诺金，如有超额提款，则加收0.3125%的额外费。

（2）融资结构复杂。采用项目融资的项目一般参与方众多，各方的利益取向不同。为了明确各方的权利和责任义务，保证各参与方的利益，需要签订一系列合同、协议、备忘录等。其主要文件包括：① 项目公司与政府之间的合同文件，如特许权协议、批准文件（如计划部门和环境部门的批准书、经营许可证等）、土地使用协议；② 项目主办人之间的合资或合作协议、股东协议；③ 项目公司的组织文件（公司章程、管理制度文件等）；④ 项目公司与贷款人的融资协议，如基本融资协议、信托协议、协调或共同贷款人协议等；⑤ 项目公司与其他参与人的各种协议，如设计施工合同、供应合同（如原材料供应合同、燃料供应合同、电/气/水供应合同等）、销售合同、使用合同或租赁协议、运输合同；⑥ 承包商和分包商的履约保函和预付款保函、政府安慰信、项目的各种保险文件。此外，贷款人作融资决策前，通常聘用咨询专家和顾问获得下列信息：工程顾问关于项目技术可行性的报告，环保顾问关于项目的环境影响评估报告，保险专家关于项目保险是否足够的报告，会计师关于项目主办人财务状况和项目公司股东结构的报告，法律顾问的法律意见书，等等。如此繁多的合同文件，使项目分配风险的过程变得非常复杂，融资谈判时间长。

（3）管理受到限制。为了保障贷款的安全，与贷款相关的协议文件中对项目管理提出了许多要求，如项目资产用于抵押的限制，项目公司业务范围的限制，购买项目保险的要求，定期报告项目的相关信息等；对项目现金流也常常作出许多限制，如建立信托账户、设定收

---

① 进行公司融资时，银行对公司的债一值比有一定的要求，并根据公司的价值确定一个信贷限额。

入分配的优先顺序等。总之，贷款人施加了比公司融资大得多的监管力度，不但降低了项目公司的管理灵活性，而且增加了管理成本。

鉴于项目融资的缺点，有些公司不提倡采用项目融资。例如，BP Amoco 集团的财务政策是一般不采用项目融资，只在 3 种情况下才予以考虑：一是超级规模的项目；二是政治不稳定地区的项目；三是项目合伙参与人差异较大的项目。

对于贷款人而言，项目融资有 3 大好处：① 收益率（利率）较高，如上所述借款人的融资成本高，是因为贷款的利率高；② 易于评估贷款的风险，项目融资时，只锁定项目本身进行评估，而项目本身范围明确，时间界限确定，因而相对较为容易评估；③ 资信结构可以多样化，增加资信的措施包括项目资产抵押、未来收益转让、担保、保险等。但是，项目融资对于贷款人而言也有下列缺点：① 还贷主要依赖于项目资产和现金流量，对项目主办人没有完全的追索权，承担较高风险，因为项目实体要么是不具备其他资产的企业，要么是对项目主办人不能直接追究责任；② 参与方多，合同和担保文件复杂，融资谈判时间长；③ 需要对正在建设或营运中的项目进行监控，管理费用较高；④ 容易鼓励项目主办人开发潜在风险高的项目。

鉴于项目融资的特点，贷款人应坚持择优供贷的原则。首先，要符合自己的贷款原则，应当符合自身的长远规划和经营战略，有利于自身发展目标的实现。其次，要进行风险和预期收益分析，分析项目会有哪些风险、贷款人预期承担多大风险、最大风险达到什么程度、有哪些风险预防措施和补救措施，估计预期收益（利息和费用收入），同时还要分析潜在收益，即可与借款人建立其他业务往来，如开立账户、存放资金、买卖外汇、托办其他金融业务等可能带来的收益。在对贷款项目进行风险和预期收益分析的基础上，选择风险较小、预期收益较好的项目。再次，评估借款人的资信，确定借款人具有项目所需的技术和经验。最后，为项目提供贷款符合自身的资产结构优化要求，做到赢利性、安全性和流动性的最佳组合。

1.5 项目融资的起源及应用

1.5.1 项目融资的起源

项目融资可以追溯到 300 多年前的欧洲海外远洋贸易。以往返一次远洋贸易为融资目标，其主办人投入一定的资金，其余的资金向贷款人借贷，在行程末尾进行结算，在偿还贷款的本金和利息后，利润在投资者之间进行分成。借贷的基础是该次远洋贸易的收益，贷款人只能从该次远洋贸易的收益获得偿付，如果发生亏损或船只沉没，贷款人得不到其他的补偿。因此，贷款人对每次远洋贸易的风险及回报进行全面评估之后，才作出是否放贷的决定。当远洋贸易变成一种连续不断的商业活动时，对于资金的需求就变成了正常需求而不是特例行为，因而项目融资便退出了远洋贸易活动。由此可见，项目融资与特许经营权没有必然的联系。

到了 19 世纪中叶，项目融资再度兴起，主要是以特许经营权为基础的项目融资。典型的特许经营权项目有苏伊士运河和巴拿马运河。但是苏伊士运河和巴拿马运河的项目融资与现在的项目融资有许多不同，如它们的特许期长达 99 年，而现在几乎不可能有这么长的特许期，大多数项目只有 20~30 年的特许期。英法海底隧道项目的特许期最初为 55 年，后来增加到 65 年；特许期最长的项目为加拿大 407 公路项目，其特许期为 99 年。

第二次世界大战以后，公司重组或公司控制权变动的需要促进了现代项目融资的发展。例如，在 20 世纪 50 年代，美国通过发行工业收益债券（IRBs）进行城市基础设施建设和地区基础设施建设融资。工业收益债券不同于一般债务债券，不是以借债人的资信为基础，而是仅仅以项目和项目预期现金流为基础。通常的做法是，项目主办人创建一个项目实体把自身业务与项目活动分开，州政府或其下级政府机构（以下统称政府）作为债券发行人向债券持有人发行收益债券并把所筹集的资金用于项目建设；项目建成后，产权归政府所有，项目设施以租赁的方式租给项目实体或者以分期付款的形式卖给项目实体，其租金或分期付款用来偿还债券。

在 20 世纪 60 年代，项目融资的应用扩展到石油、天然气和矿产资源开发项目，通常采用 3 种方法：生产贷款、生产支付贷款和远期购买协议。生产贷款被设计成无追索权的循环额度贷款结构，用于开发阶段的矿井（油井）建设或提供运营资金；生产支付贷款是以未来石油、天然气和矿产资源的生产分配作担保进行融资；以远期购买协议为基础的项目融资通常是贷款人与项目实体签订协议同意为项目产品提前付款的融资方式。此后，项目融资进一步扩展到大型设备的购置，形成融资租赁。

到了 20 世纪 80 年代，以 BOT 模式为基础的项目融资在全球范围内兴起，特别是在发展中国家，它们希望建设和完善道路交通网络和电力等基础设施。到了 20 世纪 90 年代，政府希望把 BOT 模式的理念推广应用到那些社会经济效益良好但财务经济效益欠佳的"准经营性"项目和只有社会经济效益的公益性项目，并诞生了 PPP（public-private partnership）模式。根据 *Public Works Financing* 期刊的统计，截至 2006 年 10 月，全世界 123 个国家计划采用 PPP 模式开发的项目有 2 670 个，总造价为 11 460 亿美元，其中只有 1 340 个项目已经开发或正在开发之中，还有 1 330 多个项目计划在 PPP 模式下进行开发，其中，绝大部分项目采用项目融资。

我国从 20 世纪 80 年代开始就引入了 BOT 模式，最先在火电厂项目中得到应用，后来应用范围扩展到高速公路、水处理等项目。截至 2018 年 2 月底，进入中华人民共和国财政部的"全国 PPP 综合信息平台项目管理库" PPP 项目为 7 485 个，投资金额达 114 490.42 亿元，涵盖了能源、交通运输、水利建设、生态建设和环境保护、市政工程、片区开发、农业、林业、科技、保障性安居工程、旅游、医疗卫生、养老、教育、文化、体育、社会保障、政府基础设施和其他等 19 个行业。

1.5.2 项目融资的应用

项目融资有其独特之处，不是任何项目都可以用项目融资的方式筹集资金，只有某些特定类型的项目才适用。项目融资主要用于具有一定的垄断性或竞争性不强的项目，项目经济寿命较长，有可靠的现金流，经济效益较好。例如，资源开发项目（如采矿、石油、天然气等）、基础设施项目（如公路、隧道、桥梁、铁路、地铁、机场、港口、电厂、供水、废水/物处理厂、电信等）和公共设施项目（如政府办公楼、医院、学校、运动场馆等）。

当有境外投资时，如果项目收益为硬通货（如美元、欧元、英镑等），则较为容易安排项目融资；否则，需要东道国政府安排外汇兑换和汇出方面的担保。如果项目中设备资金比例高，则可以安排出口信贷；如果项目产品或服务有可靠的用户/服务购买者，如签有"或取或付"冤购销售协议，则易于安排项目融资；如果有租赁协议，则可安排融资租赁；如果项目产品有国际销售市场，则可以安排"生产支付"为基础的直接融资结构。

1.6　本书的组织结构

本书的第 2 章至第 6 章主要内容为项目融资的理论基础；第 7 章至第 10 章详细阐述主要的融资工具：项目权益质押贷款、项目收益债券和票据、其他形式的融资方式，以及项目资产证券化。本书的结构体系如图 1-9 所示。

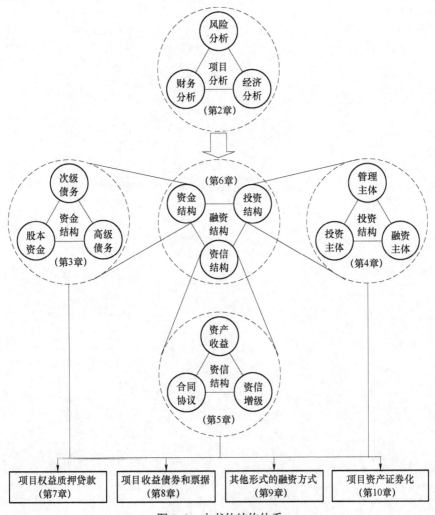

图 1-9　本书的结构体系

思考题

1. 什么是项目融资？项目融资有哪些特征？
2. 项目融资与公司融资有什么区别？
3. 什么是BOT模式？BOT模式与项目融资有什么关系？
4. 简述项目融资的阶段和步骤。
5. 项目融资对项目主办人而言有哪些优缺点？
6. 项目融资对贷款人而言有哪些优缺点？

第 2 章

项目综合分析

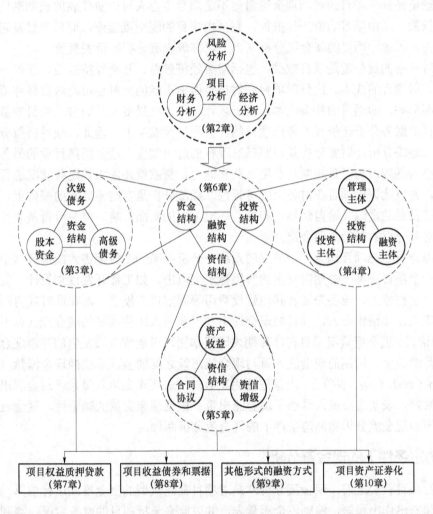

因为项目融资是以项目资产、预期收益或权益作抵(质)押获取债务资金的融资活动,所以项目融资活动的第一步就是要进行项目分析,分析项目的预期收益和潜在风险。项目分析主要是进行项目的财务分析、经济分析和风险分析,其目的是在技术可行性的基础上研究项目的经济可行性和可融资性。对于投资者而言,要分析在特许期(比项目经济寿命和物理寿命短)内是否能达到预期的经济效益并获得满意的投资收益率、将面临哪些风险,从而判断项目在财务经济上是否可行,最终决定是否投资。对于以项目融资形式提供债务资金的贷款人而言,要分析在贷

款期（比特许期短）内项目是否能产生足够的现金流用来偿还贷款的本息、将面临哪些风险，从而判断项目融资是否可行，最将决定是否放贷。对于政府而言，要分析项目对社会发展和经济发展是否有促进作用、是否能为社会经济发展做贡献，从而判断项目在经济上是否可行，最终决定是否批准立项、是否提供支持等决策。由此可见，项目效益和风险分析是项目融资的核心，资金结构、投资结构和资信结构的设计都是在项目效益和风险分析的基础上进行的。

2.1 项目的现金流分析

项目融资是基于项目的预期现金流量而不是项目主办人资产负债表的长期融资，通常是无追索权贷款，即由项目的资产作抵押，完全由项目的现金流偿还，而与项目发起人的资产或信誉无关。因此，项目的现金流分析（以下简称现金流分析）至关重要。

项目对社会的贡献就是项目效益，包括财务经济效益、社会经济效益。任何一个项目都需要投资，即项目的成本。此外，项目在对社会做出贡献的同时也可能对自然环境和社会环境产生负面影响，即项目的社会成本。对于项目主办人（投资人）而言，项目效益分析的重点放在项目的财务分析评价（不考虑项目的社会经济效益）上。因此，项目效益分析可分为财务分析和经济分析。财务分析是按照国家现行的财税制度、项目所属行业的财务制度，以现行的价格为基础，对项目收益、费用、获利能力、贷款偿还能力等财务状况进行预测、分析和计算，并以此评价项目在财务上的可行性。经济分析是在财务分析的基础上，评价项目对社会经济发展的贡献及给自然环境和社会环境带来的负面影响。财务分析是项目效益分析的核心。财务分析的基础是现金流分析。

现金流分析是把项目作为一个独立的系统，分析在某一个时期进入或离开这个系统的资金情况。一个项目在某一时期内支出的费用称现金流出，如工程开发规划设计、征用土地、购置设备、土建施工、设备安装及其他建设费用等固定资产投资；而在此时期内所取得的收入称现金流入，如销售收入。项目的现金流出和现金流入统称项目的现金流（以下简称现金流）。换句话说，现金流量指项目在计算期内因资本循环可能或应该发生的各项现金流入量与现金流出量的统称。同期的现金流入量与现金流出量之间的差额形成净现金流量（或称现金净流量，net cash flow，NCF）。当该差额为正数时，表明现金流入量大于现金流出量；当该差额为负数时，表明现金流入量小于现金流出量。根据现金流量的确定性，现金流分析分为确定条件下的现金流分析和风险条件下的现金流分析两种。

2.1.1 确定条件下的现金流分析

在进行项目投资之前，现金流分析就是对项目在建设期的资金投入进行估算，对运营期内的收入和支出作出预测，编制现金流量表，并以此来分析项目的财务状况、赢利能力和债务清偿能力。换句话说，现金流分析就是分析项目未来的现金流入和现金流出。项目未来的现金流出主要包括项目的建设投资估算、垫支流动资金、经营成本（如工具、备件、原材料和燃料动力，以及职工培训费等）、各种税款，以及其他现金流出。项目未来的现金流入主要包括经营收入、固定资产残值的回收、流动资金的回收，以及其他现金流入。在项目的生命周期内，现金流表现出明显的阶段性特征。建设期主要是投入资金、增加非现金资产，可能有少量的收入，但主要是现金流出，因而净现金流量为负；项目投入运行后，营业收入一般都超过经营成本，因而表现为现金流入，净现金流量为正。如果把建设期的起点定为第 0 个单位时期，然后将每个单位时期净现金流量按时间顺序排列，从而构成了现金流量序列，如图 2-1 所示，但一般采用现金流量表的方式表示。

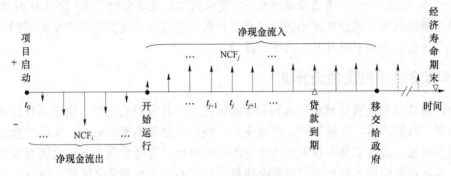

图 2-1 现金流量序列

为了更直观地表示现金流量情况，图 2-1 所示的现金流量序列可以转换为累计现金流量曲线，如图 2-2 所示。

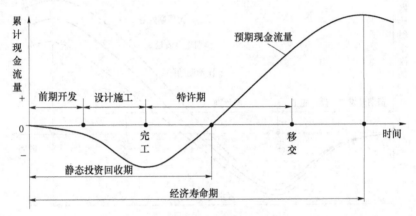

图 2-2 累计现金流量曲线

进行现金流分析时，一般需作出下列明确的或隐含的处理：① 项目投资和预期收益都限定在财务支出和财务收入范围内，不考虑社会利得和成本；② 假设在计算期内项目的现金流入和现金流出是确定的。

现金流分析的运用分两种情况：对于项目投资者而言，如果是普通项目，需要分析项目的整个经济寿命期内的现金流，以此判断项目投资的可行性；如果是特许经营权项目，只需分析特许期内的现金流，以此判断项目投资的可行性。对于项目融资的贷款人而言，无论是普通项目还是特许经营权项目，只需分析贷款期内的现金流，以此判断项目的可融资性。对于政府（项目的最终所有者）而言，除了分析项目的整个经济寿命期内的现金流外，还应分析项目的社会效益，以此判断项目的经济可行性。

现金流量作为项目投资决策的主要信息有如下优点：① 现金流量按时间顺序动态地反映了项目现金收支运动（投资的流向与回收），便于完整、全面地评价工程项目的投资收益；② 现金流量只计算现金收支，不计算非现金收支，排除了非现金收支内部周转的资本运动形式，从而简化了计算过程；③ 现金流量的时序性使得应用货币时间价值的形式进行动态投资效果的综合评价成为可能。

进行现金流分析时，现金流量只计算现金收支、不计算非现金收支（如折旧、应收及应付账款等），只考虑现金、不考虑借款利息，并要求如实记录现金收支实际发生的时间。因此，项目产品所缴纳的税金就是实际纳税时这个系统的现金流出；而固定资产年折旧额则是系统内部的现金转移，不是系统外发生的现金流量。

2.1.2 风险条件下的现金流分析

现金流量建立在投资估算和收入预测的基础之上，具有不确定性。由于项目的诸多变量受社会因素、政治因素、经济环境、市场变化、技术发展等因素的影响，实际现金流量会偏离预期现金流量；投资估算和收入预测本身的不准确性，也会导致实际现金流量偏离预期现金流量。实际现金流量可能高于预期现金流量，也可能低于预期现金流量，如图2-3所示。因而，简单的现金流分析提供的信息还不充分，需要进行风险分析，即分析有不确定因素情况下的现金流。

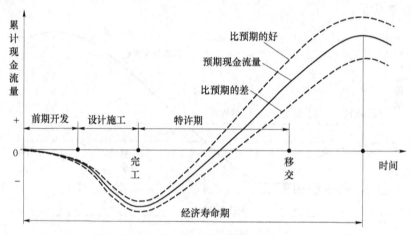

图2-3 累计现金流量曲线（风险）

在这里主要讨论如何分析不确定因素下的现金流量。常用的分析方法有敏感性分析（sensitivity analysis）、情景分析（scenario analysis）和蒙特卡罗模拟（Monte Carlo simulation）等。

1. 敏感性分析

敏感性分析指在保持其他条件不变的前提下，分析某一单个变量（参数）发生变化时对结果产生的影响，即结果指标对该变量的敏感程度。它是在确定性分析的基础上，通过逐一改变相关变量数值的方法来解释结果指标受这些因素变动影响大小的规律，进一步分析不确定性因素对结果指标的影响和影响程度，以及有关因素的变动极限。若某变量（参数）的小幅度变化能导致结果指标的较大变化，则称此变量（参数）为敏感性因素，反之则称其为非敏感性因素。敏感性分析的目的是在诸多的不确定因素（变量）中找出项目经济效益反应敏感的变量，为管理提供依据。敏感性分析包括以下5个步骤。

（1）确定分析的目标指标。敏感性分析是在确定性分析的基础上进行的，是对确定性分析的补充，因而敏感性分析的项目经济效益指标应与确定性分析的目标指标一致。项目经济效益的主要衡量指标包括投资回收期、净现值、内部收益率，等等。

（2）选择需要分析的不确定因素。不确定因素分为两类：一类是在预计可能的变动范围内，该因素的变动将会强烈地影响目标指标；另一类是对在确定性分析中数据的可靠性、准确性把握不大的因素。在项目投资分析中，不确定因素包括工程成本、工期、原材料价格、产品价格、产量、汇率等。

（3）建立分析指标与变量之间的关系。分析指标与变量之间的关系与进行确定性分析时所建立的关系是相同的。

（4）设定各不确定因素的变动范围及变化幅度。针对某一变量，在所选定的变动范围内，以一定的变化幅度（如1%、2%或5%等）改变它的值，其他的变量固定不变，计算这种变化对目标指标的影响数值，与基准值比较，从而得出该指标的变化率。

（5）结合确定性分析与敏感性分析的结果，对项目进一步评价，制定出相应的风险控制策略。

敏感性分析计算简单且便于理解，在风险分析中得到了广泛应用。但是敏感性分析也存在一定的局限性：一是忽略了各种变量的相关关系和相互作用，假定自变量之间是独立的（不相关）；二是无法计量其目标量相对自变量的非线性变化，如果目标量与自变量之间的关系较复杂，则无法获得正确的结果。因此，在使用敏感性分析时要注意其适用范围，并且在必要时辅以其他的风险分析方法。

2. 情景分析

情景分析指对涉及的变量要素中每一个变量进行假设，从而形成一种情景，分析该情景的目标指标数值，通过不断假设，形成一系列的可能情景及其相应的目标指标数值，结合设定的各种可能情景的概率，研究多种因素同时作用时可能产生的影响。情景一般是人为设定的，但也可以直接使用历史上发生过的情景，或者从对风险要素历史数据变动的统计分析中得到，或者通过运行描述在特定情况下风险要素变动的随机过程得到。情景分析中所用的情景通常包括基准情景、最好的情景和最坏的情景。与敏感性分析对单一因素进行分析不同，情景分析是一种多因素分析方法。在情景分析过程中要注意考虑各种变量的相关关系和相互作用。情景分析的步骤为筛选情景、建立模式、模式计算和评价计算结果。

3. 蒙特卡罗模拟

蒙特卡罗模拟，也称仿真、随机模拟法，指使用随机数（或更常见的伪随机数）来解决计算问题的方法。当所求解问题是某种随机事件出现的概率，或者是某个随机变量的期望值时，通过某种"实验"的方法，以这种事件出现的频率估计这一随机事件的概率，或者得到这个随机变量的某些数字特征，并将其作为问题的解。蒙特卡罗模拟的名字来源于摩纳哥的蒙特卡洛，它以赌博业闻名，而蒙特卡罗模拟正是以概率为基础的方法。

蒙特卡罗模拟是建立在计算机模拟的基础上的一种以概率统计理论为基础的数值计算方法。用该方法模拟某一过程时，需要产生各个随机变量的概率分布，并用统计方法把模型的数字特征估计出来，从而得到实际问题的数值解，一般由三个模块组成：输入模块、计算模块和输出模块。输入模块为计算模块提供数据，计算模块是在输入变量与输出变量之间建立逻辑关系，输出模块是对计算结果的处理。因此，蒙特卡罗模拟包括以下5个步骤。

（1）确定分析的目标指标。常见的目标指标包括投资回收期、净现值、内部收益率，等等。

（2）选择需要分析的不确定因素（随机变量）。选择在确定性分析中数据的可靠性、准确性把握不大的因素作为不确定因素。在项目投资分析中，不确定因素包括工程成本、工期、原材料价格、产品价格、产量、汇率等。

（3）建立分析指标与随机变量之间的关系。根据提出的问题构造一个概率模型或随机模型，使问题的解对应于该模型中随机变量的某些特征（如概率、均值和方差等），所构造的模型在主要特征参数方面要与实际问题或系统相一致。在项目投资分析中，建立一个财务分析模型，描述项目经济效益指标与变量之间的关系。概率模型或随机模型是蒙特卡罗模拟的核心，它的质量决定模拟的质量。

（4）设定各不确定因素的概率分布。根据模型中各个不确定因素的概率分布，设计和选取合适的抽样方法，并对每个随机变量进行抽样（包括直接抽样、分层抽样、相关抽样、重要抽样等）或由计算机上生成随机数，获得每个不确定因素的输入值，通过在上一个步骤中建立的模型（如财务分析模型）计算出对应的目标指标；进行重复抽样（如5 000次）和计算，直到获得足够的目标指标值的样本（也是一种概率分布）。随着模拟次数的增多，其预计精度也逐渐增高。

（5）对目标指标的样本进行分析。根据目标指标值的概率分布，计算目标指标的期望值、标准差等，以此为基础进行决策。

对于那些由于计算过于复杂而难以得到解析解或者根本没有解析解的问题，蒙特卡罗模拟是一种有效的求出数值解的方法。

2.2 项目投资决策方法

对于不同的项目参与者而言，因目标不同，其决策标准不同、相应的项目投资决策方法也不同。对于项目投资人而言，其项目投资决策方法主要是以现金流分析和风险分析为基础，因此适用的项目投资决策方法可分为两大类：一是基于确定现金流的评价方法，二是考虑风险影响的评价方法。而考虑风险影响的评价方法又分为直接考虑风险的方法和间接考虑风险的方法。对于项目融资的贷款人而言，要求更加严格，只考虑项目的部分现金流，要求项目初期有足够大的现金流，即贷款期（而不是整个项目生命期）内的现金流量足够偿还贷款的本息。对于政府而言，则更看重项目的社会经济效益，其项目投资决策方法需要加入社会经济影响评价和环境影响评价。因而，考虑社会利得和成本的评价方法比较适用，如经济净现值、经济内部收益率、投资利润率等；有时是用考虑宏观经济影响的方法，如宏观经济业绩贡献评价指标、宏观经济效果指标、投资效果指标、宏观经济的补充指标等。项目投资决策方法有很多，图2-4列举了主要的项目投资决策方法。

2.2.1 基于确定现金流的评价方法

传统的项目投资决策方法是建立在确定现金流之上的，常见的评价方法包括以下几种。

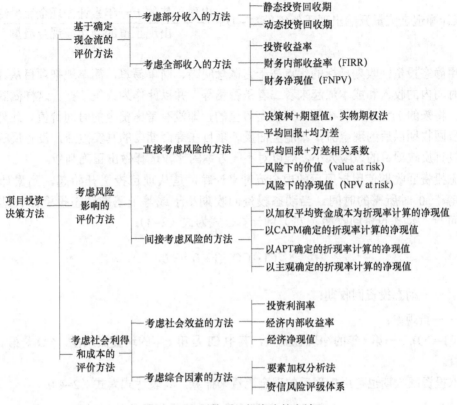

图 2-4 主要的项目投资决策方法

1. 投资回收期法

投资回收期是以项目税前的净收益抵偿全部投资所需的时间。投资回收期一般从建设开始年起计算,但应说明其中建设期有多长或自投入运营开始年或发挥效益年算起的投资回收期。投资回收期指标所衡量的是收回初始投资的速度。在计算时,如果不考虑资金的时间价值,所计算的投资回收期为静态投资回收期;如果考虑资金的时间价值,所计算的投资回收期则为动态投资回收期。将求出的投资回收期与基准投资回收期(T_s)相比较,当计算的投资回收期比基准投资回收期短时,认为项目是可接受的,否则项目在财务上是不可接受的。如果有多个项目可供选择,在项目的投资回收期小于基准投资回收期的前提下,还要从中选择投资回收期最短的项目。静态投资回收期(T_p)的计算公式为式(2-1):

$$\sum_{t=0}^{T_p}(CI-CO)_t = 0 \qquad (2-1)$$

式中:T_p——静态投资回收期;

$(CI-CO)_t$——第 t 年的净现金流量,其中 CI 是第 t 年的现金流入量,CO 是第 t 年的现金流出量。

静态投资回收期也可根据现金流量表的累计净现金流量栏中的数字计算求得,计算公式为式(2-2):

$$T_p = (累计净现金流量开始出现正值年份数 - 1) + \frac{出现正值的上一年累计净现金流量绝对值}{出现正值的当年净现金流量} \quad (2-2)$$

运用静态投资回收期指标的优点在于它概念明晰、简单易算，简单地把项目从开始投资到某一时间内的收入和成本加起来看二者是否相等，并以此作为决策依据。这样做隐含了一个假设：将来的1元钱与现在的1元钱是等值的，即没有考虑资金的时间价值。此外，它舍弃了投资回收期以后的现金流，不能全面反映项目在寿命期内的真实效益，没有反映投资规模，也没有反映项目的风险大小，难以对不同方案的比较选择做出正确判断。

动态投资回收期使用折现后的现金流量来计算，是从项目投资开始起，到累计折现现金流量等于0时所需的时间。当动态投资回收期小于或等于基准动态投资回收期时，认为项目可行。动态投资回收期（T_p'）的计算公式为式（2-3）：

$$\sum_{t=0}^{T_p'} (CI - CO)_t (1+i)^{-t} = 0 \quad (2-3)$$

式中：T_p'——动态投资回收期；

i——折现率；

$(CI-CO)_t$——第t年的净现金流量，其中CI是第t年的现金流入量，CO是第t年的现金流出量。

动态投资回收期也可用折现后的现金流量来计算，其表达式为式（2-4）：

$$T_p' = T - 1 + \frac{第(T-1)年累计净现金流量折现值的绝对值}{第T年的净现金流量折现值} \quad (2-4)$$

式中的T为项目累计净现金流量折现值开始出现非负值的年份数。

如果项目投资总额K在期初一次投入完毕，并且每年的净现金流量N固定不变，折现率为i，则动态投资回收期公式也可简化为式（2-5）：

$$T_p' = -\frac{\ln\left(1 - \frac{K \times i}{N}\right)}{\ln(1+i)} \quad (2-5)$$

动态投资回收期考虑了资金的时间价值，因而克服了静态投资回收期的这一缺点。在选用折现率时，如果适当地进行风险因素调整，则将风险因素也考虑在内。但是，静态投资回收期的其他缺点仍然存在。

2. 投资收益率法

投资收益率指项目投入生产后，其年净收益与项目总投资的比率，其计算公式如式（2-6）所示。

$$投资收益率 = \frac{年净收益}{项目总投资} \times 100\% \quad (2-6)$$

当投资收益率大于或等于基准投资收益率时，项目在财务上才可以考虑被接受，投资收益率越高越好。

投资收益率是一个综合性指标，根据分析目的的不同，投资收益率又可分为投资利润率、资本金利润率和投资净利润率等。投资利润率指项目生产经营期内年平均利润总额占项目总资金（固定资产投资与全部流动资金之和）的百分比，它是反映项目单位投资盈利能力的指标。对生产期内各年的利润总额变化幅度不大的项目，可以近似地用年平均利润总额与项目总投资的比值表示。其计算公式如式（2-7）所示。

$$投资利润率 = \frac{年平均利润总额}{项目总投资} \times 100\% \tag{2-7}$$

当投资利润率大于或等于基准投资利润率时，项目在财务上才可以考虑被接受，投资利润率越高越好。

3. 财务净现值法

财务净现值（financial net present value，FNPV），简称净现值（NPV）。财务净现值法是按行业的基准收益率或设定的折现率，将项目计算期内的各年净现金流量折算成建设期初的净现值，以评价项目投资的盈利能力，其表达式为式（2-8）：

$$FNPV = \sum_{t=1}^{n} (CI - CO)_t (1 + i_c)^{-t} \tag{2-8}$$

式中：n——计算期年数；

i_c——基准收益率或设定的折现率；

$(CI-CO)_t$——第 t 年的净现金流量，其中 CI 是第 t 年的现金流入量，CO 是第 t 年的现金流出量。

财务净现值≥0 时，表明项目在计算期内可获得大于或等于基准收益水平的收益额，从财务的角度看，项目是可以接受的；财务净现值＜0 时，投资方案就是不可接受的。财务净现值越大，投资方案越好，财务净现值均＞0 时，财务净现值最大的方案为最优方案。

财务净现值法考虑了资金的时间价值，但确定折现率比较困难；考虑了项目全寿命期的净现金流量，虽然反映了投资效果，但只适用于年限相等的互斥方案的评价。应用财务净现值法的主要问题是如何确定合理的折现率，折现率一般可以根据资金成本来确定，也可以根据投资人要求的最低投资回报率来确定；此外，财务净现值法还有一个缺点，即没有考虑投资规模，当项目投资额不等时，无法准确判断方案的优劣。

4. 财务内部收益率法

财务内部收益率（financial internal rate of return，FIRR），简称内部收益率（IRR），指项目在整个计算期内各年净现金流量现值累计等于 0 时的折现率，它反映了拟投资项目的动态投资收益水平，其表达式为式（2-9）：

$$\sum_{t=1}^{n} (CI - CO)_t (1 + FIRR)^{-t} = 0 \tag{2-9}$$

式中：n——计算期年数；

$(CI-CO)_t$——第 t 年的净现金流量，其中 CI 是第 t 年的现金流入量，CO 是第 t 年的现金流出量。

财务内部收益率的经济含义：在项目的整个寿命期内按折现率 i=FIRR 计算，始终存在未能收回的投资，只是在寿命期结束时，投资才被完全收回。也就是说，在项目的寿命期内，项目始终处于用本身的收益"偿付"未被收回的投资的状况。判断准则是，与预先设定的基准收益率 i_c 进行比较：若 $FIRR \geqslant i_c$，则项目可以被接受；否则，项目应被拒绝。

一般认为财务内部收益率法的优点在于：计算财务内部收益率时，无须事先给定折现率，财务内部收益率是令项目现金流的财务净现值等于零计算得来的，其经济含义十分明确清晰。但实质上，财务净现值法中如何确定折现率的问题依然存在，只是转化为如何确定基准折现率，如果难以确定财务净现值法中的折现率，同样难以确定财务内部收益率法中的基准折现率。此外，在计算期内分期建设，以及在经营期内某几年的净现金流量多次出现正负值交替现象时，财务内部收益率计算公式（2-9）可能无解或其解不合理。

5. 净年值法

净年值（net annual value, NAV）指按给定的折现率，通过资金等值换算将项目的净现值分摊到寿命期内各年的等额年值，其表达式为式（2-10）：

$$NAV = NPV(A/P, i_c, n) = \sum_{t=0}^{n} (CI - CO)_t (1 + i_c)^{-t} (A/P, i_c, n) \qquad (2-10)$$

式中：NAV——净年值；

$(A/P, i_c, n)$——资金还原系数。

判别的准则是：对独立项目方案而言，若 $NAV \geqslant 0$，则项目可以被接受；否则，项目应被拒绝。多方案比选时，净年值越大且非负的方案越优（净年值最大准则）。从净年值的公式可以看出，由于 $(A/P, i_c, n) > 0$，故净年值与净现值在项目评价的结论上总是一致的。

2.2.2 考虑风险影响的评价方法

由于现金流量基于预期现金流量是确定的假设，因而基于现金流量的评价方法只考虑了项目的盈利性而忽略了风险因素造成的不确定性。为了考虑风险因素的影响，一是直接考虑现金流量的不确定性，利用仿真技术获得现金流量的分布，然后采用数理统计方法进行评价；二是通过调整折现率方式间接考虑现金流量的不确定性。

1. 数理统计评价方法

考虑项目投资决策过程中影响决策的随机事件，在此基础上建立数学模型（描述一个投资计划的函数），然后利用仿真技术（如蒙特卡罗模拟）获得现金流量的分布，对该分布进行数理统计分析获得均值、标准差等，以此为基础进行决策。基于模拟现金流量的方法有均值-方差法（决策准则：均值越大越好，方差越小越好）、均值-方差系数法（决策准则：均值越大越好，方差系数越小越好）、风险下的净现值（NPV at risk）法（决策准则：在给定的自信度下，风险下的净现值大于 0，或者净现值为 0 时的自信度高于预先设定的自信度），等等。

叶苏东和张丽光根据风险的定义，提出风险下的净现值（NPV at risk）法对项目进行评价。由于项目收入受多种不确定因素的影响，因此项目收入也是不确定的。如果影响项目收入的因素服从概率分布，用 NPV 表示的项目收入理论上也呈服从概率分布。如果项目 NPV 的概率分布函数为已知，则可以计算给定自信度（$1-\alpha$）下的 NPV_α 或计算 NPV 为 0 时的自信度 α_0，如图 2-5。

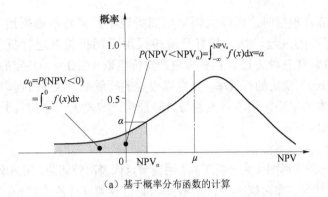

(a) 基于概率分布函数的计算

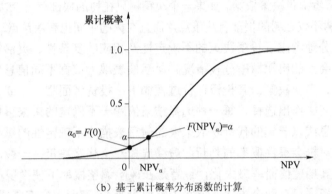

(b) 基于累计概率分布函数的计算

图 2-5　基于概率分布的 NPV at risk 和自信度的计算

在实践中难以获得项目 NPV 的概率分布，但是借助于蒙特卡罗模拟可以获得项目 NPV 的累计经验概率分布。因而，可以计算给定自信度（$1-\alpha$）下的 NPV_α 或计算 NPV 为 0 时的自信度 α_0，如图 2-6。

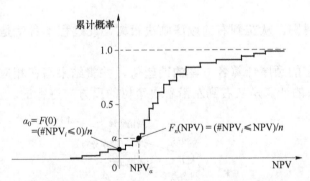

图 2-6　基于累计经验概率分布的 NPV at risk 和自信度的计算

2. 经风险调整的净现值法

在计算净现值时，折现率的确定最为关键。折现率可以根据资金成本来确定，也可以根据投资人要求的最低投资回报率来确定。普遍采用的折现率是股权收益率（ROE）或资产收益率（ROA）；当投资为股本资金和债务资金的组合时，采用股权收益率和贷款利率加权平均值作为折现率。上述三种折现率只考虑了项目的盈利而忽略了风险因素。为了考虑风险因素的影响，计算净现值时，风险大则采用高折现率，风险小则采用低折现率，若投资项目在不同阶段有不同风险，那么最好分阶段采用不同折现率进行折现。目前，确定基于风险考量的折现率有三种方法：由资本资产定价模型（CAPM）决定的折现率，或由APT（arbitrage pricing theory）决定的折现率，或主观设定的折现率。这些折现率克服了传统折现率未充分反映风险成本的缺陷，使项目收益与风险挂钩。实质上，这些基于风险考量的折现率只是增加了安全余量。

3. 决策树法

决策树法利用一种树形图作为分析工具，用决策点代表决策问题，用方案分枝代表可供选择的方案，用概率分枝代表方案可能出现的各种结果，通过预测项目各种方案的可能结果及其概率，求出期望值，为决策者提供决策依据。如果一个决策树只在树的根部有一个决策点，则称单级决策；如果一个决策树不仅在树的根部有决策点，而且在树的中间也有决策点，则称多级决策。

决策树法较充分地考虑了投资决策的不确定性及相应的复杂性、灵活性、连贯性。不确定性主要表现在机会点的出现概率分枝情况，灵活性表现为依据不同信息作出不同的决策，连贯性表现为连续、多次决策。其投资评价过程如下：投资者面临一个或一系列投资决策，即要在几种替代方案中作出选择，每一种选择结果依赖于不确定的未来事件或状态，投资者可以根据过去的信息或以一定的代价获取未来的信息来描述不确定性的概率，然后依据其对随后结果的偏好及对机会事件概率的判断，最终选择一个战略决策；一般而言，这就意味着投资者的决策导致其期望值概率最大化，或者是在风险调整概率下使净现值最大化。

[例题] 某投资项目有两个方案：方案1需要投资55万元，方案2需要投资60万元。市场对项目产品需求有两种可能：产品有60%的可能性畅销，40%的可能性滞销。如果产品畅销，方案1可获利180万元，方案2可获利200万元；但是如果产品滞销，方案1将亏损100万元；方案2将亏损140万元。应如何决策？

解：这是一个典型的决策问题，可以用决策树与期望值相结合的方法解决。求解过程可分为以下3个步骤。

（1）绘制决策树图。从左到右的顺序画决策树，此过程本身就是对决策问题的再分析过程。

（2）按从右到左的顺序计算各方案的期望值，并将结果写在相应方案节点上方，如图2-7所示。期望值的计算是从右到左沿着决策树的反方向进行的。

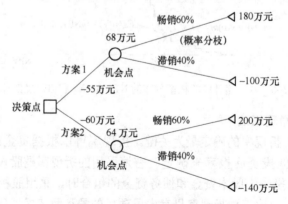

图2-7 决策树与期望值法

(3) 对比各方案的期望值的大小，进行剪枝优选。从图 2-7 可以看出，方案 1 的收入的期望值为 68 万元，减去成本后，净利润为 13 万元；而方案 2 的收入的期望值为 64 万元，减去成本后，净利润为 4 万元。相比之下，方案 1 优于方案 2。

4．实物期权评价方法

评价投资项目实际上就是评价投资机会。对一个投资方案进行评价时，投资人有多种选择：一是接受或者放弃该投资方案（项目投资机会的决策）；二是如接受该投资方案，是立即启动或是在今后若干年内启动；三是项目开发是否分期进行（只有一期或者分多期进行）。

1977 年，麻省理工学院 Myers 教授开始将金融衍生产品中的期权思想和定价方法引入实物投资领域的项目评价中，从而产生了实物期权（real option）。实物期权就是项目投资者在投资过程中行使一系列选择权，其持有者通过付出一定成本而获得一种权利，在规定的时间内有权利但不是必须按约定条件实施某种行为。项目投资中期权的最大特点就是给投资者一种决策弹性，使其可以灵活运用市场各种变化的可能性，在最大限度控制风险的同时，又不丧失获得可能出现的获利机会。根据项目的具体情况，有 3 种实物期权：项目投资机会期权，后续投资项目期权和投资项目放弃期权。

(1) 项目投资机会期权：如果现在就决定项目是否启动，该投资项目相当于一个执行日为现在的欧式买入期权。支付成本为项目投资（CO），买入对象物价值为项目的现值（PV），增加值为净现值（NPV）：期权价值 $V = \max\{0, PV - CO\} = \max\{0, NPV\}$。如果不必现在就决定项目是否启动，而是今后 T 年内决策，该投资项目相当于一个执行期为 T 年的有红利的美式买入期权，红利为项目启动后的现金流。项目早日启动早得红利，但须支出资本投资；项目晚启动会损失红利，但赢得资本投资的利息（或者机会收益）。比较利息和红利的大小，如果项目效益好（红利大于利息），晚启动会造成损失；如果项目效益差（红利不大于利息），晚启动或不启动收益大。当 NPV 接近于 0 时，持有项目投资机会选择权会给投资人增加价值。

在进行项目投资决策时，如果市场的需求和价格很明确，则决策相对简单，只要确定回报是否大于投资即可（回报–投资比大于 1）。然而，现实生活中，市场情况具有一定的不确定性，这时需要进行风险–回报均衡分析，把市场不确定性与回报–投资比构成的二维空间分为 3 个区域，如图 2-8 所示。

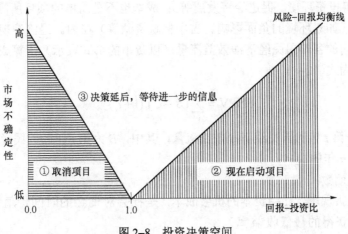

图 2-8　投资决策空间

① 在市场相对稳定的情况下，如果回报–投资比小于 1，则该项目没有投资的价值，应该取消。

② 在市场相对稳定的情况下，回报–投资比大于 1，随着市场的不确定性增加，回报–投资比也增加，并满足决策者的风险–回报均衡的要求，则该项目具有投资的价值，可以立即启动项目。

③ 在市场不稳定的情况下，回报–投资比小于 1，或者虽然回报–投资比大于 1，但并未满足决策者的风险–回报均衡的要求，则应该延迟作决定（或取消启动），进一步获取信息。

（2）后续投资项目期权：后续投资项目是否投资取决于先期投资项目是否成功，该项目可视为一个发展期权（或称扩张期权）。只有一期项目启动，二期项目才能启动，才有可能获得丰厚回报；如果一期项目不启动，就有可能失去行业竞争的机会。发展期权是一个执行日为现在的欧式买入期权外加一个执行期为 T 年的欧式买入期权。项目净现值=一期项目净现值+二期项目净现值。

（3）投资项目放弃期权：如果说项目投资机会期权是为了创造投资收益，后续投资项目期权是为了扩大投资收益，则投资项目放弃期权是为了规避风险，是一种卖出期权，执行价格就是项目残值。是否放弃该项目，主要取决于其是否具有经济价值，如果不能产生正的净现值，即使还有使用价值也必须放弃。

2.2.3 考虑社会利得和成本的评价方法

现金流量分析只考虑了项目的财务效益，忽略了项目的社会经济效益。实际上，任何一个项目直接或间接、或多或少都对社会产生一定的影响，有利的（正面的）影响就是社会利得，不利的（负面的）影响就是社会成本。如果能将社会利得量化为现金流入量，把社会成本量化为现金流出量，则一些基于现金流量的评价方法也就成为考虑社会利得和成本的评价方法。

1. 经济净现值法

经济净现值（ENPV）法是建立在收益–成本分析的基础上分析项目对国民经济净贡献的方法。这里的收益不仅包括直接的现金收益，还包括间接的收益（项目建设给社会带来的好处，如就业、改善投资环境、促进经济发展等）；成本也不是简单的项目所需的资金成本，而是包括社会成本（如对环境的负面影响、占用稀缺资源等）在内。经济净现值法按社会折现率将项目计算期内的各年国民经济净效益流量（以货币的形式表示）折算成建设期初的现值之和，其表达式为式（2-11）：

$$\text{ENPV} = \sum_{t=1}^{n}(B-C)_t(1+i_s)^{-t} \tag{2-11}$$

式中：$(B-C)_t$——第 t 年的国民经济净效益流量，其中，B 为第 t 年的国民经济效益，C 为第 t 年的成本；

n——计算期数；

i_s——社会折现率（社会资本的机会成本，是社会对资金的时间价值的估量，代表占用社会资金所应获得的最低收益率）。

经济净现值大于或等于 0，表明国家为拟建项目付出的代价可以得到符合社会折现率要求的社会盈余，项目可以接受；反之，则应拒绝。该方法的难点在于如何用货币的形式表示社会收益和社会成本。值得注意的是，经济净现值法与财务净现值法所得的决策可能不一致。例如，许多高污染项目的财务净现值大于 0，在不考虑对环境污染的前提下，项目是可行的。如果把对环境污染的社会成本考虑在内，项目的经济净现值是小于 0 的，因而项目是不可行的。

2. 经济内部收益率法

与经济净现值法相应的是经济内部收益率（EIRR）法，它是项目计算期内各年国民经济净效益流量现值累计等于 0 时的折现率，其表达式为式（2-12）：

$$\sum_{t=1}^{n}(B-C)_t(1+\text{EIRR})^{-t}=0 \tag{2-12}$$

式中：EIRR——经济内部收益率；

$(B-C)_t$——第 t 年的国民经济净效益流量，其中，B 为第 t 年的国民经济效益，C 为第 t 年的成本；

n——计算期数。

经济内部收益率分为全部投资经济内部收益率和国内投资经济内部收益率。前者是反映项目对国民经济净贡献的相对指标，它表示项目占用的资金所能获得的动态收益。国内投资经济内部收益率表示项目占用的国内资金所能获得的动态收益。经济内部收益率指标应该同国家颁布的社会折现率比较，分析项目的国民经济效益。经济内部收益率大于或等于社会折现率表明项目对国民经济的净贡献达到或超过了国民经济需求的水平，则该项目在经济上是可接受的；反之，则应拒绝。

3. 投资利税率法

投资利税率指项目达到设计生产能力后的一个正常生产年份的年利税总额或项目生产经营期内的年平均利税总额占项目总资金（固定资产投资和全部流动资金之和）的比率。它是反映项目单位投资盈利能力和对国家积累所做贡献的指标，其计算公式如式（2-13）所示。

$$投资利税率 = \frac{年平均利税总额}{项目总资金} \times 100\% \tag{2-13}$$

当投资利税率大于或等于基准投资利税率（如行业的平均投资利税率）时，项目才可以考虑被接受，否则应予拒绝。

4. 要素加权分析法

要素加权分析法（优选矩阵法）是一种综合评价方法，主要依靠专家的知识、经验和技能，对项目进行仔细分析，确定一系列的关键要素作为评价指标，并赋予它们一定的权重；然后，针对每个方案，对各个要素分别打分；最后，根据事先确定的计算公式，计算每个方案的得分，综合分值最高的项目即为最优项目。综合分值的计算方法取决于分析人员的设计，式（2-14）是综合分值的计算方法之一。

$$综合分值 = \frac{\prod a_i X_i (\sum b_j Y_j)(1+\alpha M)}{(\prod c_k Z_k)(1+\beta N)} \tag{2-14}$$

式中：a_i，b_j，c_k，α，β——赋予相应评价指标或要素的权重；

X_i，Y_j，Z_k，M，N——评价指标或要素。

分子中的评价指标或要素（如 X_i、Y_j 和 M）是利益，分母中的评价指标或要素（如 Z_k 和 N）是成本或损失。

2.2.4 贷款人的项目评价决策方法

衡量项目盈利能力的评价方法和衡量项目社会经济效益的评价方法都是建立在项目的整个生命周期（如果是特许权项目，则为特许期）的基础之上的，其缺陷是忽略了项目在运营初期产生现金流量的能力。由于贷款要在相对短的时期内偿还，因而放贷人的评价方法只局限于贷款期内的项目现金流。

1. 偿债覆盖率法

偿债覆盖率（debt service cover ratio）指项目可用于偿还债务的有效净现金流量与债务偿还责任的比值。偿债覆盖率的大小表示项目可用于还款的资金对贷款本息的覆盖程度，即计算在项目贷款条件（贷款年限、利率、宽限期、还款方式和每年应还本息）的约束下，可还款资金与应还本息的比率。根据计算基础不同，偿债覆盖率又分为单一年度的偿债覆盖率和平均偿债覆盖率。

单一年度的偿债覆盖率=该年份的偿债之前的净现金流量/该年份的债务偿还责任

2. 贷款偿还期法

固定资产投资的贷款偿还期（又称借款偿还期）指在国家财政规定及项目具体财务条件下，以项目建成投产后的收益中可用于还贷的资金（如利润、折旧及其他收益）偿还固定资产投资中贷款本金及建设期利息所需的时间，其表达式为式（2-15）。

$$I_d = \sum_{t=1}^{P_d} R_t(R_p + D + R_o - R_r) \qquad (2\text{-}15)$$

式中：I_d——固定资产投资中贷款本金及建设期利息；

P_d——贷款偿还期（从建设开始年计算）；

R_p——年利润总额；

D——年折旧；

R_o——年其他收益；

R_r——年企业留利。

贷款偿还期更为实用的表达式为式（2-16）：

$$P_d = P - 1 + \frac{\text{第}P\text{年偿还贷款额}}{\text{第}P\text{年可用偿还贷款额}} \qquad (2\text{-}16)$$

式中：P——贷款偿还后开始出现盈余的年份数。

判别的标准是，当贷款偿还期满足贷款机构的要求期限时，该项目是可接受的；反之，则应拒绝。

3. 盈利能力比率法

盈利能力比率（profitability ratio）指项目的盈利能力水平，也就是运用项目的各项资源获利的能力（也称项目投资的增值能力），利润率越高，盈利能力就越强，可以从不同角度分别测算项目的盈利能力水平，主要有以下几种。

（1）销售利润率，反映项目在纳税前，每1元销售额有多少利润，数值越大表示利润越高。计算公式为式（2-17）：

$$销售利润率=税前利润/销售额 \qquad (2-17)$$

（2）资产总值收益率，反映项目投入资本所产生的收益，值越大表示投资收益越大。计算公式为式（2-18）：

$$资产总值收益率=税前利润/资产总值 \qquad (2-18)$$

（3）股权收益率，反映普通股资本的净盈利能力，是净利润与普通股权总额的比例。计算公式为式（2-19）：

$$股权收益率=净利润/普通股权总额 \qquad (2-19)$$

4. 杠杆作用和资本结构比率法

杠杆作用和资本结构比率（leverage-capital structure ratio），反映项目的长期债务（包括发行企业债券在内）占总资产的比例，用来衡量项目利用债权人提供的资金进行经营活动的能力，反映债权人发放贷款的安全程度，也用来观察项目举债经营的状况，主要有以下几种。

（1）负债总额与资本净额的比率（也称产权比率），指企业负债（包括流动负债和长期负债）与企业自有资本（资本净额）的比率，是反映企业稳固性的一个重要指标，也显示对债权人的保障程度，数值越小，表明偿还能力越大。计算公式为式（2-20）：

$$负债总额与资本净额的比率=（流动负债+长期负债）/资本净额 \qquad (2-20)$$

（2）长期债务偿还比率，反映借款人长期债务还本付息能否按贷款协议或债券兑付计划清偿，而不影响企业所需的营运资金。计算公式为式（2-21）：

$$长期债务偿还比率=（净收入+折旧费+投资性费用摊提）/长期债务还本付息额 \qquad (2-21)$$

（3）盈利债息比率，反映由项目经营盈利支付债务利息的保证程度，一般以倍数表示，数值越大，支付债务利息的保证程度越高。计算公式为式（2-22）：

$$盈利债息比率=净收入/长期债务利息 \qquad (2-22)$$

2.2.5 项目投资决策方法的比较

上述各种项目投资决策方法各有优缺点，不同的方法考虑的因素也不同。为便于对比研究，下面以假想的两个电厂项目为例进行说明。

假设有两个电厂项目（项目 A 和项目 B）都装有两台 35 万 kW 的火力发电机组，都采用 BOT 模式开发，特许期为 20 年，但分别建在两个具有不同风险的国家。假设项目总投资都是 6.35 亿美元、建设期为 3.5 年，运营期内市场需求为 80% 的装机容量，电价为每度电 7 美分，运行维护费为销售收入的 35%，股本–债务比为 1/3，债务利息为 9%，股份投资的资金成本为 12%，汇率为 1。表 2-1 是项目的税前基本净现金流量。

表 2-1 项目的税前基本净现金流量　　　　　单位：万美元

年	投资	销售收入	运行维护费	毛收入	税前净现金流量	累计税前净现金流量
1	12 300.00	0	0	0	−12 300.00	−12 300.00
2	24 900.00	0	0	0	−24 900.00	−37 200.00

续表

年	投资	销售收入	运行维护费	毛收入	税前净现金流量	累计税前净现金流量
3	20 100.00	0	0	0	−20 100.00	−57 300.00
4	6 200.00	17 169.60	6 009.36	11 160.24	4 960.24	−52 339.76
5	0	34 339.20	12 018.72	22 320.48	22 320.48	−30 019.28
6	0	34 339.20	12 018.72	22 320.48	22 320.48	−7 698.80
7	0	34 339.20	12 018.72	22 320.48	22 320.48	14 621.68
8	0	34 339.20	12 018.72	22 320.48	22 320.48	36 942.16
9	0	34 339.20	12 018.72	22 320.48	22 320.48	59 262.64
10	0	34 339.20	12 018.72	22 320.48	22 320.48	81 583.12
11	0	34 339.20	12 018.72	22 320.48	22 320.48	103 903.60
12	0	34 339.20	12 018.72	22 320.48	22 320.48	126 224.08
13	0	34 339.20	12 018.72	22 320.48	22 320.48	148 544.56
14	0	34 339.20	12 018.72	22 320.48	22 320.48	170 865.04
15	0	34 339.20	12 018.72	22 320.48	22 320.48	193 185.52
16	0	34 339.20	12 018.72	22 320.48	22 320.48	215 506.00
17	0	34 339.20	12 018.72	22 320.48	22 320.48	237 826.48
18	0	34 339.20	12 018.72	22 320.48	22 320.48	260 146.96
19	0	34 339.20	12 018.72	22 320.48	22 320.48	282 467.44
20	0	34 339.20	12 018.72	22 320.48	22 320.48	304 787.92
合计	63 500.00	566 596.80	198 308.88	368 287.92	304 787.92	2 039 009.36

注：销售收入=80% 装机容量×365×24×售价=0.8×700 000×365×24×0.07=34 339.20 万美元
毛收入=销售收入−运行维护费

表 2-2 是假定每个变量是确定的，但实际上，建设成本、完工时间、运行维护费、市场需求、销售价格、通货膨胀率、汇率、利率等关键度量都在变动。假设这些变量是随机变量，它们的概率分布参数如表 2-2 所示。通过蒙特卡罗模拟，可获得两个项目的净现金流量的分布，项目收入净现值的概率分布如图 2-9 所示。每种方法有自己的优点和弱点，不同的方法会得出不同的结果，如表 2-3 所示。

表 2-2 关键变量的概率分布参数

变量 (X)	概率分布假设	平均值 (μ)	项目 A		项目 B	
			系数 (σ/μ)	标准差 (σ)	系数 (σ/μ)	标准差 (σ)
建设成本	$\ln X \sim N(\mu, \sigma^2)$	5 亿	0.1	0.5	0.2	1
完工时间	$\ln X \sim N(\mu, \sigma^2)$	3.5 年	0.1	0.4	0.2	0.8
运行维护费	$\ln X \sim N(\mu, \sigma^2)$	35%销售收入	0.1	0.035	0.2	0.07
市场需求	$X \sim N(\mu, \sigma^2)$	56 万 kW·h	0.1	5.6	0.2	11.2
销售价格	$X \sim N(\mu, \sigma^2)$	\$0.07/(kW·h)	0.1	0.007	0.2	0.014
通货膨胀率	$X \sim N(\mu, \sigma^2)$	2%（年）	0.1	0.002	0.2	0.004

续表

变量 (X)	概率分布假设	平均值 (μ)	项目A 系数 (σ/μ)	项目A 标准差 (σ)	项目B 系数 (σ/μ)	项目B 标准差 (σ)
汇率	$X \sim N(\mu, \sigma^2)$	1.0	0.1	0.1	0.2	0.2
利率	$X \sim N(\mu, \sigma^2)$	9%（年）	0.1	0.009	0.2	0.018

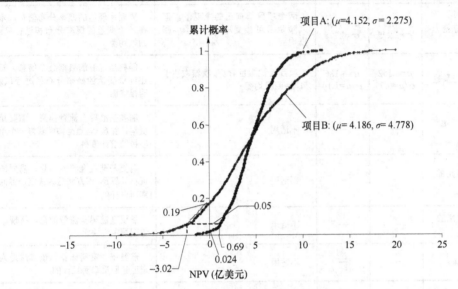

图 2-9 项目收入净现值的概率分布

表 2-3 不同项目投资决策方法的比较

评价方法	分析结果 项目A	分析结果 项目B	决定	备注
投资回收期	6.4年	6.4年	项目A与项目B相同，可投资性取决于经验	需要基准现金流量信息，计算简单
投资收益率	23.5%	23.5%	项目A与项目B相同，可投资性取决于事先确定的投资收益率	需要基准现金流量信息
财务内部收益率	26%	26%	项目A与项目B相同，可投资性取决于事先确定的财务内部收益率	需要基准现金流量信息，计算复杂
净现值（NPV）	$5.69亿	$5.69亿	项目A与项目B相同，两个项目均可接受（NPV>0）	需要基准现金流量和折现率信息（这里折现率为0.12，即公司的基准收益率）
NPV（加权平均资本成本）	$7.85亿	$7.85亿	项目A与项目B相同，因为两个项目有相同的资金结构，两个项目均可接受	需要基准现金流量和资金结构、债务利息率，以及股本投资回报信息（假定股本投资回报率=公司的基准收益率）
NPV at risk	$0.69亿	-$3.02亿	在95%可信度下，项目A具有可投资性，但项目B不行	需要净现值的概率分布信息，难点在评价变量的概率分布
累计分布分析	见图2-9	见图2-9	对于保守的投资者而言，项目A比项目B好，但是并意味着项目A具有可投资性	需要净现值的概率分布信息，难点在当两个项目的分布交叉时如何作决策

续表

评价方法	分析结果		决定	备注
	项目 A	项目 B		
决策树/期望回报	$4.152 亿	$4.182 亿	项目 B 的净现值比项目 A 的大，两个项目均可接受，因为它们的 NPV>0	需要各种结果及其概率分布的信息，难点在评价每个结果的概率
平均回报-方差	μ=4.152 σ=2.275	μ=4.186 σ=4.778	两个项目都有正的净现值，但风险是否可接受取决于风险-回报均衡	需要净现值的概率分布信息，难点在评价变量的概率分布和进行风险-回报均衡
平均回报-方差系数	μ=4.152 σ/μ=0.55	μ=4.186 σ/μ=1.14	项目 A 比项目 B 好，决策取决于风险-回报均衡	需要净现值的概率分布信息，难点在评价变量的概率分布和进行风险-回报均衡
NPV（CAPM 决定的折现率）	—	—	不适用	需要基准现金流量信息，需要统计资料计算β。难点是如何获得一个单独项目的统计资料
NPV（APT 决定的折现率）	—	—	不适用	需要基准现金流量信息，需要统计资料计算β_i。该方法是为决定证券回报率而设计的
NPV（主观决定的折现率）	—	—	不适用	需要基准现金流量信息，折现率由管理层主观决定
value at risk	—	—	不适用	需要统计资料计算。该方法是为决定证券回报率而设计的
调整后的净现值（APV）	—	—	不适用	需要基准现金流量和每个值的分量的信息，每个分量应能够单独计算
效用理论	—	—	不适用	效用值因人而异，非常主观
风险评价体系	—	—	不适用	定级需要专家，过程较复杂

2.3 项目风险分析

项目风险（以下简称风险）还没有形成统一的定义。由于对风险内涵的理解和认识程度不同，或者对风险研究的角度不同，不同的学者对风险概念有着不同的解释，但可以归纳为以下几种具有代表性的观点：① 风险是在给定的条件下和在某一特定的时期，事件未来可能结果发生的不确定性；② 风险是损失发生的不确定性（风险是损失的概率）；③ 风险指可能发生损失的损害程度的大小（预期损失的不利偏差）；④ 风险指损失的大小和发生的可能性（风险是损失的概率和大小的函数，如它们的乘积）；⑤ 风险是风险事件的所有可能后果的概率分布的方差，或者是风险事件的所有可能后果的概率分布在负方向上的方差，或者是风险事件的所有可能后果的概率分布的方差和期望值的加权线性组合。无论如何对风险进行定义，其基本的核心含义是"未来结果的不确定性或损失"。综上所述，风险可以定义为出现绝对或相对损失有关的不确定性。这里，相对损失指实际结果比预期结果差。如果风险事件只会造成损失而不会带来收益，则该风险为纯风险。例如，自然灾害风险，一旦发生，将会导致损失，甚至人员伤亡；如果不发生，只是不造成损失而已，但不会带来额外的收益。如果风险事件既可能造成损失也可能创造额外收益（实际结果可能比预期结果差，也可能比预期结果好），则该风险为投机风险。例如，外汇汇率风险，如果所持货币升值，则获得额外收益；如果所持货币贬值，则蒙受损失。一般而言，项目常常同时含有纯风险和投机风险。

除了上述风险分类外，还有许多分类方式。例如，按风险产生的原因可将风险分为政治风险、社会风险、经济风险、自然风险、技术风险等；按风险的影响范围可将风险分为基本风险（作用于整个经济或大多数项目的风险，具有普遍性，如战争、自然灾害、高通胀率等）和特殊风险（仅作用于某一特定项目的风险，不具有普遍性，如某收费公路的交通流量不足）；按风险的表现形式可将风险分为信用风险、完工风险、生产风险、市场风险、金融风险、政治风险、环境保护风险等。完工风险指能否在预算之内按时完成项目并达到设计要求，包括完工延期、成本超支、未能达到规定的技术经济指标，以及在极端情况下项目被迫中止或放弃。生产风险指与生产运营相关的风险，如生产技术不成熟、能源和原材料供应短缺和价格上涨、劳动力不足、资源储量低于预期等。市场风险主要包含项目产品/服务的价格波动和市场需求变化两个风险因素。金融风险主要指贷款利率波动、货币风险如货币贬值（汇率波动）、换汇和外汇出境管制等。政治风险指由于项目所在国家的政治条件发生变化而导致的风险，如对项目实行征用、没收或国有化，法律制度变更，政权更迭，外国政府对项目所在国家实行禁运、抵制等。环境保护风险指项目对环境造成影响而产生的风险，如环保分子对项目的干预、环境政策的变更、环保要求的提高等。

风险管理就是一个识别和评价风险，并制定和实施风险处理方案的过程。该过程可以分解为风险识别、风险评价、风险对策决策、实施风险对策、检查控制5个方面。其中，风险识别和风险评价统称风险分析，是制定风险对策的基础。风险管理的过程如下：首先，按照一定的方法识别项目的风险事件，评估所识别的风险事件发生的可能性（概率）和损失后果；其次，根据风险的具体特点，提出具有针对性的风险对策；最后，实施所提出的风险对策。风险对策的实施反映在确定资金结构、选择投资结构、设计资信结构之上，即如何使风险对策得到贯彻。因此，风险分析不但是风险管理的基础，也是设计项目融资结构的基础。

2.3.1 项目风险识别

使用项目融资的项目一般都涉及多种风险因素，因为这类项目的建设期和运营期都较长，受周围环境的影响较大。只有认真进行风险分析，对风险进行识别和评估，才有可能对风险进行主动的预防和控制，换句话说，项目风险识别（以下简称风险识别）是进行有效风险管理的前提。

风险识别的方法很多，如专家调查法、财务报表法、流程图法、初始清单法、经验数据法和风险调查法。这些方法并不相互排斥，可以结合使用，风险识别的结果是建立风险清单。常用的识别方法之一是按照项目的发展阶段，分析每个阶段的风险。例如，先把项目生命周期分为四个阶段：决策阶段、建设阶段、试运营阶段、运营阶段，然后分析每个阶段的主要风险。另一个常用的识别方法是按照主要风险因素分析风险事件，典型的工程项目风险清单如表2-4所示。

表 2-4 典型的工程项目风险清单

风险因素	典型风险事件
自然环境	复杂的工程地质条件、恶劣的气候、环境对施工的限制等
法律政治	法律变更、战争、骚乱、罢工、经济制裁或禁运、政府不稳等
经济金融	通货膨胀、经济萧条、汇率波动、货币兑换、外汇汇出、利率波动、资金短缺等
市场需求	需求不足、价格偏低等
不可抗力	洪水、地震、火灾、台风、雷电等
设计	设计内容不全、应用规范不恰当、所用技术不成熟、设计有缺陷、错误和遗漏等
施工技术	施工工艺落后、施工技术和方案不合理、应用新技术或新方案失败、未考虑场地情况
运营	产品不合要求、技术故障、缺少原料、运营商过失等
合同	合同条款遗漏、表达有误、索赔管理不力、合同纠纷等
材料设备	供应不足或拖延、类型不配套、故障、选型不当等
其他	工艺设计未达到先进性指标、工艺流程不合理、未考虑操作安全性等

2.3.2 项目风险评估

系统而全面地识别建设工程风险只是风险管理的第一步，在选择风险对策之前，需要对所识别的风险进行评估，以确定风险量的大小、风险的性质等风险特点，根据风险特点确定风险对策。

项目风险评估（以下简称风险评估）的方法很多，不同的风险定义可以推导出不同的风险评估方法，如图2-10所示。如果风险被定义为"损失的概率"，则可以采用专家判断法或统计分析法来确定发生损失的概率；如果风险被定义为"损失的大小"，则可以采用敏感性分析法来确定某个参数变化时损失的大小；如果风险被定义为"预期的损失"，则可以采用期望值法计算可能损失的加权平均值；如果风险被定义为"风险事件的所有可能后果的概率分布的方差或在负方向上的方差"，则可以采用统计分析、方差分析法来评估风险；如果风险被定义为"在正常的市场环境下，给定的时间区间和置信度水平条件下，预期最大

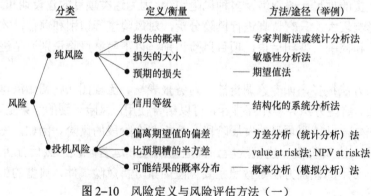

图 2-10 风险定义与风险评估方法（一）

损失"，则可以采用 value at risk（VaR）法来评估风险；如果风险被定义为"信用等级"，则可以采用结构化的系统分析法来确定信用等级，如信用评级机构（标准普尔、穆迪等公司）所采用的方法。风险评估的主要作用在于区分出不同风险的相对严重程度，以便根据预先确定的可接受的风险水平作出相应的决策。

此外，如果风险被定义为"损失的概率和大小的函数"，则可以把风险看作是一个二维概念，以损失发生的大小与损失发生的概率两个指标进行衡量，如图 2–11 所示。

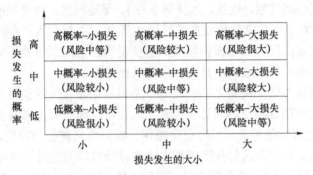

图 2–11　风险定义与风险评估方法（二）

2.3.3　项目风险对策

通过风险评估，确定每一个风险因素的大小、性质等特点，据此制定风险对策和措施。常见的项目风险对策（以下简称风险对策）有风险回避、风险转移、风险分担、风险自留。值得注意的是一个项目常常有多种风险，不同的风险可采用不同的对策，结果是多种对策的混合。

（1）风险回避就是以一定的方式中断风险源，使风险不发生或不再发展，从而避免可能产生的潜在损失。如果基本现金流分析显示某项目的净现值大于零（或内部收益率高于最低投资收益率的要求），但敏感性分析显示该项目的净现值对市场需求非常敏感，而市场需求预测不确定性很大，这意味着该项目的风险很大，因而决定不投资建造该项目，从而避免风险。然而，在回避风险的同时也失去了从风险中获益的可能性。另一个例子是采用成熟技术在一定程度上可以避免技术风险，但也失去采用新技术带来的好处。在项目开发过程中，绝对没有风险的情况几乎不存在，回避风险可能不实际或不可能，因而不可能回避所有的风险。正因为如此，才需要其他不同的风险对策。

（2）风险转移就是将风险转移给他人。风险转移有两种形式：一是只转移风险结果，二是同时转移风险控制权和风险结果。前者一般用于纯风险，其典型代表是项目保险；通过购买保险，投保人将本应由自己承担的风险转移给保险公司，如果发生风险，所受的风险损失可从保险公司获得部分或全部赔偿（取决于保险合同）。后者可用于纯风险和投机风险，一般是通过签订合同的方式将风险及其相关工作一起转移给对方当事人。不管何种形式的风险转移，都是有代价的。

某些小概率大后果事件适合于保险这种风险转移形式，如地震、洪水、台风等，对于投保人来说，这些风险发生的可能性不大，但后果严重，其损失难以预料；但是对于保险人来说，这种风险的发生则趋近于客观概率，其损失可以预测。从项目开发商的角度来看，保险具有许多好处：

① 在发生重大损失后可以从保险公司获得赔偿，避免因重大损失而导致项目亏损，避免因经济困难而导致公司破产、项目中断等，因此许多风险保险是强制性的；② 减少项目开发商对风险的忧虑，从而可以集中精力研究和处理项目实施中的其他问题，因此项目开发商也乐意购买保险；③ 保险公司可提供较为全面的风险管理服务，从而提高整个项目的风险管理水平。

但是，保险这种风险转移形式也有缺点。① 风险转移不是免费的，保险费一般比较昂贵；② 项目保险合同的内容较为复杂，保险费没有统一固定的费率，需根据具体项目的类型、建设地点的自然条件（包括气候、地质、水文等条件）、保险范围、免赔额的大小等加以综合考虑，因而项目保险合同谈判常常耗费较多的时间和精力；③ 投保人可能产生心理麻痹而疏于损失控制，以致增加实际损失和未投保损失。需要说明的是，保险并不能转移所有的风险，原因在于：一是存在不可保风险，二是有些风险的保险费太高。

在作出进行工程保险这一决策之后，还有一系列与保险有关的决策问题。一是由谁负责安排保险的问题。采用项目融资的项目一般参与人众多，因而有由谁投保的决策问题。如果是 BOT 项目，是由政府投保还是由私营公司投保？如果由私营公司投保，究竟是由项目公司投保还是由承包商投保？二是选择保险类别和确定保险范围的问题，其中强制保险包括工程一切险（包括第三者责任险）、社会保险等。三是选择保险人的问题，一般是通过多家比较后确定，也可委托保险经纪人或保险咨询公司代为选择。四是保险费用问题，赔偿额或比例与保险费密切相关，要进行优化分析，节省保险费。

一般来说，投机风险是不可保风险，即不能通过保险的方式转移风险。但是，一般可以通过合同协议的方式转移给合同的对方。例如，金融机构可以采用浮动利率放贷，把利率波动风险转移给贷款人，而贷款人又可以通过利率掉换合同把浮动利率变为固定利率，从而把利率波动风险转移给利率掉换合同的对方。汇率风险也可以通过合同方式处理，如采用货币互换方式将项目收入货币换成贷款货币。上述情况中，风险超出了合同双方的控制，所转移的只是风险结果。有些风险是可控的，如工期延期、成本超支、质量等风险一般都处于承包商的控制之下；采用有确定工期的固定总价交钥匙合同可将上述风险转移给承包商。

与保险形式的风险转移相比，合同形式的风险转移具有两大优点：一是可转移的风险种类多，不仅可以转移可保风险，还可以转移不可保风险，如物价波动、汇率波动、利率波动；二是转移方式灵活，只要合同双方达成协议，要转移的风险内容和程度均可通过合同条款来确定。但是，合同形式的风险转移也有缺点：一是在风险转移的同时，获利的机会也转移给对方，有时转移代价可能超过实际发生的损失；二是由于转移的媒介是合同，存在风险转移失败的可能性，如果合同条款定义不明确，产生分歧而导致风险转移失败，或者因为对方无力承担风险损失而导致风险转移失败。例如，当合同的一方因风险损失而破产或无力履行合同责任义务时，风险最终仍由合同的另一方承担。

（3）风险分担就是由两个或两个以上的项目参与人共同承担某一风险。有些风险太大，单一经济实体无力承担或负担过重，这时由多方分担较理想。例如，购电合同中，通货膨胀风险可通过调价格公式由买卖双方分担，如果低于某一通胀率，不允许调价，则通货膨胀风险由买方承担，如果高于某一通胀率，价格做相应的调整，则通货膨胀风险由卖方承担，从而实现了风险分担。

（4）风险自留就是将风险留给自己承担。风险自留有两种情况：一是计划性风险自留，二是非计划性风险自留。前者是主动的、有意识的、有计划的选择，是风险管理人员在经过正确的风险识别和风险评估后作出的风险对策；而后者是被动的、无意识的、非计划的选择，是风险管理人员没有意识到该风险的存在，或者不曾有意识地采取有效措施，以致风险发生后只好由自己承担。

风险自留只是风险管理的一个步骤，自己承担的风险需要采取一系列措施进行控制，即损失控制。损失控制可分为预防损失和减少损失两方面工作。预防损失措施的主要作用在于降低或消除损失发生的概率，而减少损失措施的作用在于降低损失的严重性或遏制损失的进一步发展。一般来说，损失控制方案都应当是预防损失措施和减少损失措施的有机结合。

选择风险对策时，应该注意：① 每一风险都有相关联的、不可避免的成本，该成本应在过程中的某一环节被吸收；② 许多风险和责任最好是分担的；③ 合理分配风险，减少项目总成本并促进双方的工作关系；④ 适当分散风险，让参与项目的各方或多或少承担一定的风险，避免风险集中在某一方。

由于项目参与各方的差异性，即使是同一风险事件，对不同参与方的后果有时迥然不同，进行风险分配时，应根据风险的特点把风险分给：① 最有能力评估和控制该风险并能够从承担风险中受益的一方；② 有能力承担损失的一方；③ 控制风险能获得优势效益的一方。

项目融资涉及多个参与人，其中主要参与人包括政府（中央和地方）、投资人（项目主办人）、承约商等。由于项目参与各方的差异性，即使是同一风险事件，对不同参与方的后果有时迥然不同，因此合理地分配风险，可以实现整体效益最大化。在实践中，不同项目有不同的风险，不同项目有不同的参与人；项目参与各方的技术、财务、管理能力等也不同。例如，虽然都是承包商，不同承包商的技术、财务、管理能力是不同的，因而风险分配矩阵并不唯一，也不存在"标准"的风险分配矩阵。表 2-5 为 PPP 项目风险分配矩阵之一。

表 2-5 PPP 项目风险分配矩阵之一

	主要风险	政府	投资人	贷款人	承约商	保险人	担保人	未分配
融资风险	未筹足所需资金		√					
	需要进一步融资		√					
	再融资不确定性		√					
	贷款的利率波动		√	√				
完工风险	开发许可（批准）	√						
	土地可获得性	√	√					
	不良地质条件				√			
	发现历史文物	√						
	不可抗力（可保险）					√		
	不可抗力（不可保险）							√
	环保风险	√	√					
	成本超支				√		√	
	质量欠佳				√			
	工期延期				√		√	
	出现恶劣的天气				√			

续表

	主要风险	政府	投资人	贷款人	承约商	保险人	担保人	未分配
生产风险	项目运行管理				√			
	维护费用上涨				√			
	原/燃材料供应				√		√	
	技术落后过时		√					
	通货膨胀	√	√					
	环境污染		√					
	不可抗力（可保险）					√		
	不可抗力（不可保险）							√
市场风险	市场需求不足	√						
	出现竞争项目		√					
	需求增长缓慢			√			√	
货币风险	货币贬值（汇率波动）	√	√					
	货币兑换受限		√					
	外汇出境管制		√					
政治风险	全国普遍增税	√						
	通用法律变更	√						
	项目收归国有					√		
	项目无偿没收					√		
	政府政权不稳					√		
	政治不可抗力					√		

2.3.4 项目风险对策的实施措施

风险管理是项目融资设计的核心之一。选定的风险对策可以通过多种措施来实现，如组织措施、金融措施、合同措施、技术措施。对于项目主办人而言，组织措施涉及投资载体，明确项目主办人与项目实体之间和项目主办人与项目主办人之间的职责分工，建立相应的管理制度，以使各参与人都能有效地配合，等等。金融措施包括资金结构，如股债比例、融资工具（对冲、掉期、互换）等；如在涉外工程结算中采用多种货币组合的方式付款，从而分散汇率风险。如要求承包商提供履约保证和预付款保证，合同措施通过合同或协议来实现风险转移、分担等。例如，市场需求风险可以通过签订长期产品销售协议（或设施使用协议）来降低，原材料风险可以通过签订长期供应协议来降低。采用合同措施时，除了要保证整个项目开发总体合同结构合理、不同合同之间不出现矛盾之外，还要注意合同具体条款的严密性，并作出与特定风险相应的规定，确定风险分配方案的实施，等等。技术措施包括在建设工程施工过程中常用的预防损失措施，如地基加固、周围建筑物防护、材料检测等。上述措施可以同时采用，在实践中，由于项目面临多种风险，不同的风险需要不同的风险策略，因而组合风险策略比单一风险策略更可行，效果也更优。项目的主要风险管理如图2-12所示。

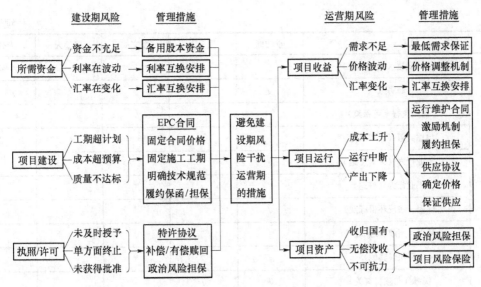

图 2-12 项目的主要风险管理

这些措施具体体现在资金结构优化、投资结构设计和资信结构设计。但是，风险管理并不是与资金结构优化、投资结构设计和资信结构设计并列的一个方面，而是上述三个方面中与风险有关的内容综合。因此，确定风险管理目标时，一般要满足以下几个基本要求：① 目标的一致性，即风险管理目标与风险管理主体总体目标一致；② 目标的现实性，即确定目标要充分考虑其实现的客观可能性；③ 目标的明确性，以便于正确选择和实施各种方案，并对其效果进行客观的评价；④ 目标的层次性，从风险管理主体总体目标出发，根据目标的重要程度，区分风险管理目标的主次，以利于提高风险管理的综合效果。

2.4 案例分析——澳大利亚 Hills M2 高速公路项目

澳大利亚 Hills M2 高速公路是一条位于悉尼西北部连接 M7 高速公路与 Lane Cove 隧道的 4 车道高速公路，全长 21 km，总投资 6.44 亿澳元，采用 BOT 模式开发，于 1997 年 5 月开通，特许期至 2042 年结束。澳大利亚 Hills M2 高速公路自 2005 年 6 月起被 Transurban 公司（一个国际收费公路开发商）完全收购，并与该公司的 M7 高速公路形成一体；2008 年实现完全电子化收费，使交通更为顺畅，成为悉尼公路网络的大动脉。

政府采用 BOT 模式的目的之一是转移融资风险。与许多基础设施项目一样，澳大利亚 Hills M2 高速公路项目的建设涉及许多风险因素，这些风险的分配遵循上述分配原则，该项目的风险分配方案如表 2-6 所示。

表 2-6 澳大利亚 Hills M2 高速公路项目的风险分配方案

	风险	承约商	投资人	公交局	保险人	未分配
建设阶段	工地移交			√		
	成本超支/工程延期	√				
	法律变更（州政府）			√		

续表

	风险	承约商	投资人	公交局	保险人	未分配
建设阶段	法律变更（联邦政府）					√
	恶劣天气	√				
	自然灾害（可保险）				√	
	自然灾害（不可保险）					√
	工业行为（针对工地）	√				
	工业行为（普遍）	√	√			
	环保（违反环保标准）	√				
	环保（州政府造成的）			√		
	环保（其他）	√		√		
	民暴（与项目有关）	√	√	√		
	民暴（其他）		√	√		
	被州政府没收			√		
	被联邦政府没收					√
	火灾				√	
	批准/许可	√		√		
	州公交局要求的项目变更			√		
	利率风险		√			
	缴税		√			
	税率和税			√		
运营阶段	交通流量		√			
	运行	√	√			
	维护	√	√			
	自然灾害（可保险）				√	
	自然灾害（不可保险）					√
	工业行为		√			
	环保（州政府造成的）			√		
	环保（其他）		√			
	民暴					√
	被州政府没收			√		
	被联邦政府没收					√
	火灾				√	
	批准/许可			√		

续表

	风险	承约商	投资人	公交局	保险人	未分配
运营阶段	缺陷责任	√				
	利率风险		√			
	缴税		√			
	税率和税			√		

　　澳大利亚 Hills M2 高速公路项目的风险分配方案表明在 BOT 项目中，开发商几乎承担了全项目生命期的所有工作，比在传统的项目开发模式中的承包商承担更多的风险。BOT 项目的主要风险可分为融资风险、完工风险、生产风险、市场风险、金融风险（货币风险）、政治风险等六类。每类风险具有自己的特点，风险管理应根据风险特点，遵循风险分配原则，选择合适的风险对策，对风险进行分配。由于项目参与各方的差异性，即使是同一风险事件，有时对不同参与方的后果迥然不同，应合理分配风险达到全局最优，实现共赢。

 思考题

1. 为什么要进行项目现金流分析？
2. 分析不同项目评价方法的异同。
3. 常见的风险分类方式有哪几种？具体如何分类？
4. 简述风险管理的基本过程。
5. 风险识别有哪些特点？应遵循什么原则？
6. 简述风险识别各种方法的要点。
7. 风险评估的主要作用是什么？
8. 项目融资的主要风险有哪些？
9. 风险对策有哪几种？简述各种风险对策的要点。

第3章

项目资金结构

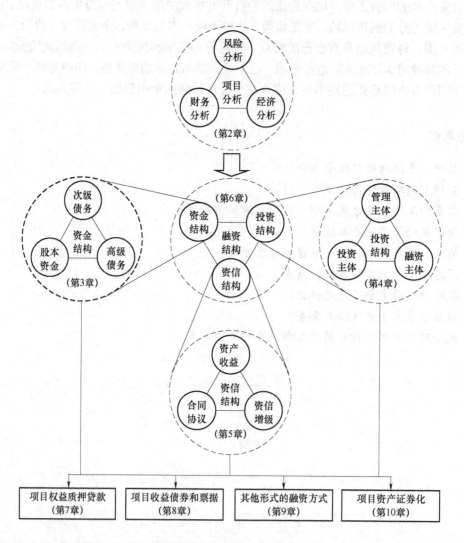

项目资金结构指项目各种资金的来源构成及其比例关系。项目资金结构设计指在项目所在国的会计和税务、金融市场等外在客观因素的制约条件下,确定各种资金之间的比例,并针对具体的资金来源,选择和设计适当的金融工具,最大限度地实现融资成本与风险承担的优化。项目资金结构设计的目的就是要实现最佳的项目资金结构,即在满足项目资金需求的前提下,使加权平均资金成本最低的资金结构。项目资金结构设计不仅涉及资金类

型（股本资金和债务资金），还涉及资金的使用期限（短期债务资金和长期债务资金）、资金币种（本币和外币）、贷款利率（固定利率和浮动利率）、资金的筹集方式、资本结构调整（包括再融资）等。

3.1 项目资金类型、来源及金融工具

项目资金可以是项目主办人和其他投资人的股本资金（或称权益资本、股权资本），也可以是银行和金融机构的高级债务资金，也可以是他们的次级债务资金（或称从属债务资金）。需要采用项目融资的项目一般为基础设施和公用事业特许经营项目，这类项目的主要特点之一是投资规模大，少则几亿，多则几十亿，甚至上千亿。为满足如此大规模的项目资金需求，一般使用两种或两种以上的融资工具（包括但不限于股权融资工具、债务融资工具、可转债融资工具等），即上述3种资金的组合。

3.1.1 项目资金类型

根据资金的性质，项目资金可分为股本资金和债务资金两大类，其中债务资金又可以根据偿还的优先顺序分为次级债务资金和高级债务资金。项目资金结构指股本资金、次级债务资金和高级债务资金的组合。要想设计合理的项目资金结构首先需要了解各种资金的特点及来源。

1. 股本资金的概念及特点

股本资金指项目投资主体投入项目中的资本金，构成项目的自有资金，投资人有权参与项目的经营决策，有权获得项目的红利，但无权撤出资金。因此，股本资金是一种"永久性"项目资金，无到期日，不需归还，投入项目后，一般要到项目结束（项目终结或特许期结束）后才退出。此外，股本资金还具有两个特点：一是不可逆性，股本资金不存在偿还本金的问题，投资人欲收回本金，需借助流通市场；二是无负担性，股本资金没有固定的股利负担，股利的支付与否和支付多少视项目的经营需要而定。由于股本资金在项目收益分配和清算偿还时的优先顺序排在最后，因而股本资金承担的风险最大，故又称风险资金。股本资金是一种高成本资金，由于股本资金承担的风险最大，因而要求的回报率最高。一般而言，优先股的股息要高于债务资金的利率，支付优先股的股息之后的剩余则属于普通股的红利。红利是不确定的，只有预期的回报率，却没有确定的回报率。

股本资金在项目融资中具有3方面的作用。首先，股本资金形成一种激励机制，一方面促使项目公司及其投资人按照项目计划、预算和质量要求完成项目建设，促使经营公司更有效地经营项目，否则就有可能损失股本资金；另一方面降低产生道德风险的可能性，如果项目主办人在项目资金结构中占有较大股本资金份额，那么他运用项目融资从事高风险投资和产生道德风险的可能性就将大为减小。因为如果这样做，借款人自己也可能蒙受巨大损失。因此，股本资金越多，借款人有效地经营项目的动力就越大，贷款人遭受损失的可能性就越小。由此可见，在某种程度上股本资金的多少与投资人对项目管理和前途的关心程度成正比。其次，股本资金的投入代表了投资人对项目经济效益、项目前景以至政治风险和国家风险的态度和看法，当项目经济效益与预期值相差较远时，股本资金起到一种垫底的作用，对贷款银行在为项目安排融资问题上起到一种推动的作用。最后，股本资金的投入提高了项目的债务承受能力，贷款少，还贷压力小，减少了项目的经营风险。

2. 次级债务资金

次（低）级债务资金是介于股本资金和高级债务资金二者之间的一种债务资金。次级债务[①]（junior debt, subordinated debt）的"次级"只是针对债务偿还和清偿顺序而言。如果公司进入破产清偿程序，公司在偿还其所有的一般债务（高级债务）之后，才能用剩余资金偿还这类次级债务。由于次级债务资金在清算时的优先顺序低于高级债务资金但高于股本资金，因而又被称为从属债务资金（相对于高级债务资金）或准股本资金（相对于股本资金）。次级债务资金在项目中所承担的风险低于股本资金但高于高级债务资金，所要求的回报率也介于二者之间，因此又被称为夹层资金（mezzanine capital）。

次级债务根据其从属性质可分为一般从属性债务和特殊从属性债务两大类。一般从属性债务指该种资金在项目资金序列中低于一切其他债务资金形式；特殊从属性债务是在其从属性定义中明确规定出该种资金相对于某特定形式的债务的从属性，但是对其他形式的债务则不具有从属性。项目融资中最常见的次级债务资金包括无担保贷款、可转换债券和零息债券等。

不同的次级债务资金提供者的目的有所不同。对于项目主办人而言，项目主办人用次级债务资金代替股本资金出资具有两大优点。

（1）在满足商业银行的资本充足率要求的同时，可获得与利息相关的税收收益。在项目融资中，对股债比有一定的要求，相对于高级债务资金而言，次级债务资金与"股本资金"同等看待，提升项目公司的资本充足率；但是，次级债务资金与股本资金不同，作为债务，利息的支付是可以免税的。因此，借入次级债务资金可以提升资金实力和改善项目公司的资产负债结构。这些特点正好弥补了股权融资及其他债务融资的不足，也将成为吸引项目公司借入次级债务资金的主要动力。

（2）减少了风险资金。在清偿顺序中，虽然次级债务资金的优先度低于高级债务资金，但高于股本资金，与其他债务资金同级，用次级债务资金代替股本资金出资，可避免股本资金的损失；此外，在项目融资安排中，对于项目公司的红利分配通常有着十分严格的限制，但是可以通过谈判减少对次级债务资金在这方面的限制，尤其是对债务利息支付的限制。

对于东道国政府而言，可以通过提供从属贷款，提高偿债覆盖率来吸引高级债务资金，帮助项目主办人完成项目融资关闭，从而完成急需的基础设施建设。对于保险公司和养老基金等机构而言，提供可转换次级贷款是为了在项目成功时分享收益。对于投资个人或机构而言，购买次级债务是为了获得比高级债务高的收益。

3. 高级债务资金

高级债务资金指债权人以有偿的方式向项目提供的需要优先偿还的资金。在清偿顺序中，高级债务资金的优先级最高。因此，高级债务资金在项目中所承担的风险最低，但债权人一般不参与项目的经营决策。高级债务资金具有多种多样的形式和种类，如商业银行贷款、辛迪加贷款、欧洲债券等。在项目融资中，高级债务资金是项目资金的主要来源，一般占项目

[①] 次级债务不同于次级贷款：在美国，次级贷款一般指次级抵押贷款（subprime mortgage loan，"次级按揭贷款"），即一些贷款机构向信用程度较差和收入不高的借款人提供的贷款。美国抵押贷款市场把借款人的信用分为"优惠级"（prime）和"次级"（subprime），次级抵押贷款的利率通常比优惠级抵押贷款高 2%～3%。国际金融业根据贷款质量把发放的贷款分为 5 级：正常、关注、次级、可疑、损失 5 类，其中的次级贷款指该贷款的借款人的还款能力出现明显问题，完全依靠其正常营业收入无法足额偿还贷款本息，即使执行担保，也可能会造成一定损失。

资金的 70%以上。贷款人对项目的控制是一种相机的控制：当项目能够清偿债务时，控制权就掌握在项目公司手中；如果项目还不起债务，控制权就转移到银行手中。提供高级债务资金时，贷款人应收集分析项目的投资、经营、收益的状况；在贷款偿还期间，应监督项目的建设运营，防止"道德风险"的出现。

高级债务资金区别于股本资金之处为：① 有确定的期限，如短期（1 年以下）、中期（1~5 年）和长期（5 年以上）；② 有具体的利率要求，如固定利率、浮动利率等；③ 一般需要提供债权保障；④ 有确定的还贷时间安排。因此，在选择债务资金时，有多种因素要考虑，如债务资金的利率高低、期限长短、提款程序和提款先决条件、还贷计划、债权保障、风险承担等。

3.1.2 项目资金来源及金融工具

项目资金来源指获得资金的渠道，即资金来自何处。项目资金来源可分为自有资金和吸收资金（也称"借入资金"）两大类。自有资金包括项目主办人内部形成的资金，吸收资金包括项目主办人在资金市场借入的资金。项目资金除了项目主办人的股本资金投入外，主要来源于资本市场①，可以采取不同的金融工具②获取所需资金，如图 3-1 所示。

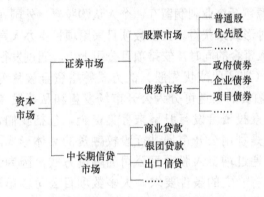

图 3-1 资金市场及金融工具

资本市场，又称长期资金市场，指期限在 1 年以上的资金借贷和证券交易的场所，一般 1~5 年的称中期，5 年以上的称长期。长期资金市场按融通资金方式的不同，又可分为证券市场和中长期信贷市场。

1. 证券市场

证券市场指证券发行与流通的场所。发行证券的目的在于筹措长期资本，是长期资本借贷的一种方式。按照交易的证券种类来分，证券市场可分为债券市场和股票市场。证券市场的主要证券种类包括：① 政府债券，即由政府发行的中期债券和长期债券，这些债券可在市场上随时交易，但不到期不得兑现；② 企业债券，即企业发行的、承诺在一定期限向投资者还本付息的债务凭证；③ 股票（一般分为普通股与优先股两种），即股份有限公司为筹措资

---

① 资本市场是资金市场的一部分，指不同主体进行中长期资金借贷与资本交易的场所。资金市场除了资本市场外还包括短期资金市场，如短期信贷、短期证券、贴现市场等。

② 同一概念有不同的名称：对证券市场而言，资产支持证券是一种金融产品；对发行人而言，资产支持证券是一种融资工具；对持有人而言，资产支持证券是一种投资工具；对公司财务而言，资产支持证券是一种金融资产或有价证券。

本而发行的、证明股东按其所持股份享有权利与承担义务的书面凭证，是股票持有者借以获取股息和红利，以及根据规定行使股东权利的有价证券。此外，项目收益债券也可以在证券市场发行和流通。

2. 中长期信贷市场

它是贷款的双方之间通过签订信贷协定而完成交易的场所，既可以是国内信贷市场，也可以是国际信贷市场。按贷款的保障程度可以将贷款分为担保贷款和无担保贷款。无担保贷款又称信用贷款，是没有任何项目资产作为抵押和担保的贷款，而且本息的支付也通常带有一定附加限制条件，如不得先于高级债务支付本息。很明显，在债务清偿时，这种贷款的优先度要低于有抵押和担保贷款。无担保贷款是贷款中最简单的一种形式。按贷款的提供者不同，贷款可分为银行贷款、银团贷款（辛迪加贷款）、出口信贷等。其中，银行贷款形式灵活，可以根据借款人的要求来设计，包括定期贷款、建设贷款、流动资金贷款等。商业贷款可以由一家银行提供，也可以由几家银行联合提供（银团贷款）。

3.2 股本资金的筹集概述

股本资金的主要来源包括企业利润留存、个人认购股票、外国（个人、企业、政府）直接投资等，可以通过多种形式来获得。大多数项目采用项目主办人直接注入资金的方式，有些项目在项目主办人注入资金的同时，安排项目公司上市，通过发行股票的方式来筹集部分股本资金。以发行股票（普通股或优先股）的方式筹措资金被称为股权融资。

股本资金的筹集按融资的渠道可分为公开市场发售和私募发售两大类。公开市场发售就是通过股票市场向公众投资者发行股票来募集资金，包括我们常说的企业的上市、上市企业的增发和配股都是利用公开市场进行股权融资的具体形式。私募发售指通过寻找特定的投资人，吸引其通过增资入股项目公司的融资方式。因为绝大多数股票市场对于申请发行股票的企业都有一定的条件要求，大多数项目公司较难达到上市发行股票的标准，所以私募发售成为项目公司进行股权融资的主要方式。

3.2.1 以股权证书形式筹集股本资金

股权证书是证明投资人对公司所有权的权益凭证。在项目融资中，筹集股本资金的方式需要投资载体的配合。如果投资载体为有限责任公司，则股东交付股金后，有限责任公司出具股权证书，作为股东在有限责任公司中拥有的权益凭证。这种凭证不同于股票，不能自由流通，必须在其他股东同意的条件下才能转让，且要优先转让给有限责任公司原有股东。这种股本资金一般采用私下认购的方式，除了项目主办人之外，主要投资人包括个人投资者、风险投资机构、产业投资机构等。项目公司应根据项目自身的特点进行选择。

3.2.2 以股票形式筹集股本资金

股票是一种所有权证书，是股份有限公司（以下简称公司）向其出资者签发的出资证明或股份凭证，表明它的持有者对公司资本的相应部分拥有所有权并因此取得股东资格。但是，股东投入公司的资本取得股票这种形式后，便与这部分资本的直接支配权完全分离了。概括起来，股票的特点如下。① 无期性。与债券不同，股票没有到期期限，股票的生命与发行股票的公司相同，购买股票的资金一经投入，任何人都不能要求公司将资金退回。② 流通性。由于股票不能退股，公司一旦经营失败，投资人就势必遭受损失。这种可能性的存在及投资人持股意愿不断变化，逻辑上要求股票必须能够流通，即可以在二级市场上转让。③ 风险性。股票流通只能实现股票持有人的转换，而不可能保证公司不会出现经营失败，如亏损、破产等，因此只要公司经营失败，就会有人遭受损失；同时，股票的交易价格是经常变动的，如果交易价格下跌，就有可能给股票持有人带来损失。④ 趋利性。如果只有风险而没有相应的收益预期，股票就不会有吸引力。投资股票的收益主要来自两个方面，一是公司税后利润的分红派息，二是股票市场价差带来的收益。与债券及其他一些投资方式相比，股票的预期收益更高，因而从理论上说股票投资是一种高回报投资。⑤ 投机性。由于股票的收益及其市场价格具有极大的不确定性，因而股票的投机性更强。

根据股票持有人（股东）享有的权益及承担的风险，股票可分为普通股和优先股。普通股是构成公司资本的基础。普通股的股东享有参与公司决策的投票表决权、认购新股的优先权等权利，也因此成为风险的主要承担者。与普通股相比，优先股具有两个方面优先权，一是优先以事前确定的股息率分配公司税后利润，二是在公司清算时优先于普通股分配剩余资产。由于股息固定并享有这两项优先权，优先股的风险比普通股相应地要小得多；作为代价，优先股便不能与普通股共享参与决策的投票表决权、认购新股的优先权等权利，因此优先股的权益也要小得多。

采用普通股融资具有下列优点。① 普通股融资支付股利灵活。采用普通股融资，公司没有盈利，就不必支付股利；公司有盈利，并认为适合分配股利，就可以分给股东；公司盈利较少，或虽有盈利但资金短缺或有更有利的投资机会，就可以少支付或不支付股利。② 普通股一般不用偿还股本。利用普通股筹集的是永久性的资金，只有公司清算才需要偿还。③ 普通股融资的风险小。由于普通股股本没有固定的到期日，一般也不用支付固定的股利，不存在还本付息的风险。④ 融资限制较少。利用优先股或债券融资，通常有许多限制，这些限制往往会影响公司经营的灵活性，而利用普通股融资则没有这些限制。

但是，普通股融资也有缺点。① 不能获得财务杠杆带来的利益。② 普通股股利不可减免所得税，资金成本较债券高了许多。③ 增加普通股发行量，将导致现有股东对公司控制权的削弱。

普通股融资策略是在充分权衡风险与收益的情况下，合理确定普通股权益占企业总资金来源的比重，选择合适的发行时间和发行方式，使普通股权益收益率在可承受风险范围内最大化。

采用优先股融资具有下列优点。① 财务负担较发行债券要轻。由于优先股股利不是发行公司必须偿付的一项法定债务，如果公司财务状况恶化，这种股利可以不付，从而减轻了公司的财务负担。② 财务上灵活机动。由于优先股没有规定最终到期日，它实质上是一种永续性借款。优先股的收回由公司决定，公司可在有利条件下收回优先股，具有较大的灵活性。③ 保持普通股股东对公司的控制权。因优先股一般没有表决权，通过发行优先股，公司普通股股东可避免与新投资者一起分享公司的盈余和控制权。当公司既想向外融措自有资金，又想保持原有股东的控制权时，利用优先股融资尤为恰当。④ 有利于增强公司信誉。从法律上讲，优先股股本属于公司的自有资金，发行优先股能增强公司的自有资金基础，可适当增强公司的信誉，提高公司的借款举债能力。

但是，优先股融资也有缺点。① 融资成本高。优先股必须以高于债券利率的股利支付率出售，其成本虽低于普通股，但一般高于债券，加之优先股支付的股利要从税后利润中支付，使得优先股融资成本较高。② 融资限制多。发行优先股，通常有许多限制条款。③ 财务负担重。优先股需要支付固定股利，但又不能在税前扣除，当公司盈利下降时，优先股的股利可能成为公司一项较重的财务负担，有时不得不延期支付，会影响公司的形象。

如果不愿负债过多而增加企业风险，又不愿发行普通股削弱企业的控制权和丧失风险收益，那么最佳的融资方案就只能是发行优先股融资。发行股票需要投资载体的配合，只有股份有限公司才可以发行股票。股票可以私下认购，也可公开向社会发行。

3.3 债务资金的筹集概述

债务资金的来源主要有银行、保险公司、券商、公募基金、私募基金、信托基金、财务公司、企业法人、地方政府等。高级债务资金和次级债务资金有各自的金融工具。

3.3.1 高级债务资金的金融工具

在项目融资中，高级债务资金的金融工具主要有三种：项目权益质押贷款、项目收益债券和项目收益票据。

1. 项目权益质押贷款

项目权益质押贷款是以项目权益作为担保（以收费权、经营权等为出质标的的抵押或者质押方式）的无追索权或有限追索权贷款。从本质上讲，它与权利质押无异，但在出质标的上有别于《中华人民共和国担保法》规定的质押权利的标的范围。从实质上说，权益质押属于普通债权（不以证券表示其权利）的担保，即以出质人对特定或不特定第三人为一定给付请求权为质押权利的标的，这种请求权是一种财产权，但并不依附于具体的财产上，而是对第三人为一定给付的请求权。相关内容将在第 7 章进行详细阐述。

2. 项目收益债券

项目收益债券是由项目实施主体或其实际控制人发行的，与特定项目相联系的，项目收益债券募集资金用于特定项目的投资与建设，项目收益债券的本息偿还资金完全或主要来源于项目建成后运营收益的企业债券。项目收益债券可以是普通债券，也可以是可转换债券。

项目收益债券募集资金投资项目原则上应为已开工项目，未开工项目应符合开工条件，并于项目收益债券发行后 3 个月内开工建设。项目收益债券可以以招标或簿记建档形式公开发行，也可以面向机构投资者非公开发行。非公开发行的，每次发行时认购的机构投资者不超过 200 人，单笔认购不少于 500 万元人民币。非公开发行项目收益债券的债项评级应达到 AA 及以上，而且不得采用广告、公开劝诱和变相公开方式。项目收益债券为实名制记账式债券，在登记结算机构进行登记、托管。非公开发行的项目收益债券，应在中央国债登记结算有限责任公司（简称中央结算公司）统一登记、托管，且存续期内不得转托管。第 8 章将对项目收益债券进行详细阐述。

3. 项目收益票据

项目收益票据指非金融企业在中国银行间市场交易商协会注册的、在银行间债券市场发行的，募集资金用于项目建设且以项目产生的经营性现金流为主要偿债来源的债务融资工具

（参见《银行间债券市场非金融企业项目收益票据业务指引》第二条）。项目收益票据的基础资产包括但不限于市政、交通、公用事业、教育、医疗等与城镇化建设相关的、能产生持续稳定经营性现金流的项目；可以公开发行，也可以非公开定向发行；发行期限可涵盖项目建设、运营与收益整个生命周期。有时为了满足不同投资人的需求，在项目收益票据存续期内设置选择权，如允许发行人在某个约定的时间点对项目收益票据有赎回权和调整票面利率选择权，或者允许投资人在某个约定的时间点对项目收益票据有回售选择权。

3.3.2　次级债务资金的金融工具

次级债务资金属于夹层资金。在项目融资中，夹层融资的方式主要包括后偿贷款、可转换债券、可赎回优先股。

1. 后偿贷款

后偿贷款，亦称从属贷款（subordinated debt, subordinated loan, subordinated bond, subordinated debenture, junior debt），根据约定，后偿贷款债权人的追索权列在所有其他非后偿贷款债权人的追索权之后的一种贷款。在破产清算时，偿付顺序一般为国家税费、高级债务资金、后偿贷款。对于后偿贷款债权人来说，其风险大于高级债务资金，但低于股本资金，因而可以要求高于高级债务资金的回报率；对于高级债务资金债权人来说，后偿贷款为自己的资金提供了缓冲，与股本资金的作用相同，可以被看作是"准股本资金"。

2. 可转换债券

可转换债券（convertible bond）指发行人依法发行、在一定期间内依据约定的条件可以转换成股份的债券。它实质上是普通公司债券和期权的组合体，其期权属性赋予其持有人一定的选择权，即持有人可在发债后的一段时间内，依据本身的自由意志，选择是否依约定的条件将持有的可转换债券转换为发行公司的普通股或者优先股。也就是说，债券持有人可以选择将债券持有至债券到期日，要求公司还本付息；也可以选择在约定时间内将可转换债券转换成其他证券（如股票），享有股利分配或资本增值。如果持有人不执行期权，则公司需要在可转换债券到期日兑现本金。可转换债券的发行没有任何公司资产或项目资产作为担保，债券利息一般也比同期贷款利息要略低一点。

对于发行人来说，可转换债券的票面利率较低，公司财务费用支出较少，而可转换债券转换为股票受到时间、股价及市场预期等多重因素的影响，利用可转换债券融资对于减缓发行人因股本扩张带来的股本利益下降和控股股东控制权稀释等具有明显作用。对于投资人来说，可转换债券的债券性保证了投资本金的安全，而期权性又保证了股票价格上涨时，可转换债券的持有人可以同步分享利益。也就是说，如果公司或项目经营良好，公司股票价格或项目资产价值高于现已规定的转换价格，则持有人通过转换可以获得资本增值；相反，如果公司或项目经营结果较预期的差，持有人仍可以在可转换债券到期日收回债券面值。项目收益债券可以是普通的债券，也可以是可转换债券。国外一些项目融资结构中的投资人，出于法律上或税务上的考虑，希望推迟在法律上拥有项目的时间，常常采用可转换债券形式安排项目的股本资金。

3. 可赎回优先股

可赎回优先股指在发行后一定时期可按特定的赎买价格由发行公司收回的优先股。根据赎回的权利，可赎回优先股可分为强制赎回优先股和任意赎回优先股。强制赎回优先股在发行时就规定，发行人享有赎回与否的选择权，即一旦发行人决定按规定条件赎回，持有人别无选择，只能缴回该股票；而任意赎回优先股则相反，持有人享有是否要求发行人赎回的选择权，即若持有人在规定的期限内不愿继续持有该股票，则发行人不得拒绝按赎回条款购回该股票。

3.3.3 债务资金的关键要素

无论是采用贷款的形式还是发行债券的形式，针对某一货币的债务资金，需要设计3个基本要素：债务期限、债务利率和债权保障。

1. 债务期限

债务的到期时间是区别长期债务和短期债务的一个重要界限。在资产负债表中，1年期以下的债务称流动负债，超过1年的债务则称非流动负债，即长期债务。项目融资结构中的债务资金基本上是长期资金，即便是项目的流动资金，多数情况下也是在长期资金框架内的短期资金安排。在某些情况下，中短期贷款用来作为过渡资金（bridge financing, bridging loans）购买项目资产（建设资金）。在另一些情况下，3～5年的银行贷款被用来建立信用记录以利于将来在资本市场上进行融资。一些项目综合利用长短期贷款，期望以后重新融通短期贷款。总之，要实现债务期限结构优化，保持一个相对平衡的债务期限结构，尽可能使债务与清偿能力相适应，体现均衡性。因此，一是债务资金偿还期与投资人投资回收期相衔接；二是应尽量将债务的还本付息时间比较均衡地分开，以避免在个别年度或若干年度内出现"偿债高峰"，最好是让项目债务的分期还款时间表与项目的现金流相匹配。

2. 债务利率

债务利率（以下简称利率），即债务资金的利率，只有两种基本形式，即浮动利率和固定利率。不能简单地说一种利率比另一种利率好。例如，对于债务人而言，采用固定利率可以避免利率上涨的风险，但是会失去利率下调的好处；对于债权人而言，如果市场利率上升，则失去了上调的机会，但是如果市场利率下降，则获得更多的利息收入。采用哪种利率取决于多种因素，主要包括两方面：一是资金本身的利率结构，如果债权人的资金来源本身就具有固定利率的结构（如一些长期债券），则采用固定利率可避免债权人的利率风险；二是贷款形式，如辛迪加贷款采用的多为浮动利率，其利率是在某指定的金融市场利率（如伦敦同业拆出利息率）的基础上，根据项目的风险情况、金融市场上的资金供应状况等因素，增加一个利率差额，形成借款人的实际利息率。这时，债务人也可以通过利率掉期合同将浮动利率转换成为固定利率。

选择利率形式的基本指导思想是：当国际资本市场利率水平相对比较低且有上升趋势时，应尽量争取以固定利率融资，以避免利率可能浮动升高带来的损失；反之，当国际资本市场利率处于相对较高水平，且有回落趋势时，就应考虑用浮动利率签约。应注意到，固定利率资金具有风险小但灵活性较差的特点，而浮动利率资金具有灵活性强但风险较大的特点。

为了更好地分担风险，满足借款人的不同需要，在两种基本利率形式上发展了许多组合形式。例如，部分贷款资金采用固定利率，其他部分则采用浮动利率；贷款的部分期限采用固定利率，其余的期限则采用浮动利率；最高限定利率，等等。最高限定利率是一种具有固定利率特征的浮动利率，是在浮动利率上加封顶的利率结构。对于借款人来说，在某个固定利率水平之下，利率可以自由变化，但是利率如果超过该固定利率水平，借款人只按照该固定利率支付利息，这在一定程度上减轻了债务人的风险。利率由诸如经济形势、资金供求量、通货膨胀和金融政策等多方面因素决定。

3. 债权保障

根据项目融资的定义，借款人将项目资产作为债权的担保并用预期的收益还贷付息。由此可见，债权人面临两种风险：第一，项目的现金流量不足以支付贷款的本息；第二，在进行清偿时，项目资产的价值不足以偿还尚未偿还的债务。根据项目融资的特点，这两种风险是债权人必须承担的。然而，问题在于在项目融资谈判时，项目资产还未形成，预期收益也常常与一系列合同协议有关，存在合同违约的风险，此外还有政治风险等。因此，为了降低风险，债权人需要获得其他的担保，如项目主办人的完工担保、第三方的履约担保、政治风险保险等。如果没有这些担保，贷款人只能依赖于消极保证条款。相关内容参见第5章项目资信结构的详细阐述。

3.4 项目资金结构设计

项目资金结构设计涉及3个主要问题：一是3种资金的组合比例；二是如何筹集各种资金（到哪里去融资？向谁融资？采取何种金融工具？等等）；三是如何优化资金结构（如何减轻风险承担？如何降低融资成本？等等）。由于每种类型的资金在项目中所承担的风险程度不同，要求的回报率不同，筹集方式也不同，因此项目资金结构设计的问题也是一个优化筹资决策的问题。

项目资金主要由股本资金和债务资金构成，其中，一小部分为股本资金，除了项目主办人提供的股本资金外，还可能发行股票募集股本资金，剩余的大部分为债务资金，主要为各种形式的贷款，如商业贷款、银团贷款、出口信贷、多边机构的贷款，有时发行债券。项目资金构成及筹集方式如图3-2所示。

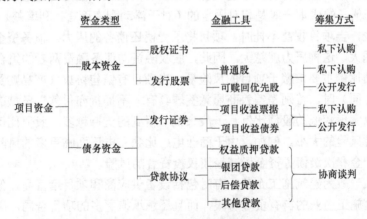

图3-2 项目资金构成及筹集方式

项目融资的核心就是获得一定数量的有限追索权贷款或无追索权贷款，因此项目资金结构也是围绕着如何获得有限追索权贷款或无追索权贷款进行设计的。项目资金结构设计的目标包括：① 合理安排股债比例以降低项目的综合资本成本率；② 合理安排股债比例以获得财务杠杆利益；③ 合理安排股债比例以增加项目的价值。项目资金结构设计的基础是现金流分析，根据现金流分析的结果，确定所需资金的股债比例、币种组合、投入时间，以及筹集方式（金融工具的选择和设计）等。

衡量项目资金结构设计质量的标准包括：① 项目资本成本的高低水平与项目收益率的对比关系；② 项目资金来源的期限构成与项目资金结构的适应性；③ 项目财务杠杆状况与项目财务奉献、项目财务杠杆状况与项目未来融资要求的适应性；④ 项目所有者权益内部构成状况与项目未来发展的适应性。

3.4.1 项目资金的股债比例

项目资金的股债比例指项目所需资金中股本资金与债务资金的比值。根据优序融资理论（pecking order theory），融资一般会遵循内源融资、债务融资、权益融资这样的先后顺序。在项目融资中，由于项目与项目主办人进行风险隔离，所设立的特殊目的载体没有内源融资，因此只有债务融资（获得债务资金）和权益融资（获得股本资金）两种方式。按照现代公司财务理论，项目公司可以通过提高负债与资本的比例，实现所谓的杠杆效应，使公司的融资成本降低，提高公司的价值。

债务资金和股本资金不但在成本和风险等方面存在差异，而且二者之间相互影响。债务资金相对股本资金而言具有优先权：收入分配时，利息先于股息和红利发放；清算时，债务资金先于股本资金偿还。因此，债权人常常把股本资金看作是债务资金的安全保障。客观上，增加股本资金可以提高债务资金的安全性，是高级债务资金的缓冲；心理上，股本资金的投入多少反映投资人对项目的信心，同时也对投资人起着一定的制约作用（不会轻易放弃项目）。资金结构设计包括确定合适的股债比例，把风险降到债权人可以接受的程度。因此，选择合适的股本资金和债务资金的比例是项目融资的关键之一。

股权融资可实现筹资不举债。发行股票后，股票持有人对项目拥有股权，既有权获得红利又有责任分担损失，股票持有人不能确保自己投资的回收，同时对企业的利润分享也没有任何上限。由于债务的成本一般是相对固定的（对于浮动利率而言，利率差是固定的），有固定的偿还时间表，当项目收益不佳时，项目将承受偿还债务的压力。债务资金在项目资金结构中所占比重越大，这种压力就越大。因此，股权融资与债务融资两者的组合应适当。

项目的股债比例主要依赖于项目的风险量。当项目有销售协议（产品购买协议或设施使用协议或租赁合同）时，特别是销售商愿意签署具有"不提货亦付款"条款的长期购买协议的情况下，可以实现较低的股债比例。一般来说，得到的支持越多，股债比例就越低，具体比例取决于项目风险的大小。例如，由于商业电厂比独立电厂面临更多的风险，商业电厂需要更高的股本资金和次级债务资金以减轻债权投资者的风险。

项目主办人一般为建筑施工企业，有时包括设备供应商和项目运营商，但少有投资公司参与。由于建筑施工企业的自有资金有限，而且还想承揽更多的项目合同，因此一般要求股本资金和次级债务资金占总投资的 20%～30%，高级债务资金占总投资的 70%～80%。中华人民共和国国务院在 2009 年对固定资产投资项目资本金比例提出了具体的比例要求［参见《国务院关于调整固定资产投资项目资本金比例的通知》（国发〔2009〕27 号）］，并在 2015 年对固定资产投资项目资本金比例进行了调整［参见《国务院关于调整和完善固定资产投资项目资本金制度的通知》（国发〔2015〕51 号）］。固定资产投资项目资本金比例如表 3-1 所示。

表 3-1 固定资产投资项目资本金比例

项目类型	国发〔2009〕27号	国发〔2015〕51号
机场、港口、内河沿海航运项目	30%	25%
铁路、公路、城市轨道交通项目	25%	20%
保障性住房和普通商品住房项目	20%	20%
其他房地产开发项目	30%	25%
其他（电力等）项目	20%	20%

需要说明的是，国外对项目资本金比例没有要求，个别项目的债务资金可接近100%。例如，英国泰晤士河上的伊丽莎白二世大桥的项目主办人只提供了1000英镑的股本资金，其余全部为债务融资。这主要是因为政府把现有的两条隧道出售给项目公司运营，因此在新项目的建设期，项目公司也有可观的收益，大桥建成后，也不存在竞争的问题，交通流量有保障，项目的市场风险非常小。图3-3是采用项目融资时的典型项目资金构成。

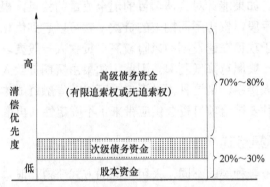

图 3-3 采用项目融资时的典型项目资金构成

股本资金、次级债务资金和高级债务资金在一个项目中的构成及相互之间的比例关系在很大程度上受制于项目投资结构和资信结构，但是资金结构安排和资金来源选择在项目融资中有其特殊的作用。通过灵活巧妙地安排资金的构成比例，选择恰当的资金来源，可以达到既减少项目投资人资金的直接投入，又能提高项目综合经济效益的目的。

3.4.2 项目资金的币种组合

在项目融资中，资金的货币结构可以依据项目现金流量的货币结构加以设计，尽量实现融入资金的币种与项目建设所需币种相吻合、与项目预期收入的币种相吻合，以减少项目的汇率风险。许多项目在建设期需要不同的货币资金，用于从不同的国家进口材料和设备，支付不同的承约商。虽然采用单一国际硬货币可以解决问题，但并不是最佳的办法。如果有针对性地安排相应的货币贷款，则可以避免汇率风险。另外，项目收入一般为项目所在国的货币，还贷常常是不同的货币，如果能获得与项目收入相同货币的贷款，则可以避免汇率风险。在实践中，为了减少汇率风险和其他不可预见因素，国际上大型项目的融资安排往往不局限于在一个国家的金融市场上融资，也不局限于一种货币融资，而是经常签署一揽子货币保值条款。事实证明，资金来源多样化是减少汇率风险的一种有效措施。此外，项目主办人还可以采取一些货币保值措施，如货币互换合同等。

在选择融资的币种时，不能单纯以融资谈判时货币市场汇率行情为依据。借款人应研究国际金融市场汇率及利率的变化趋势，将汇率与利率因素两者结合考虑，将不同货币的利差幅度，以及不同货币汇率变化可能造成的影响进行综合考虑，权衡利弊得失，把握未来较长期内融资货币的利率和汇率走势。

3.4.3 项目资金的投入时间

项目一旦开始建设，就会出现很多因素影响债务资金和股本资金提款的时间。贷款人一般会要求在任何债务资金开始提款之前，项目主办人或投资人为项目提供一定量的股本资金，剩余股本资金与贷款可按股债比的比例投入项目。有些项目是先投入股本资金，然后投入债务资金；个别项目是先投入债务资金，然后投入股本资金。不管采用何种方式，贷款提款应与建设资金需求时间表匹配，以便降低库存现金量和短期搭桥资金。

投资人的股本资金是项目中使用年限最长的资金，其回收只能依靠项目的投资收益；而债务资金都是有期限的。如果能针对具体项目的现金流量的特点，根据不同项目阶段的资金需求，采用不同的融资手段，安排不同期限的贷款，就可以起到优化项目债务结构，降低项目债务风险的作用。由于项目在建设期的风险较高，贷款人一般要求较高的利率；而在运营期的风险较低，贷款人一般愿意降低利率。因此，如果由短期贷款人为设施的建设提供短期贷款，然后由长期贷款人接手，则这种再融资安排可以节省融资成本。但是，除非在融资阶段就做好安排，否则这种安排给项目资金供应带来了不确定性（再融资可能失败）。

3.4.4 项目资金的筹集方式

项目所需资金根据资金种类的不同，采用不同的方式获得。股本资金一般是通过项目主办人直接注入资本金（如项目公司的注册资本）或认购股份来获得，在此基础上，可能公开发行股票（普通股和优先股），以增加股本资金。债务资金一般采用项目融资，如果项目投资规模大，贷款规模常常超出单一金融机构的单笔贷款限额，则需要采用银团贷款或多家金融机构联合贷款。如果发行项目收益票据或债券，可采用公募或私募方式发行。项目资金结构设计不只是确定债务资金和股本资金的比例，还要选择和设计金融工具。

3.4.5 项目资金的来源组合

在选择融资方式的同时，要熟悉各种不同类型金融市场的性质和业务活动，以便能从更多的资本市场上获得资金来源。在同一市场上则应向多家融资机构洽谈融通资金，货比三家，增加自己的选择余地，要贯彻择优和避免贷款人过于集中的原则。优先考虑能提供优惠性融资或中长期融资的资金来源，如世界银行、亚洲开发银行等。对于同类型的资金供应者，如都是外国商业银行，由于各家商业银行之间在收取利息和费用方面往往有差异，筹资人应善于与信贷条件相仿的几个贷款人同时洽谈，以争取最低的融资成本；应根据他们能否接受现有的资信条件，或者能否提出比较优惠的信贷条件，择优选择。

当贷款额不大时，普通资金供应者的资信问题一般不必考虑，因为贷款提款期不算太长（不超过建设期），只要在提款期内供资人有充裕的资金即可。但是，如果筹措资金数额很大，则应选择有能力组织银团的贷款人作为牵头银行；如果发行债券，则须选择资信好、声誉大的承销机构，才能有利于债券的顺利发行，避免失败。

项目的股本资金（包括准股本资金）一般由项目主办人提供，但为了达到一定的股债比例，有必要引入项目主办人以外的股本或准股本投资者。

3.4.6 项目资金结构设计的主要考虑事项

不同类型的资金所承担的风险不同，期望的回报也不同。一般来说，高级债务资金的风险最低，因为清算时优先偿还，但回报也较低，固定在一定的范围之内（预先确定的固定或浮动利率）；股本资金风险最高，因为清算时最后偿还，但项目的净利润都归其所有；次级债务资金介于二者之间，其主要作用是降低高级债务资金贷款人的风险，使得项目的整体债务水平比单纯依靠项目自身现金流时有所提高。安排项目资金的基本原则是融资成本与风险分担之间的权衡。因此，合理设计项目资金结构（以下简称资金结构）应考虑下列因素。

1. 资金成本

资金成本指资金使用成本；融资成本主要指筹资所需支付的利息和费用。不同融资方式，不同融资货币币种，不同融资期限，所支付的利息和费用各不相同。项目的股本资金成本是一种相对的成本，指该股本资金如果投在别的项目上可能获得的回报，因而也被称为"机会成本"；项目的债务资金成本（贷款的利息）则是一种绝对的成本，贷款的利息可以是固定利率、浮动利率或者二者结合（部分用固定利率，部分用浮动利率），股本资金与债务资金二者各有利弊。对于债务资金而言，股本资金是一种缓冲"垫"，可以减轻风险对债务资金的冲击。股本资金越多，其缓冲作用越大，贷款的风险越小；根据风险-回报均衡的原则，贷款的利率可以相应地降低。由此可见，股本-债务比不同，债务资金的利率也不同；由于债务资金成本一般较低，负债程度越高，则综合资金成本越低。但一旦超过某一限度，增加了债权人对债权保障的忧虑，考虑到财务困境成本，一般会提高债务资金成本，因此综合资金成本又会上升。综合资金成本由下降变为上升的转折点，资金结构达到最优。因此，选择合适的股本-债务比和合适的资金来源，可以实现资金成本优化，如图3-4所示。此外，不同的资金来源，债务资金的利率也不同。选择合适的资金来源，可以进一步减少资金成本。

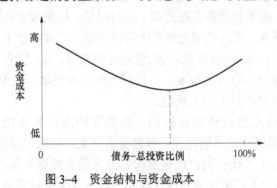

图3-4 资金结构与资金成本

2. 税务效益

根据平衡理论，当负债程度较低时，企业价值因税额庇护利益的存在会随负债水平的上升而增加；当负债达到一定界限时，负债税额庇护利益开始为财务危机成本所抵消。当边际负债税额庇护利益等于边际财务危机成本时，企业价值最大，资金结构最优。

此外，预提税（withholding tax）是一个主权国家对外国资金的一种管理方式，包括红利预提税（dividend withholding tax）和利息预提税（interest withholding tax）。其中，利息预提税一般是由借款人缴纳，其应付税款金额可从向境外支付的利息总额中扣减，也可以是在应付利息总额之上的附加成本，取决于借贷双方之间的安排。不同资金，其税务政策不同；不同国家，其税务政策也不同。利用这一点，采用不同的贷款形式、不同的利率结构和不同的货币种类形成混合贷款，如果安排得当，可以避免利息预提税，起到降低融资成本，减少项目风险的作用。

3. 资金来源的要求

项目的主要资金来源有商业银行、国际金融机构和多边开发银行、出口信贷机构、国际证券（股票、债券、基金收益凭证等）、东道国政府等，它们各有特点，且均有各自的优点和不足，其对投资区域、项目类型、服务内容及对借款人的要求也都有所不同。

商业银行主要提供融资咨询、承销债券、直接贷款等服务，其贷款对象比较宽泛，手续相对比较方便，资金使用灵活，但利率高，费用高。在 20 世纪 70 年代，商业银行率先开始进入石油、天然气、矿产项目融资，到了 20 世纪 90 年代，又开始基础设施项目融资，与保险公司（如世界银行的多边投资担保机构、美国的海外私人投资公司、发达国家的出口信贷机构）一起，是项目融资的主要参与者。

国际金融机构和多边开发银行（如世界银行、亚洲开发银行等）一般提供较广的服务业务，如融资咨询、直接贷款、政治风险担保、建立基金等。这些机构的贷款一般利率低、期限长，但这些机构有一套标准做法，借款人必须符合它们的要求；其贷款对象被严格限制且往往要附加一些政治、经济条件，融资金额也有限，如国际货币基金组织的贷款方针是帮助成员国缓解国际收支困难，发达国家政府贷款的方针通常是援助最不发达国家。

出口信贷机构主要提供担保服务以防止政治和商业风险，有时也直接提供资金（股本资金、次级债务资金和高级债务资金）。其主要目的是促进本国企业对外产品出口或投资，因此要求借款人购买该国的产品或聘用该国的承包商。例如，"加拿大出口发展公司"（Export Development Canada）的项目融资业务主要是向大型基础设施（能源和电信）和工业项目提供有限追索权融资，可承担业务包括顾问、安排融资、提供政治风险保险、承购及直接贷款。但是，要获得上述服务，项目必须对加拿大经济有益，需要提供下列文件：① 项目财务模型和已签订的所有协议；② 市场研究；③ 保险评审报告；④ 独立工程师报告；⑤ 环境评估报告。费用取决于项目主办人的情况、市场区域和工业领域。交易费用（包括法律咨询和工程师报告费用）通常由项目主办人承担。

一些发达国家成立的投资促进机构，如美国的海外私人投资公司（OPIC）、日本的 EID/MITI 等，主要提供政治风险担保，有时提供贷款；与进出口信贷机构类似，一般为本国的企业提供帮助。其中，比较突出的是美国的海外私人投资公司（OPIC），其结构性融资的重点放在年收入超过 2.5 亿美元的商业活动和支持需要大量投资的项目，如基础设施、电信、电力、水处理、房屋建筑、机场港口、自然资源开发、高科技、金融服务等。这些项目所需资金常常超过独家金融机构贷款限额（愿意对一个项目贷款的最高限额），因此通常与其他金融机构联合贷款。

投资基金或其他基金组织主要提供次级贷款，以便获得长期的、较稳定的、较高的收益，一般只投资风险较小的项目；东道国政府在项目融资中可提供次级债务资金和高级债务资金，目的是促成项目融资关闭和提高项目主办人的投资信心。

发行国际证券融资期限可以较长，额度大，债权人分散，但手续烦琐，利率和发行费用较高，且往往受到发行所在国政府的管制；股权融资，筹资不举债，发行（出售）股票所得资金可作为自有资金，既不须付息又可长期使用，但在股权融资方式下，上市公司必须具备必要的条件，股票发行和上市须投入大量的时间、人力并增加费用开支，而且也要受到发行所在地政府当局的限制。

鉴于不同资金来源各有优缺点，筹资人就面临一个适当选择的问题。即使是同一类型的供资人，如外国的商业银行，由于各家商业银行自身不同条件和各自所面临的不同外部环境条件，它们在具体掌握融资决策方面往往会存在差别。总之，应充分了解不同资金来源的特点，选择合适的资金来源。

4. 资金结构的优化

根据债务资金占总资金的比重，可以将资金结构分为以下3种类型。① 保守型资金结构，指债务资金占总资金的比重偏小。在这种资金结构下，项目的还贷付息的压力较小，从而降低了项目的风险，但因为回报率要求较低的债务资金比重较小，资本金的盈利水平因而降低。因此，项目的风险和资本金收益水平都较低。② 风险型资金结构，指债务资金占总资金的比重偏大。在这种资金结构下，项目的还贷付息的压力较大，从而提高了项目的风险，但因为回报率要求较低的债务资金比重较大，资本金的盈利水平因而提高。因此，项目的风险和资本金收益水平都较高。③ 中庸型资金结构，指介于保守型资金结构和风险型资金结构之间的资金结构。

最优资本结构指在一定条件下使项目加权平均资金成本最低、项目价值最大的资金结构。确定最优资本结构的方法有比较资金成本法，即通过计算各方案加权平均资金成本，并根据加权平均资金成本的高低来确定最优资本结构的方法。理想的最优资本结构是一个具体的数值，而不是一个区间。在现实生活中，要实现最优资本结构是比较困难的，一般只是实现次优资本结构，一个包含理想最优资本结构的区间。

资金结构设计要做到资金结构的优化，应以用资需要、资金成本和筹资效率为标准，力求融资组成要素的合理化、多元化；应避免依赖于一种资金形式、一种筹资方式、一种资金来源、一种货币资金、一种利率和一种期限的资金；而应根据具体情况，从实际资金需要出发，注意股本资金与债务资金相结合，长期债务与短期债务相结合，以降低融资成本，减少融资风险，提高融资效益。充分利用不同形式资金的特点，形成由股权资本、次级贷款和高级贷款组成的多层次融资，实现最优资本组合。

项目主办人根据用资需要和不同时期国际金融市场的具体情况，在灵活、有效的原则下，选择最合适的融资方式。第一，要分析各种不同融资方式的可获得性，可考虑向商业银行申请银团贷款或发行债券，或通过股权融资；第二，项目主办人要考虑不同融资方式的融资成本，对不同融资方式进行比较，确定哪种融资方式的融资成本低；第三，项目主办人要考虑今后进一步融资的灵活性，也就是考虑这一次的融资会对下一次的融资产生什么影响。

5. 资金结构调整的灵活性

资金结构调整指对资金结构的组成要素进行调整，即在满足项目资金总需求的前提下，重组项目的债务及股本组合，转换项目资金的来源，进行项目再融资等。

需要进行资金结构调整的原因包括：① 资金成本过高，即原有资金结构的加权平均资金成本过高；② 项目风险过大，虽然负债筹资能降低成本、提高利润，但破产风险较大，破产成本会直接抵减因负债筹资而取得的杠杆收益；③ 约束机制过严，不同的资金来源对项目资金的使用约束是不同的，如果约束过严，则有损于项目财务自主权，有损于项目资金的灵活调动与使用；④ 结构弹性不足，在进行资金结构调整时原有结构缺乏灵活性，如债务期限是否具有展期性、是否具有提前收兑性、负债与负债间、负债与资本间、资本与资本间是否具有可转换性。

在不同的情况下，采用不同的资金结构调整方式。当项目资金总需求不变时，如果项目的债务过高，则将部分债务资金转变为股本资金，或者将长期债务收兑或提前归还，并筹集相应的股本资金；如果债务资金过低，则通过减少股本资金并增加相应的债务资金来调整资金结构。当项目资金总需求增加时，如果债务资金过高，则通过追加股本资金来改善资金结构；如果债务资金过低，通过追加债务资金来改善资金结构。

总之，资金结构调整是一项较复杂的财务决策，必须充分考虑影响资金结构的各种因素，将综合资金成本最低的资金结构作为最优资本结构，这种调整方法是较理想的方法，符合现代资本结构理论的客观要求。

3.5 案例分析——加拿大 407 公路项目

项目资金从性质上一般可分为股本资金和债务资金两大类，股本资金又可分为普通股本资金和准股本资金，债务资金又有高级债务资金和次级债务资金、长期资金和短期资金之分。资金来源有项目主办人自有资金、商业银行、投资银行、各种基金、社会大众等。获得资金的方式（或融资工具）包括股东出资（股权证书）、发行股票、公开发行债券、直接出售债券（私募债券）、过渡信贷（有追索权）、长期信贷（有限追索权或无追索权）等。融资来源不同，其要求不同；融资方式不同，融资成本不同。如何设计资金结构、选择合适的金融工具、确定资金来源是筹集项目资金的关键工作。下面通过分析加拿大 407 公路项目融资实践，探讨项目风险与融资成本之间的关联程度，研究如何降低融资成本的问题。

3.5.1 项目概况

加拿大 407 公路（如图 3–5 所示），其正式称谓为 407 快速收费路线（Express Toll Route），以下简称 407 公路，是位于加拿大多伦多地区的关键交通走廊，与 401 公路大体平行，建设目的是对拥挤的 401 公路进行分流。该公路全长 108 km，由中间段（69 km，4–10 车道）、西延伸段（24 km，初期设计为 6 车道，但可扩建为 8 车道）和东延伸段（15 km，初期设计为 4 车道，但可扩建为 10 车道）3 段组成，采用全电子开放式收费方式。

在 1998 年 2 月 20 日宣布出售和私有化 407 公路之前，安大略省 407 ETR 特许经营有限公司（简称 407 ETR 公司）拥有 99 年特许经营权和土地租赁协议，并已完成中间段的建设。1999 年 3 月 17 日由 Cintra 公司（61.29%），SNC–Lavalin 公司（22.6%）和 Capital d'Amerique CDPQ 公司（16.1%）组成的联合体通过专门成立的 407 国际公司（407 International Inc.）斥资 31.07 亿加元收购 407 公路（包括已建成的中间段和特许经营权），并投资 5 亿加元用于修建东、西延伸段和在中间段增加 7 座立交桥，另需要 4 亿加元用于贷款利息和流动资金，总投资约 40 亿加元，并于 2001 年年底完工投入运营。

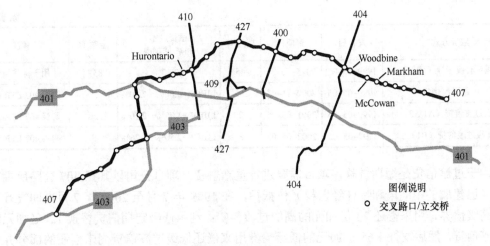

图 3-5 加拿大 407 公路

在运营期间，项目公司对 407 公路进行一系列的扩建：2002 年投资 500 万加元修建 Woodbine 大道立交桥；2003 年投资 6 000 万加元加宽 400 公路至 427 公路之间 7 km 的路段；2004 年投资 6 000 万加元加宽 401 公路至 Hurontario 大街之间 22 km 的路段，并投资 750 万加元修建 Markham 立交桥；2005 年投资 3 000 万加元加宽 400 公路至 404 公路之间路段的桥梁，为加宽该路段做准备；2006 年投资 6 000 万加元加宽连接 427 公路和 404 公路之间 50 km 的路段，投资 350 万加元加宽 McCowan 路至 Markham 路之间 4 km 的路段，投资 3 000 万加元加宽 410 公路和 427 公路之间路段的桥梁，为加宽该路段做准备。由此可见，该项目是一个典型的"购买—开发—运营—移交"（purchase-develop-operate-transfer, PDOT）项目。

3.5.2 项目资金结构

为了筹集项目所需的巨额资金，项目主办人（以下简称主办人）采用了多种融资方式。1999 年 4 月 12 日 3 家项目发起公司达成投资 6.5 亿加元股权协议；1999 年 5 月 3 日项目公司与项目主办人签订累计不超过 7.75 亿加元的从属信贷协议；1999 年 5 月 5 日用 3 亿加元的保函从一家在加拿大注册的银行获得 1.5 亿加元的 3.5 年期低级过渡信贷；又以 25 亿加元保函作保障，由 Montreal 银行、美国花旗银行和加拿大皇家银行 3 家银行联合包销 20 亿加元的 2 年期高级过渡信贷和 3 亿加元的 3 年期高级过渡信贷，出售从属可转换债券 1.25 亿加元；共计筹集资金 40 亿加元。项目资金结构为普通股份资金 6.5 亿加元（16.25%），主办人从属债务资金 9 亿加元（22.50%），过渡信贷资金 24.5 亿加元（61.25%）。表 3-2 为第一次融资的资金构成。

表 3-2 第一次融资的资金构成

融资方式	发行日	到期日	期限/年	融资成本 利率/回报率	金额/亿	备注
普通股	1999-04-12	—	99	—	6.5	用于项目开发
主办人从属信贷	1999-05-03	2007-05-03	8	LIBOR + 4.00%～6.00%	7.75	用于项目开发
从属可转换债券（股权）	1999-05-05	—	99	—	0.392 43	用于项目开发

续表

融资方式	发行日	到期日	期限/年	融资成本利率/回报率	金额/亿	备注
从属可转换债券（债权）	1999-05-05	2045-12-31	45	12.00%	0.857 57	用于信贷担保
低级过渡信贷	1999-05-05	2002-11-05	3.5	LIBOR+4.00%~7.50%	1.5	购买407 ETR公司
高级过渡信贷（A1/A2）	1999-05-05	2001-05-05	2	LIBOR+1.75%~2.50%	20	购买407 ETR公司
高级过渡信贷（B1）	1999-05-05	2002-05-05	3	LIBOR+2.50%~4.25%	3	购买407 ETR公司

由于过渡信贷是短期贷款，项目需要进行重新融资。项目公司以其在407公路所拥有的权益（已建成的中间段和特许经营权）作抵押，在1999年7月至2000年7月期间发行了一系列高级债券，用来偿还23亿加元的高级过渡信贷；利用低级定期信贷替换1.5亿加元的低级过渡信贷，然后发行1.65亿加元的低级债券用来偿还低级过渡信贷尚未偿还的部分并设立了储备账户（可以支付1年的应还贷款及其利息）；安排4.25亿加元的高级定期信贷替换主办人从属信贷，又发行3亿加元的从属债券用来支付主办人从属信贷的利息和费用，以及为从属债券设立了预付利息储备账户（可以支付2年的应付利息）。重新融资后，普通股份资金的数量没有变化（6.5亿加元），从属债券3亿加元，从属可转换债券1.25亿加元，高级定期信贷4.25亿加元，高、低级债券资金共计30.7亿加元，总资金为45.7亿加元；其中，普通股份资金和从属债务资金共计10.75亿加元（23.50%），债务资金共计34.95亿加元（76.50%）。重新融资的资金结构如表3-3所示。

表3-3 重新融资的资金结构

融资方式	发行日	到期日	期限/年	融资成本利率/回报率	金额/亿	S&P's评级	备注
普通股	1999-04-12	—	99		6.5	未定级	主办人认购
从属可转换债券（股权）	1999-05-05	—	99		0.392 43	未定级	主办人认购
从属可转换债券（债权）	1999-05-05	2045-12-31	45	12.00%	0.857 57	未定级	主办人认购
从属债券 00-C1	2000-05-31	2007-08-15	7	9.00%	3	BBB	公开发售
小计					10.75		
高级债券 99-A1	1999-07-27	2009-07-27	10	6.05%	4	A	公开发售
高级债券 99-A2	1999-07-27	2029-07-27	30	6.47%	4	A	公开发售
高级债券 99-A3	1999-07-27	2039-07-27	40	6.75%	3	A	公开发售
高级债券 99-A4	1999-08-01	2016-12-01	17	实利率 5.328%	1.625	未定级	私募/直售
高级债券 99-A5	1999-08-01	2021-12-01	22	实利率 5.328%	1.625	未定级	私募/直售
高级债券 99-A6	1999-08-01	2026-12-01	27	实利率 5.328%	1.625	未定级	私募/直售
高级债券 99-A7	1999-08-01	2031-12-01	32	实利率 5.328%	1.625	未定级	私募/直售
高级债券 99-A8	1999-10-15	2006-10-18	7	6.55%	4	A	公开发售
高级债券 00-A2*	2000-03-09	2039-12-01	40	实利率 5.29%	3.25	A	公开发售
高级债券 00-A3	2000-03-15	2007-12-17	7	6.90%	4.3	A	公开发售
低级债券 00-B1	2000-07-26	2010-07-26	10	7.00%（7.125%）	1.65	A-	公开发售
小计					30.7		

续表

融资方式	发行日	到期日	期限/年	融资成本利率/回报率	金额/亿	S&P's评级	备注
高级定期信贷（A）	2000–03–31	—	3	LIBOR + x%	2	未定级	替换从属信贷
高级定期信贷（B）	2000–03–31	—	5	LIBOR + x%	1.89	未定级	替换从属信贷
高级定期信贷（C）	2000–03–31	—	5	LIBOR + x%	0.36	未定级	支付利息费用
小计					4.25		

注：高级债券 00–A2 替换了 2000 年 2 月 2 日私募的高级债券 00–A1（期限 40 年，实利率 5.29%）。

重新融资后，项目公司在公路投入运营后还陆续发行债券，用于公路的扩建（加宽和修建立交桥），在此不多叙述。

3.5.3 项目收入及其分配

在项目投入运营后的 15 年内，收费标准可以每年增加 2.00%，并按通胀率进行调整；15 年后，只按通胀率进行调整。建设该公路的目的是分流，如果收费超过规定的限度，而交通流量没有达到要求，项目公司将受经济处罚。经济处罚的目的是希望项目公司制定合理的收费标准，鼓励更多的人使用 407 公路，以便减轻 401 公路的拥挤程度。

为了保证债权人的利益，项目收入严格按照预先确定的优先顺序进行分配。根据 1999 年 5 月 5 日项目公司与 Montreal 银行的信托公司签订的信托契约，项目收入必须存入专门开设的收入账户，并按下列优先顺序使用：① 支付所有的运行维护费用；② 偿还高级债务；③ 维持还贷储备基金各个账户的最低资金要求；④ 偿还建设基金；⑤ 增加运行维护储备金；⑥ 更新和置换基金；⑦ 需要时，将指定的金额转到指定的账户、基金或储备基金；⑧ 向低级/从属债务还贷基金提供资金；⑨ 维持 1 000 万加元的现金储备账户；⑩ 支付债券的本息等；⑪ 最后的结余进入综合账户（用于股东分红等）。

3.5.4 贷款和债券的风险–回报

不同形式的资金所隐含的风险不同，要求的回报也不同。以 1999 年 5 月 5 日同一天筹集的 3 种资金为例，2 年期高级过渡信贷利率起点为在伦敦同业拆出利息率的基础上增加 1.75%，以后每 6 个月再增加 0.25%，最终增加 2.50%；3 年期高级过渡信贷利率起点为在伦敦同业拆出利息率的基础上增加 2.50%，以后每 6 个月再增加 0.25%，最终增加 4.25%；3.5 年期低级过渡信贷利率起点为在伦敦同业拆出利息率的基础上增加 4.00%，以后每 6 个月再增加 0.25%，最终增加 7.50%；主办人从属信贷利率起点为在伦敦同业拆出利息率的基础上增加 4.00%～6.00%，45 年期可转换债券的利率为 12.00%。到 2000 年 3 月 31 日止，高级过渡信贷的实际有效利率为 6.25%～7.87%，低级过渡信贷的实际有效利率为 9.58%～9.75%，主办人从属信贷利率的实际有效利率为 9.25%～9.83%，均低于 45 年期可转换债券的利率。

资金的利率不同反映所隐含的风险不同。从表 3–2 可以看出，首先投入的是股本资金，然后依次是从属信贷资金，从属可转换债券，低级过渡信贷资金，高级过渡信贷资金。这种资金投入的时间顺序有利于后投入的资金，一是因为随着时间的推移，获得的信息越多，易于作正确的决策；二是如果项目流产，投入时间在前的资金可能已经投入，因而无法收回，而投入时间在后的资金可能还未投入，从而保住了资金。而项目收入使用优先顺序上则相反：

先偿还高级过渡信贷资金,然后依次是低级过渡信贷资金和从属信贷资金。这种收入分配的顺序有利于优先度高的资金,如果项目收入不足,优先度高的资金得到了偿还,而优先度低的资金却得不到偿还。因此,低级或从属信贷资金的风险高于高级信贷资金的风险。资金的这种风险与回报关系可以定性地用图3-6表示。

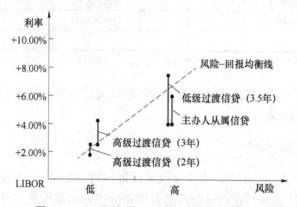

图3-6　407公路项目不同资金的利率与风险

407公路项目公开和非公开(私募)发行了一系列债券,其中公开发行的债券由标准普尔公司进行了信用评级。发行的高级债券99系列中,高级债券99-A1(10年期)的利率为6.05%,高级债券99-A2(30年期)的利率为6.47%,高级债券99-A3(40年期)的利率为6.75%,此后发行的高级债券99-A8(7年期)的利率为6.55%,高级债券00-A3(7年期)的利率为6.90%,其信用级别均被标准普尔公司评为A;低级债券00-B1是可延期债券(10年期可延至40年期),在2010年前,利率为7.00%,在2010年后,利率为7.125%,其信用级别为A-;7年期的从属债券利率为9.00%,其信用级别为BBB。图3-7为407公路项目债券的利率与信用等级。

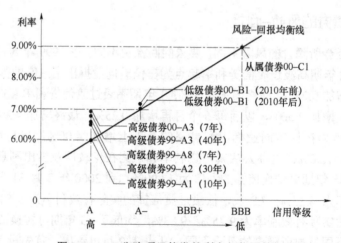

图3-7　407公路项目债券的利率与信用等级

由于在偿还债券时,从属债券的优先级别低于低级债券,而低级债券又低于高级债券,因而同一个项目中高级债券的信用等级高于低级债券,而低级债券的信用等级又高于从属债券。从图3-7可以看出,信用等级不同,其利率也不同:信用等级越高,利率越低。此外,债券的期限越长，其风险越高，因而要求的回报也越高。一般而言，同等级的债券，年限越长，利率越高。例如，同时发行的 10 年期高级债券 99-A1 的利率为 6.05%，30 年期高级债券 99-A2 的利率为 6.47%，40 年期高级债券 99-A3 的利率为 6.75%。值得注意的是，7 年期高级债券 99-A8 的信用等级为 A，利率为 6.55%；而 7 年期高级债券 00-A3 的信用等级也是 A，但利率为 6.90%。期限相同，信用等级相同，而利率不同，这说明由于发行时间不同，存在两种可能性：一是资金市场的利率升高了；二是市场对项目收益债券风险的认知不同，特别是采用簿记建档发行的定价方式，不同批次的、同等信用级别的债券常常获得不同的利率。

3.5.5 经验教训

407 公路项目采用多种融资方式，从而获得不同层次的资金。这种不同层次的资金在偿付的优先顺序和清算时的先后顺序不同，因而风险不同，要求的回报率（或利率）不同。另外，采用多种融资工具不但可以优化融资成本，而且可以配合项目的现金流，优化资金的运用。由上述分析可知，407 公路项目的实践提供了许多启示。

1. 利用过渡信贷，加快了融资进程

采用"购买—开发—运营—移交"模式开发 407 公路项目，初期需要大量的资金用于购买 407 ETR 公司的特许经营股权（中间段）。如果直接公开发行债券，成功率没有保障。因为公开发行债券的对象是普通大众，而普通大众一般都没有足够的专业知识进行投资分析和管理，承担风险的能力也比较弱。因此，一个计划中的项目很难吸引他们，但是项目启动后，项目公司的资金和其他形式的资金投入提高了项目资信，增加了公众的投资信心，从而增加了发行债券的成功率。

因此，为了尽快筹集所需资金，项目公司采用过渡信贷的方式，从而解决了项目急需的资金，加快了融资进程。从宣布私有化 407 公路到获得特许经营权只用了 13 个半月，项目公司在获得特许经营权后 1 个月之内，筹集到项目所需的资金。如果不采用过渡信贷的方式，在如此短的时间内是很难筹集到如此巨大数量的资金的。但值得注意的是，所有的过渡信贷都是有担保的贷款，不是真正的项目融资；只是后来发行的债券是以项目主办人在 407 公路所拥有的租购权益作抵押，才是真正的项目融资。

2. 利用重新融资，节约了融资成本

从图 3-6 可以看出，不同类型的信贷和不同期限的同类信贷要求不同的回报率；从图 3-7 可以看出，不同类型的债券和不同期限的同类债券要求不同的回报率。利用这一特征，减少了融资成本，实现了融资成本优化。过渡信贷的有效利率均高于债券的利率，这反映了资金投入的时间顺序对贷款人是非常重要的。项目早期面临较大的不确定性（风险大），因而要求较高的回报作为补偿；随着项目的进展，不确定性逐渐减少（风险减小），要求的回报也相应地减少。根据这一特征，用重新融资的方式可以减少整个项目的融资成本。例如，在 407 公路项目中，先用银行担保的方式获得过渡信贷，然后发行高级债券替换高级过渡信贷，低级债券替换部分低级过渡信贷，从属长期信贷和从属债券替换部分主办人从属信贷；这样不但解决了融资的问题，而且为项目公司节省了 480 万加元的融资成本。

3. 长短期相结合，优化项目现金流

采用债券的方式，其资金的来源非常广，可以针对不同投资者的需要设计不同的债券（高级债券、低级债券、从属债券等）和采用不同期限（短期、中期、长期），分批发行，实现项目现金流的优化。例如，在 407 公路项目中，高级债券系列有 7 年期、10 年期、30 年期和 40 年期；低级债券为可延期债券，由 10 年期可延至 40 年期；从属债券为 7 年期债券；这样可以把偿还债券所需的资金与项目收入现金流配合起来，有利于改善项目的现金流状况。

　　由此可见，项目融资的难点之一是以合适融资成本筹集到项目所需的资金。407 公路项目的融资方式表明，采用多种融资工具不但可以成功地筹集到项目所需资金，而且可以降低融资成本。其关键是合理安排不同种类资金的投入顺序，先投入的资金可以加强项目的资信，不但提高了后续融资的可行性，还降低了后续的融资成本。此外，多种融资工具不但可以更好地适应不同投资者的需要，而且可以优化项目现金流。

 思考题

1. 股本资金、次级债务资金和高级债务资金各有什么特点？
2. 项目融资中，为什么需要一定数量的股本资金？
3. 项目主办人为什么用次级债务资金代替股本资金？
4. 什么情况下融资者倾向于选择债务资金？
5. 简述项目资金的主要来源。
6. 简述项目资金结构设计的主要考虑因素。

第4章

项目投资结构

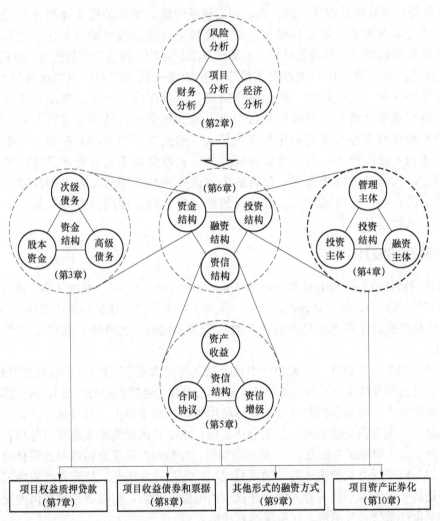

项目融资不是孤立的,而是项目实施工作的一部分。为了实现无追索权或有限追索权融资,实现风险隔离,项目主办人一般不直接去融资,而是通过设立的特殊目的载体(special purpose vehicle, SPV)或特殊目的实体(special purpose entity, SPE)①进行融资,主要为了达

---

① 特殊目的实体(special purpose entity, SPE)在欧洲和印度称"特殊目的载体"(special purpose vehicle, SPV),有些地区称"融资载体公司"(financial vehicle corporation, FVC),本书中 SPE 与 SPV 通用。

到"破产隔离"的目的。特殊目的载体在项目融资中具有特殊的地位,是整个项目融资的核心,各个参与者都将围绕它来展开工作。除了发挥融资功能之外,特殊目的载体还承担其他的工作,如项目管理、项目运营等。本章分析项目投资结构的类型、项目投资结构设计及注意事项。

4.1 项目投资结构的含义和经济实体类型

项目是客体,是投资的对象、融资的对象和管理的对象;与之对应的主体有项目投资主体、项目融资主体和项目管理主体。项目投资主体指从事项目投资活动,拥有投资决策权,承担项目风险,享有项目收益的权、责、利三权统一体。项目融资主体指进行融资活动,承担融资责任和风险的经济实体组织。项目管理主体指掌握管理权力,承担管理责任,进行项目决策的组织。项目投资结构(或称项目组织结构)指进行项目投资、融资和管理所涉及的主体之间在管理工作中进行分工协作,在职责权利方面所形成的结构体系。

在项目融资中,风险隔离(或称破产隔离)是双向的,一方面指项目主办人用以保证融资的特定项目之资产和收益与项目主办人的其他资产从法律上进行分离,确保隔离担保资产不受项目主办人经营恶化及其他债权人追偿的影响,并且在项目主办人破产的情况下不被列入破产资产;另一方面债权人的追索权仅限于项目资产及其相关的权益,而与项目主办人的其他资产无关,项目的失败破产不影响项目主办人的经营。风险隔离是项目融资的核心,一般通过设立特殊目的载体来实现,即项目主办人与特殊目的载体之间实现了风险隔离。

4.1.1 特殊目的载体

特殊目的载体或特定目的载体(special purpose vehicle, SPV),有时又称特殊目的实体或特定目的实体(special purpose entity, SPE),是为了特殊目的而建立的法律实体。在项目融资中,该特殊目的就是在筹集项目所需资金时实现风险隔离,此外还有实现资产负债表外融资的作用。

特殊目的载体一旦成立,一般为一个完全独立的实体进行运作:设立自己的治理架构体系,支付自己的所有费用,不与其他实体的资产相混合(包括资产的卖方),从而实现以下功能:一是风险隔离,可以利用特殊目的载体将项目与项目主办人合法分离,并允许其他投资者分摊风险,实现双向风险隔离;二是会计处理,主要目的是避税或处理财务报告,实现资产负债表外融资(简称表外融资);三是规则规避,有些情况下建立特殊目的载体可以躲避规则限制,如与资产所有权的国别有关的规则限制。应当注意的是,特殊目的载体发挥上述功能的前提是其不被纳入项目主办人的合并报表的范围;否则,与特殊目的载体的交易将因合并而丧失了资产负债表外融资、风险隔离等功能。

4.1.2 经济实体类型

要设计合理的项目投资结构,首先就需要了解特殊目的载体的经济实体类型。在社会经济发展过程中产生了许多形式的经济实体,常见的形式包括有限责任公司、股份有限公司、合伙制实体(包括普通合伙制和有限合伙制)、信托机构和契约型组织。不同类型的经济实体具有不同的法律地位、不同的责任义务、不同的风险承担。

1. 有限责任公司

有限责任公司指由 50 个以下的股东共同出资，股东以其所认缴的出资额对公司行为承担有限责任，有限责任公司以其全部资产对其债务承担责任的企业法人。有限责任公司有如下特征。

（1）有限责任公司具有法人地位，有自己独立的财产，在对外经营业务时，以其独立的财产承担有限责任公司债务责任。

（2）有限责任公司股东所负责任仅以其出资额为限，即把股东投入有限责任公司的财产与其个人的其他财产脱钩，有限责任公司破产或解散时，只以有限责任公司所有的资产偿还债务。股东可以作为雇员参与有限责任公司的经营管理。

（3）有限责任公司不对外发行股票，股东的出资额由股东协商确定。股东交付股金后，有限责任公司出具股权证书，作为股东在有限责任公司中拥有的权益凭证。这种凭证不同于股票，不能自由流通，必须在其他股东同意的条件下才能转让，并且要优先转让给有限责任公司原有股东。

（4）有限责任公司账目可以不公开，尤其是有限责任公司的资产负债表一般不公开。

有限责任公司的上述特点使其能够分别承担或同时承担项目管理、吸纳投资、发行债券、向银行和金融机构借贷等方面的工作，因而在项目融资中得到广泛的应用。中国司法体系对有限责任公司的立法较完善，特殊目的载体可采用此形式。

2. 股份有限公司

股份有限公司指全部资本由等额股份构成，并通过发行股票筹集资本，股东以其所认购股份对股份有限公司承担责任，股份有限公司以其全部资产对其债务承担责任的企业法人。股份有限公司可以采取发起设立或者募集设立方式。发起设立指由主办人认购股份有限公司应发行的全部股份而设立股份有限公司；募集设立指由主办人认购股份有限公司应发行股份的一部分，其余部分向社会公开募集而设立股份有限公司。不管是否公开发行股票，股份有限公司发起人（主办人、股东）应不少于 5 个人（不同的国家规定不同，如法国规定，股东人数最少为 7 人）。股份有限公司的主要特征如下。

（1）股份有限公司作为独立的法人，有自己独立的财产，在对外经营业务时，以其独立的财产承担股份有限公司债务责任。

（2）股份有限公司资本总额分为金额相等的股份。股东以其所认购的股份对股份有限公司承担有限责任，股东以其所持有的股份享受权利和承担义务。股份有限公司管理实行两权分离。董事会接受股东大会委托，监督股份有限公司财产的保值增值，行使股份有限公司财产所有者职权；经理由董事会聘任，掌握股份有限公司经营权。

（3）股份有限公司可以公开向社会发行股票，股票自由流通，可以在证券交易中心出售。

（4）股份有限公司账目必须公开，便于股东全面掌握股份有限公司情况。

与有限责任公司类似，股份有限公司的上述特点使其能够分别承担或同时承担项目管理、吸纳投资、发行债券和股票、向银行和金融机构借贷等方面的工作；但是，设立股份有限公司的要求比设立有限责任公司的要求严格，如设立股份有限公司的发起人不少于 5 人，同时还必须有固定的经营场所和必要的经营条件，并要遵守公众公司信息披露的问题，设立手续烦琐，审批程序复杂。因此，如果不发行股票，就没有必要采用股份有限公司的形式。

3. 合伙制实体

合伙制实体（简称合伙制）是两个或两个以上合伙人之间以获利为目的共同从事某项投资活动而建立起来的一种法律关系。合伙制不具有独立的法人资格，但是可以以合伙制的名义实施项目、拥有财产、安排融资。合伙制包括普通合伙制（或称一般合伙制）和有限合伙制两种。

普通合伙制由若干个普通合伙人组成，任一普通合伙人可以代表整个合伙制对外签订合同和协议，对合伙制的经营、债务及其他经济责任和民事责任负有共同和连带的无限责任。有限合伙制由一个以上的普通合伙人与若干个有限合伙人组成，普通合伙人负责合伙制的经营管理，对合伙制的经营、债务及其他经济责任和民事责任负有共同和连带的无限责任（因此，至少有一个普通合伙人）；有限合伙人不参与合伙制的日常管理，只根据出资额享受利润，对合伙项目的债务责任限于已投入和承诺投入的资本。合伙制的主要特点如下。

（1）合伙制是根据合伙人之间的契约建立的，不是一个独立的法律实体，每当一个原有的合伙人死亡或撤出或接纳一位新的合伙人时，都必须重新确立一种新的合伙关系；否则，普通合伙制随之终结。

（2）普通合伙人负责合伙制的组织和经营管理，任一合伙人可以代表整个合伙制对外签订合同和协议，对于合伙制的经营、债务及其他经济责任和民事责任负有共同和连带的无限责任。有限合伙人不参与合伙制的日常管理，对合伙制的债务责任仅限于已投入和承诺投入的资本。

（3）合伙制本身不缴纳所得税，合伙制的收入按照合伙人征收个人所得税。

合伙制中的普通合伙人要承担共同和连带的无限责任，而项目融资的理念是有限追索权或无追索权融资，二者理念不一致。因此，通常用有限合伙制中有限合伙人的有限责任来吸纳社会投资人的资金，从而实现无追索权融资。此外，如果为了利用建设期的亏损冲抵项目主办人的所得税，则可考虑采用合伙制。

虽然直接用合伙公司进行项目融资，但部分项目主办人之间可能采用合伙公司参与项目。例如，印尼的 Batu Hijau 金铜矿项目，其设计产量为年产铜 24.5 万 t、黄金 16 t，矿石储量超过 10 亿 t。Sumitomo 公司和 Newmont 公司各自设立一个特定目的公司，再由两个特定目的公司联合成立一个合伙公司，适用于荷兰法律；该合伙公司与 PT Pukuafu Indah 公司合资成立 PT Newmont Nusa 公司（项目公司）；印尼政府地矿能源部与项目公司签订项目合同（特许权协议），建设期 3 年，运营期 30 年（达到 70%运营能力起算）。该项目聘请 Pincock Allen & Holt 公司进行审计，独立采矿咨询公司进行储量审计，Fluor Daniel 公司负责工程总承包。图 4-1 为 Batu Hijau 金铜矿项目的合同结构。

4. 信托机构

信托机构指接受委托人的委托，按委托人的意愿以自己的名义，为受益人的利益或者特定目的履行所委托责任的受托人。受托人可以是有限责任公司或金融机构。《中华人民共和国信托法》把信托定义为："委托人基于对受托人的信任，将其财产权委托给受托人，由受托人按委托人的意愿以自己的名义，为受益人的利益或者特定目的，进行管理或者处分的行为。"由此可见，信托具有如下特征。

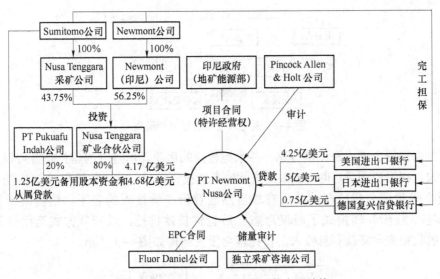

图 4-1 Batu Hijau 金铜矿项目的合同结构

(1) 信托是建立在委托人对受托人的信任基础之上的。信任有两层含义：一是对受托人诚信的信任，二是对受托人承托能力的信任。

(2) 信托财产及财产权的转移是信托关系成立的基础。信托是以信托财产为中心的法律关系，没有信托财产，信托关系就丧失了存在的基础，所以委托人在设立信托时必须将财产权转移给受托人。这是信托制度与其他财产制度的根本区别。

(3) 受托人的权力来自信托合同，自主权有限。委托人通过信托合同明确表明自己的意愿，受托人管理处分信托财产必须按委托人的意愿进行；委托人将财产委托给受托人后，对信托财产就没有了直接控制权。

(4) 权利主体与利益主体相分离。受托人完全以自己的名义对信托财产进行管理处分，但是受托人管理处分信托财产必须是为了受益人的利益，既不能为了受托人自己的利益，也不能为了其他第三人的利益。

由于信托具有上述特点，特别是"权利主体与利益主体相分离"的特点，在项目融资中信托机构主要用于资金筹集、资金管理、资产管理等方面，因此信托机构常常与其他形式的实体组织配合使用。例如，为了保障项目融资中的债权人利益，信托机构广泛用于资金管理，项目主办人和项目公司都不控制项目资金（特别是项目收入），所有的项目资金均交给信托机构（被称为契约受托人）管理，信托机构按照事先规定的分配顺序进行分配。另一个例子是杠杆融资租赁。在杠杆融资租赁中同时使用两个信托机构，一个是物主受托人，它具有三重身份，即出租物的所有权人、出租物的出租人、贷款的借款人；另一个是契约受托人，负责资金管理。信托机构也可用于融资（直接贷款或组建信托基金），如在建设期，可以通过受托人进行短期融资，但是需要项目主办人的抵偿担保（允诺接收该贷款协议），或金融机构的用长期贷款取代该短期贷款的担保，如图 4-2 所示。

利用信托机构进行融资的方式之一是建立信托基金。信托基金是一种"利益共享、风险共担"的集合投资方式，是通过契约或公司的形式，借助发行基金券（如收益凭证、基金份额和基金股份等）的方式，将社会上不确定数目的投资者的不等额的资金集中起来，形成一定规模的信托资产，交由专门的投资机构（基金管理人）按资产组合原理进行分散投资，

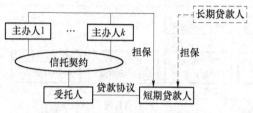

图 4-2　受托人受托进行短期融资

获得的收益由投资者按出资比例分享，并承担相应的风险。所建立的信托基金可以采用股权投资的方式直接投资项目，也可以采用贷款的方式投资项目。前者称股权投资信托，受托人以信托资金等投资公司股权，其所有权自然地登记在受托人的名下，信托财产则由初始的资金形态（逐渐）转换成了股权形态；后者称贷款信托，以贷款方式运用信托资金，信托基金的收益来自贷款利息收入。信托基金投资结构如图 4-3 所示。

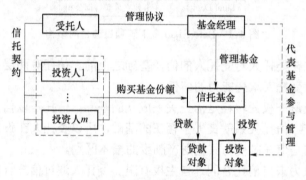

图 4-3　信托基金投资结构

根据信托投资机构是否参与经营，股权投资信托还可分为：股权式投资（参与经营管理）和契约式投资（不参与经营管理）。在股权式投资中，信托投资机构委派代表参与对投资项目的领导和经营管理，并以投资比例作为分取利润或承担亏损责任的依据；在契约式投资中，信托投资机构仅作资金投入，不参与经营管理，投资后按商定的固定比例，在一定年限内分取投资收益，到期后或继续投资，或出让股权并收回所投资金。

国外有不少利用信托基金来筹集部分资金的例子。例如，澳大利亚第一国民管理公司[①]利用信托基金为澳大利亚波特兰铝厂项目筹集 10% 的项目资金。国内也有不少利用信托基金来筹集部分资金的例子。例如，平安信托有限责任公司（以下简称平安信托）推出青红（山东青岛—新疆红其拉甫）高速公路冀鲁界至邯郸段项目贷款集合资金信托计划，该信托基金属于贷款信托，所募集的资金以贷款的方式贷给项目主办人——邯郸市青红高速公路管理处，基金规模为 2 亿元，信托期限为 2 年。另一个例子是苏州信托有限公司推出苏州绕城高速公路有限公司股权投资项目集合资金信托计划，该信托基金属于指定投资对象的股权投资信托，基金规模为 5 亿元，占苏州绕城高速公路有限公司资本金的 28%。

信托基金投资具有下列特点：① 集合投资；② 专家管理，专家操作；③ 组合投资，分散风险；④ 资产经营与资产保管相分离；⑤ 利益共享，风险共担；⑥ 以纯粹的投资为目的；⑦ 流动性强。

---

① 澳大利亚国民银行的分支机构，主要从事项目投资咨询、基金管理、项目融资等业务。

5. 契约型组织

契约型组织是参与人（如项目主办人）之间为完成某项任务（如项目）通过契约而建立的一种合作关系（不成立公司），用合同来约定各方的权利和责任义务，它不是一个独立的法律实体，因此一般不作为特殊目的载体。下面以 Murrin Murrin 镍钴矿项目为例进一步说明。

Murrin Murrin 镍钴矿项目位于澳大利亚西部，Murrin Murrin 镍控股私人有限公司与 Glenmurrin 私人有限公司共同投资，采用非公司型合伙契约方式开发。Murrin Murrin 镍控股私人有限公司提供 8 000 万美元的股本资金，发行 144A 证券筹集 3.4 亿美元的债务资金，共计投资 5 亿美元；Glenmurrin 私人有限公司提供 1.6 亿美元的股本资金，发行 144A 证券筹集 3 亿美元的债务资金，共计投资 4.6 亿美元。由于是非公司型投资结构，为便于管理组成了一个管理委员会；Murrin Murrin 镍控股私人有限公司的子公司 Murrin Murrin 运营私人有限公司在管理委员会的框架下负责项目的建设和运营管理；Glencore 国际公司被指定为独家代理，负责产品销售，期限为 15 年，佣金为 2.5%；Fluor Daniel 私人有限公司（澳大利亚）获得项目的 EPC 合同，负责项目设计施工；Fluor Daniel 有限公司为 EPC 合同提供担保，并为投产使用前的运行提供技术服务；加拿大 Sherritt Gordon 公司为项目运行和人员培训提供技术服务，采取利润提成方式，但每年不超过 200 万美元。Murrin Murrin 项目的合同结构如图 4-4 所示。

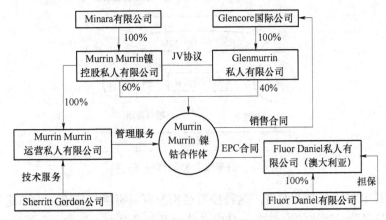

图 4-4　Murrin Murrin 项目的合同结构

契约型组织具有下列特征。

（1）契约型组织不具备独立法人资格。在契约型组织中，权利和责任义务都归参与人所有，每一个参与人直接拥有契约型组织资产的一部分，并且参与人之间没有任何连带责任或共同责任。

（2）契约型组织没有固定的模式。与公司型和合伙制结构不同，迄今为止没有专门的法律来规范契约型组织的组成和行为，这就为投资者提供了较大的灵活性，可按照投资战略、财务、融资、产品分配和现金流量控制等方面的目标要求设计组织结构和合资/合作协议，提高了管理的灵活性。

（3）契约型组织本身不必缴纳所得税，参与人在契约型组织中的投资活动和经营活动都将全部地、直接地反映在参与人自身公司的财务报表中，其税务安排也将由每一个参与人独立完成。

由于契约型组织具有上述特点，在项目融资中契约型组织可用于项目管理和投资，但是不能用于向银行和金融机构借贷。采用契约型投资结构时，一般是由根据联合经营协议（joint operating agreements）成立的项目管理委员会（operating committee，简称管理委员会或委员会）进行项目管理。该委员会按项目主办人的投资比例派代表组成，重大决策由项目管理委员会作决定；日常管理则由项目管理委员会指定的项目经理负责（项目经理可以由其中一个投资者担任，也可以由一个合资的项目管理公司担任，还可以由一个独立的项目管理公司担任）。项目所需要的资金通过建立"资金支付系统"进行管理，由各个项目主办人分别出资开立一个共同的账户（信托账户），根据预算，按项目主办人的出资比例为下一期的费用注入相应的资金。资金来源取决于项目主办人的融资安排，可以是自有资金或者贷款，通常是二者的组合，其中贷款由项目主办人自行安排。有关项目管理委员会的组成、决策方式与程序，以及项目经理的任命、责任、权利和义务等，在合资协议或者单独的管理协议中作出明确规定。图4–5为最基本的契约型投资结构。

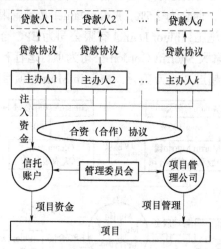

图4–5　最基本的契约型投资结构

很明显，对于项目主办人而言，这种投资结构没有隔离项目风险。为了避免项目主办人承担过多的项目风险，解决的办法之一是成立单一目的子公司（简称子公司），通过子公司参与合作，项目风险到子公司为止，从而实现了"风险隔离"。此外，部分项目主办人还可能合资成立单一目的有限责任公司，通过该公司参与合作。与合伙制不同，参与人之间是合作关系，任何参与人都不能代表其他参与人，对其他参与人的债务或民事责任也不负共同和连带责任。

由此可见，契约型投资结构具有下列优点：① 投资者只承担与其投资比例相应的责任，不承担连带责任和共同责任；② 可利用项目税务亏损的好处；③ 融资安排灵活，各投资者可以按照自身的发展战略和财务状况来安排项目融资；④ 可在合同法律法规的规范下，按照投资者的目标通过合资协议安排投资结构。

但契约型投资结构也存在一些缺点：① 结构设计存在一定的不确定性因素，契约型投资结构在一些方面的特点与合伙制结构类似，因而在结构设计上要注意防止其被认为是合伙制结构而不是契约型投资结构；② 投资转让程序比较复杂，交易成本较高。与股份转让或其他资产形式转让（如信托基金中的信托单位）相比，程序比较复杂，与此相关联的费用也比较高，对直接拥有资产的精确定义也相对比较复杂；③ 缺乏现成的法律规范管理行为，投资者权益要依赖合资协议来保护，因而必须在合资协议中对所有的决策和管理程序按照问题的重要性清楚地加以规定。对于投资比例较小的投资者，特别要注意保护其在契约型投资结构中的利益和权利，要保证这些投资者在重大问题上的发言权和决策权。

4.1.3 经济实体的特点比较

对于项目主办人而言，不同的经济实体（或称实体组织，简称实体）具有不同的特征。

（1）法律地位不同，无论是有限责任公司还是股份有限公司（以下统称公司型实体）都具有独立法人资格，而合伙制和契约型组织不具有法人资格，信托机构的法律地位取决于受托人本身的法律地位。

（2）资产拥有形式不同，在公司型实体中，投资人拥有公司，公司拥有资产，投资人不直接拥有资产；在合伙制和契约型组织中，资产归合伙人和参与人所有；在信托的情况下，财产权转移给受托人。

（3）责任主体和责任范围不同，在公司型实体中，公司法人负责经营管理，并承担经营、债务及其他经济责任和民事责任，投资人对公司的债务责任仅限于已投入和承诺投入的资本；在合伙制中，普通合伙人负责合伙制的组织和经营管理，对于合伙制的经营、债务及其他经济责任和民事责任负有共同和连带的无限责任，而有限合伙人不参与合伙制的日常管理，对合伙制的债务责任仅限于已投入和承诺投入的资本；在契约型组织中，投资人行使契约规定的权力，并承担契约规定的责任；在信托机构中，委托人授权，受托人行使授权范围内的权力，并承担相应的责任。

（4）对经济实体的资金控制程度不同，公司型实体由公司自身控制，合伙制由合伙人共同控制，契约型组织由参与人控制，信托机构由受托人控制。

（5）税务安排不同，公司型实体独立缴纳所得税，税务亏损只有公司本身才可以利用；合伙制和契约型组织的税务安排由每一个合伙人和参与人分别独立完成，因而可以利用税务亏损；采用信托形式时，税务安排限定在信托机构内部。

（6）对投资转让的限制不同，在有限责任公司中，股权证书不能自由流通，必须在其他股东同意的条件下才能转让，且要优先转让给有限责任公司原有股东；在股份有限公司中，股票自由流通，转让非常容易；在合伙制和契约型组织中，是加入或退出的问题，而不是投资转让的问题。不同经济实体的特点比较如表4-1所示。

表4-1 不同经济实体的特点比较

特点	有限责任公司/股份有限公司	普通/有限合伙制	信托机构	契约型组织
法律地位	独立法人	不具有法人资格	与受托人法律地位相同	不具有法人资格
资产拥有	投资人间接拥有	合伙人直接拥有	转移给受托人	参与人直接拥有
责任主体	公司法人	合伙人	委托人和受托人	参与人
责任范围	有限	无限（有限）*	委托范围内	有限
资金控制	由公司控制	由合伙人共同控制	由受托人控制	由参与人控制
税务安排	限制在公司内部	与合伙人的收入合并	限制在信托机构内部	与参与人的收入合并
投资转让	可以转让	加入或退出	不存在转让	加入或退出

*注：普通合伙人责任无限，有限合伙人责任有限。

对项目主办人而言，不同类型的经济实体具有不同的风险承担。在实践中，许多项目主办人为了减少在项目中的风险，不管采用何种经济实体，都不直接参与项目投资开发，而是采用多层级结构，即先设立一个单一目的全资子公司，然后通过该子公司与其他项目主办人一起参与项目开发。有时设立一系列的子公司（由子公司再设立子公司），由最低一级子公司参与项目开发，例如，在新南威尔士州学校项目中，Babcock & Brown 公司成立了 5 级子公司。有时，部分项目主办人先合资成立公司，由该公司或该公司的子公司参与项目开发。采用单一项目子公司形式参与项目，能为项目主办人提供下列好处：一是容易划清项目的债务责任；二是该项目融资也有可能被安排成为资产负债表外融资。但是，因各国税法对公司之间税务合并有严格的规定，有可能使税务结构安排上的灵活性相对差些，并有可能影响到公司经营成本的合理控制。为了方便叙述，本书中把这类子公司等同于其母公司，将其看作项目主办人。

4.2　项目投资结构设计

项目投资结构（以下简称投资结构）设计指在项目所在国的法律、法规、会计制度、税务制度等外在客观因素的制约条件下，寻求一种能够最大限度实现各种投资者投资目标的项目资产所有权结构。

4.2.1　投资结构的构成

在项目融资中，项目主办人常常超过 2 人，即使项目主办人只有 1 人，如果项目主办人不能或不愿意自己管理项目，则项目还需要一个组织机构（被称为管理主体）来进行项目的计划、组织、实施和控制。为了分担风险，一般还要求项目主办人投入一定比例的股本资金，从而也担当投资人的角色。作为投资人，其股本资金可以直接投入项目，但通常是通过某种形式的实体组织（被称为投资主体或投资载体）向项目投资，而项目主办人之外的投资人只能通过投资主体向项目投资；债权人把贷款（债务资金）借给借款人（被称为融资主体），由融资主体向项目投入资金。由此可见，投资结构包括 3 个主体：管理主体代替项目主办人进行项目执行和控制；投资主体接受投资人的投资，是投资人与项目（收益和风险）之间的纽带；融资主体向债权人借款并负责偿还贷款，是债权人与项目（收益和风险）之间的纽带。三个主体有机结合起来形成一个整体为项目服务，如图 4-6 所示。

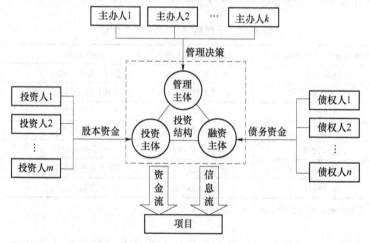

图 4-6　投资结构的构成

由于不同的实体组织有不同的性质，因此其在投资结构中所能承担的角色有所不同。公司型实体可同时或分别承担管理主体、投资主体和融资主体3种角色，但并不是每种类型的经济实体都能承担这三种角色。例如，在合伙制中，普通合伙人的财产与合伙制经济实体的财产没有分离，财产界限不清，在进行债务追索时，项目主办人的资产将受到影响。根据项目融资的定义，偿还债务的资金来源只限于获得贷款的经济实体（借款人）所拥有的资产和现金流及收益，因此普通合伙制不适合担当融资主体，但是在有限合伙制中可以利用有限合伙人的有限责任来吸纳投资人的资金。契约型组织本身不具有法人资格，不能签订贷款协议，因此也不能担当融资主体。

一个实体组织可以同时承担多重角色，一个角色也可以由多个实体组织共同承担，因此投资结构设计就是确定承担投资主体、融资主体和管理主体的实体组织的个数及其类型，即投资结构设计涉及两个关键问题：一是确定投资结构中实体组织的个数，二是选择实体组织的类型。其中，投资结构中实体组织的个数是关键。根据实体组织的个数，投资结构可分为单实体投资结构、双实体投资结构和多实体投资结构。选择哪一种投资结构，取决于具体的项目情况。

4.2.2 单实体投资结构

在单实体投资结构中，一个经济实体同时负责项目管理、资金贷款和吸纳股本资金的工作，即管理主体、投资主体和融资主体三者合一由同一个经济实体来承担，如图4-7所示。

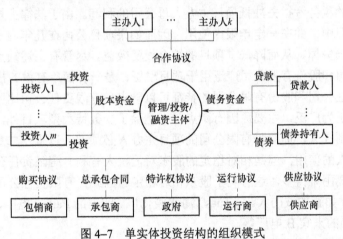

图4-7 单实体投资结构的组织模式

在这种投资结构中，由单一的经济实体负责包括管理、投资和融资在内的所有开发工作，因而对该经济实体的类型要求比较高。在常见的经济实体类型中，公司型经济实体（如有限责任公司和股份有限公司）能够同时担当管理主体、投资主体和融资主体三重角色，其他类型的经济实体，或因为难以实现有限追索权或无追索权贷款，或因为不能承担融资主体的角色，而难以胜任。信托机构理论上可以承担管理角色，如委托专业项目管理公司进行项目管理，但实践中，一方面项目主办人通常是项目设计施工和运行方面技术力量雄厚、经验丰富的公司，想自己承担项目的设计施工和运行工作，另一方面，虽然项目融资是以项目资产和预期收益为基础的，但是债权人还是希望项目主办人是技术力量雄厚、经验丰富的公司；因此，还没有出现所有的项目主办人均为单纯的投资人，也没有把项目管理工作委托给信托机构的必要。

这种投资结构具有许多优点，当采用公司型经济实体时，其优点更为突出。① 经营管理权集中，有利于项目的管理和协调。项目公司是独立于项目主办人和投资者的法律实体，即公司法人。由项目公司对外签订协议合同，管理项目公司的各种资源，因而权责清晰明确，避免混乱，有利于项目的管理和协调。② 融资安排比较容易。从贷款人的角度，项目公司作为一个独立的法人拥有对项目资产和权益全部处置权，而不是把项目资产和权益分散在各个项目主办人手中，因而公司型结构便于其在项目资产上设定抵押担保权益，从而较容易取得银行的项目贷款。这是因为银行可以通过取得项目资产的抵押权和担保权，来降低借款人的违约风险。此外，利用公司型经济实体的特点，采用公司型单实体投资结构使项目主办人获得下列优点。① 项目主办人承担有限责任，可实现有限追索权或无追索权融资。由于项目公司是独立于投资者的法律实体，项目主办人的责任仅限于其对项目公司投入的股本资金，这就是所谓的"风险隔离"。项目公司承担融资风险和经营风险。此外，股东之间不存在任何的信托、担保或连带责任，这使得项目主办人的风险大大降低。这是公司型单实体投资结构被广泛使用的主要原因之一。② 可以安排资产负债表外的融资结构。根据一些国家的会计制度，成立项目公司进行融资可以避免将有限追索权融资安排作为债务列入项目主办人自身的资产负债表上，实现非公司负债型融资安排，从而降低项目主办人的债务比率。

但是，公司型单实体投资结构也存在缺点：一是投资者对项目的现金流量缺乏直接的控制；二是财务会计处理独立，项目开发前期的税务亏损或优惠只能保留在公司中，投资者不能利用项目公司的税务亏损去冲抵项目主办人母公司的利润。由于法律上规定税务亏损或优惠只能保留在公司中，并在一定年限内使用，因而如果项目公司在几年内不盈利，税务亏损的好处就会完全损失掉，从而降低了项目的综合投资效益。尽管有上述缺点，但由于优点突出，有限责任公司和股份有限公司广泛用于项目融资，是一种简单有效的投资结构。

对比有限责任公司和股份有限公司的特征可以看出，有限责任公司比股份有限公司在项目融资中的应用更为广泛，主要原因有两点：一是除了少数特大型项目外，大多数项目的项目主办人一般不到5人，而股份有限公司的项目主办人必须5人以上；二是虽然项目融资不依赖于项目主办人的信用，但是相对稳定的股东对债权人有利。有限责任公司中股份的转让比股份有限公司要困难得多，这有利于股东相对稳定。因此，有限责任公司型单实体投资结构应用最为广泛，如新加坡的大士（Tuas）海水淡化厂、印尼的 Paiton 电厂、巴基斯坦的 Hub River 电厂、中国的来宾 B 电厂等。

项目开发的早期，项目公司常常处于亏损状态。为了利用项目的税务亏损（以亏损减抵收益后纳税）或优惠来提高项目主办人的综合经济效益，可以通过改变投资结构设计，使得税务亏损的好处被利用起来。方法之一是在项目公司中作出某种安排，使得其中一个或几个项目主办人可以充分利用项目投资前期的税务亏损或优惠，同时又将其所取得的部分收益以某种形式与其他项目主办人分享，下面以一个简单的例子作进一步说明。

项目主办人 A 需要某产品，但是没有相关的技术和运行经验；项目主办人 B 具有相关的技术和运行经验。项目主办人 A 的资产负债表中的负债比例较高，没有太多的利润盈余；项目主办人 B 有大量的利润盈余，上缴大量的所得税。如果利用项目的税务亏损来冲抵项目主办人 B 的利润盈余，就可以减少上缴的所得税，为此项目主办人 A 和 B 协商作如下安排：由项目主办人 B 出资成立项目公司（100%控股），项目主办人 A 向项目公司提供贷款或购买项目公司的债券（可转换债券），为项目公司提供大部分资金。项目公司与项目主办人 B 签订运行维护合同，与项目主办人 A 签订购买协议。因为项目早期处于亏损状态，项目主办人 B 通过合并项目公司的资产负债表与自己的资产负债表，冲抵了部分利润盈余，从而减少了上缴的所得税；项目主办人 A 可以在购买协议中要求某些优惠，分享项目主办人 B 所获得的税务亏损的好处。由某一项目主办人获取税务亏损好处的合资结构如图 4-8 所示。在这种安排中，项目主办人 A 具有主办人和债权人的双重角色，而项目主办人 B 具有主办人和投资人的双重角色。虽然这种安排提高了项目主办人的综合经济效益，但是对于项目主办人 B 来说，这种安排无法实现资产负债表外融资。此外，这种安排有其局限性，因为它要求项目主办人 B 具有大量的利润盈余，否则没有什么意义。

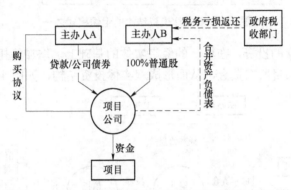

图 4-8　由某一项目主办人获取税务亏损好处的合资结构

4.2.3　双实体投资结构

在双实体投资结构中，管理主体、投资主体和融资主体的角色由两个经济实体来承担，具体的投资结构取决于两个经济实体的角色分工。理论上，3 个角色由两个经济实体承担可产生多种组合：如果一个经济实体同时承担两个角色，另一个经济实体承担剩下的一个角色，则产生 3 种组合；如果一个经济实体同时承担三个角色，另一个经济实体分担其中的一个角色（在单实体投资结构的基础上增加一个经济实体分担三个角色中的某一角色的工作），则也产生 3 种组合；如果每个经济实体各承担一个角色，剩下的一个角色由两个经济实体共同承担，则也产生 3 种组合。上述组合构成潜在的投资结构模式，但是在实践中并不是每种模式都具有相同的应用价值。下面介绍几个应用例子。

在双实体投资结构中，两个经济实体的形式取决于项目的特征和设立双实体的目的。通常是有限责任公司的形式用于项目管理和投资，再设立一个特殊目的载体负责筹集资金，从而实现风险隔离。该特殊目的载体可以是信托基金的形式，也可以是有限责任公司、合伙制或其他形式的经济实体。例如，为了把融资工作与项目的其他工作分离，在投资结构中，一个经济实体用于接收项目主办人的投资和负责项目管理（承担投资主体和管理主体的角色），另一个用于筹集项目资金（承担融资主体的角色），筹集资金的经济实体把筹集的资金转贷给负责项目管理的经济实体，从而形成一个双实体投资结构，如图 4-9 所示。

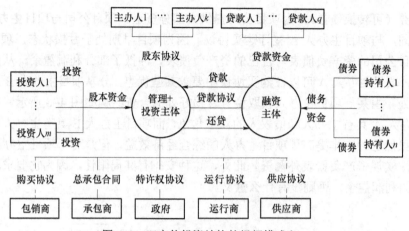

图 4-9 双实体投资结构的组织模式之一

为了吸纳社会大众的投资，在单一的经济实体的基础上，增加信托基金，由信托基金发行基金份额筹集部分项目所需资金，从而形成双实体投资结构，如图 4-10 所示。

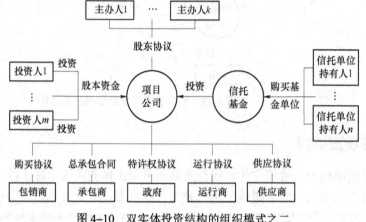

图 4-10 双实体投资结构的组织模式之二

"项目公司+信托基金"的双实体投资结构已经得到了应用。下面以澳大利亚 Hills M2 高速公路的投资结构为例，探讨该双实体投资结构的应用情况。

澳大利亚 Hills M2 高速公路设计为 4 车道，长 21 km，连接悉尼的西北地区和北部海滨，总造价为 6.44 亿澳元，已于 1997 年 5 月开通，现已成为悉尼公路网络的关键部分，特许期到 2042 年结束。

在澳大利亚 Hills M2 高速公路开发过程中，作为最主要的项目主办人，Abigroup 有限公司设立 Hills 高速公路有限公司，由该公司负责整个项目的管理工作。为了扩大资金来源，吸收基金和发行债券，专门成立 Hills 高速公路信托基金进行筹资。此外，Abigroup 有限公司与 Transroute 国际公司合资成立 Tollaust 私人有限公司，负责项目的运营维护。通过 Hills 高速公路信托基金发行两期与物价指数挂钩的债券：第一期 1 亿澳元于 1994 年 12 月发行，期限为 27 年；第二期 1 亿澳元于 1996 年 6 月发行，期限为 25.5 年。此外，银行贷款 1.2 亿澳元。总共 3.2 亿澳元都贷给 Hills 高速公路有限公司用于公路建设，在项目完工时，项目主办人提供 3 000 万澳元的股本资金。Hills 高速公路有限公司通过 EPC 合同，把公路设计施工包给 Abigroup

有限公司与 Obayashi 公司组成的设计施工联合体，通过运营维护合同把公路的运营维护包给 Tollaust 私人有限公司。澳大利亚 Hills M2 高速公路项目的组织结构如图 4-11 所示。

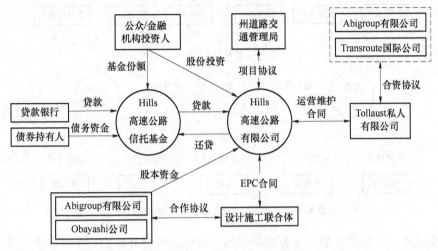

图 4-11　澳大利亚 Hills M2 高速公路项目的组织结构

这种安排可以使项目公司避免与众多的不同投资人和贷款人直接打交道，从而可以专心致力于项目管理工作。但是，这种双实体投资结构存在一个缺陷：如果筹资实体贷款给项目管理实体而没有保障措施的话，存在还贷的风险。在澳大利亚 Hills M2 高速公路项目中，由于没有任何保障措施，这种"筹资基金-管理公司"结构掩盖了大众投资人遭受损失的可能性。因此，当"筹资基金"和"管理公司"分别是独立的经济实体时，两个经济实体必须在董事会层次进行有效控制。

双实体投资结构还可以用于其他目的。例如，为了利用项目早期的税务亏损，寻找一家有大量盈利的公司（作为项目主办人之一或独立的第三方），由该公司成立一家控股租赁公司，由租赁公司提供（采购或建造）项目的部分设备（或设施），租赁公司可以获得项目亏损带来的税务亏损的好处，租赁公司通过降低租金的方式与项目公司分享税务亏损的好处，如图 4-12 所示。

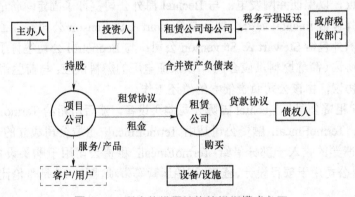

图 4-12　双实体投资结构的组织模式之三

4.2.4　多实体投资结构

在三实体投资结构中，采用三个经济实体分别承担管理主体、投资主体和融资主体的角色。理论上，管理主体、投资主体和融资主体的角色分别由三个不同的经济实体来承担，如图 4-13 所示。

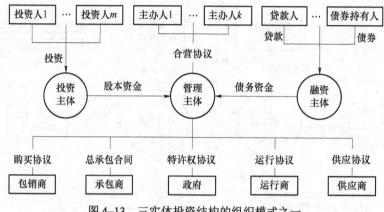

图 4-13　三实体投资结构的组织模式之一

但在实践中，经济实体的角色分配更灵活，有些角色合并后由一个经济实体来承担，而有的角色分解后由多个经济实体来承担，具有很大的弹性空间。例如，成立三个经济实体：一个用于筹集项目资金，一个用于租赁，一个用于项目管理；筹集项目资金的经济实体把筹集的项目资金转贷给租赁公司和负责项目管理的经济实体。哥伦比亚 TermoEmcali 电厂就是一个例子。

哥伦比亚 TermoEmcali 电厂是一座 23.38 万 kW 的燃气电厂，是按照美国证券管理 144A 规则，以商业贷款承诺为支持，通过私募（不公开发行，只向有限数量的投资机构发行债券）方式筹集资金。项目主办人主要为 Empresas Municipales de Cali 公司（简称 Emcali 公司，是哥伦比亚 Cali 市的公用事业公司），Bechtel 企业集团（一家美国企业），Corporacion Financiaera de Pacifico SA 公司（简称 CFP 公司）和五月花控股公司。为实施该项目成立了 3 个公司 TermoEmcali 项目公司、TermoEmcali 租赁公司和 TermoEmcali 融资公司。

TermoEmcali 项目公司负责项目管理和部分融资工作。TermoEmcali 项目公司与 Emcali 公司签订了购电协议，以保证并网发电；与 Bechtel 海外公司签订了固定总价的 EPC 合同，把电厂的设计施工外包给 Bechtel 海外公司；与 Stewart & Stevenson 公司签订了运行维护协议，把电厂的运行维护外包给 Stewart & Stevenson 公司；与 Ecopetrol 公司签订了为期 16 年的天然气供应和运输协议（简称燃料供应合同），以保证电厂的燃料供应；与荷兰银行信托公司（美国）签订了贷款协议，由该公司负责债券的偿还工作。

TermoEmcali 租赁公司从 Bechtel 国际公司购买设备，然后出租给 TermoEmcali 项目公司以获取租金收入；TermoEmcali 融资公司是由 TermoEmcali 租赁公司成立的专门用于发行债券的公司，发行债券的收入一部分借给 TermoEmcali 租赁公司用于购买设备，一部分借给 TermoEmcali 项目公司用于项目设计、施工、初始运营等事项。图 4-14 是哥伦比亚 TermoEmcali 电厂的组织结构。

这种安排可以使项目公司避免与众多的不同投资人和贷款人直接打交道，从而可以专心致力于项目管理工作；同时，租赁安排可以使项目租赁公司获得税收上的好处，还有利于项目实施工作专业化；项目公司是核心，全面负责项目施工和运营等管理工作。但是，这种结构使管理复杂化。

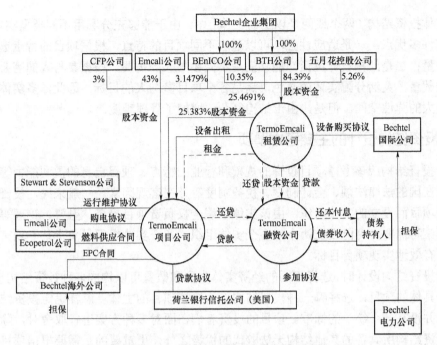

图 4-14 哥伦比亚 TermoEmcali 电厂的组织结构

在项目融资中,为了保障债权人的利益,引入信托机构,从而产生多实体投资结构。例如,在杠杆融资租赁中,若干项目主办人(也是投资人)共同设立一个项目公司,并分别与项目公司签订购买合同;为了实现杠杆融资租赁,项目主办人共同签订信托协议,把资产持有权委托给资产受托人(出租人);然后,资产受托人以自己的名义与项目公司签订租赁协议,与债权人签订贷款协议,与建造商(设备或施工)签订建设合同;为了债权人的利益,把所有权益转移给契约信托人(资金管理),资金管理也委托给契约信托人,即所有的资金先都交给契约信托人,由契约信托人按照预先规定的支付顺序分配。从图 4-15 可看出信托机构在杠杆融资租赁中的应用。

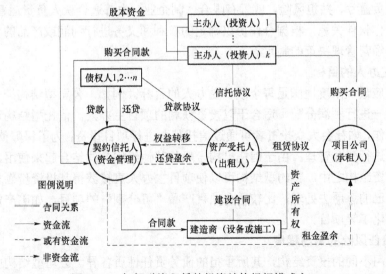

图 4-15 杠杆融资租赁的投资结构组织模式之一

多实体投资结构（两个或两个以上的实体）中，由于能够充分利用不同类型实体的特点，因而具有许多优点：一是适应性强，可以适应不同项目的特点，根据项目的特点选择实体的类型和数量；二是结构设计灵活，能够满足不同参与人的需要，根据参与人的需要选择实体的类型和数量，灵活分配实体的角色，满足各个项目参与人的目标。因此，多实体投资结构提供了更大的弹性空间。但是，由于结构复杂，增加了管理难度。

4.2.5 投资结构设计的主要考虑事项

设计投资结构应该考虑项目投资的规模和行业的特点、项目自身的盈利能力等因素，以及项目所在国的法律法规、会计制度、税务制度等外在客观因素。一般来说，投资结构是一个专门为项目而设立的实体组织，由该实体组织全权负责项目投资、融资、管理等工作；有时，因为某种需要，可能设立两个或多个实体组织，各个实体组织只负责某专项工作，以便最经济、有效地实现项目目标。

进行投资结构设计时，选择不同的经济实体类型和数量可以构成多种投资结构设计方案。针对一个具体的项目，选择哪一种投资结构作为实施项目的主体、怎样确定投资结构才能实现最优化并没有一个统一的标准。项目的投资者们在面对多种方案进行取舍时，除了需要考虑一种投资结构所具备的其他结构无法取代的优势之外，更重要的是需要根据项目的特点和合资各方的发展战略、利益追求、融资方式、资金来源及其他限制条件，对选定的基础方案加以修正或重新设计，以满足各方投资目标的要求，寻求一种最大限度实现风险与收益之间的平衡（这里"收益"主要指从税务安排中获得收益和会计处理方面获得好处）。影响投资结构设计的主要因素如下。

1. 项目的特点

项目的特点会影响投资结构设计。例如，当项目包含有相对独立的设备或设施时，可通过增加"租赁公司"实体组织，进行融资租赁。当项目产品具有"可分割"性时，可采用契约型实体组织，使项目主办人按投资比例获得相应份额的项目产品。当项目规模巨大而需要多家企业参与实施时，这些企业有两种选择：一是合资（合营），成立项目公司，共同出资、共同经营、共负盈亏、共担风险，或者有限合伙制企业，由普通合伙人负责运营；二是合作，建立契约型合作伙伴关系，根据合作协议确定的权利和义务进行利润或产品的分配、风险和亏损的分担、经营管理决策的制定等。

2. 项目主办人的目标

投资结构应最大限度地满足每个项目主办人的目标。例如，公司型结构统一管理，统一销售产品，统一进行利润分配，适合于以投资获利的项目主办人。信托型结构可以使投资者免于具体的工作，如社会大众投资者可通过信托基金进行项目投资；为了保障债权人的利益，设立信托账户进行资金管理；由于信托机构一般与其他组织实体结合起来使用，所以一般出现在多实体投资结构之中。契约型结构可以使项目主办人直接获得其投资份额相对应的项目产品并按照自己的意愿去处理，比较适合项目产品"可分割"的项目，如矿产资源开发、产品加工、石油化工等项目。

3. 债务责任风险的隔离程度

投资者采用不同的投资结构，其所承担的债务责任性质各异。公司型结构中，债务责任主要被限制在项目公司中，投资者的风险只包括已投入的股本资金及一些承诺的债务责任。

非公司型结构中，投资者以直接拥有的项目资产安排融资，其债务责任是直接的。

4. 税务效益

在项目融资中，税务效益指投资者和其他参与者利用投资结构的纳税要求不同而获得的税务收益或税务损失。各国税法千差万别，税务安排也就不尽相同。公司型结构中，税务亏损能否合并或用来冲抵往年的亏损，不同的国家规定不同。例如，在我国项目公司属于税法意义下的居民企业，应依据《中华人民共和国企业所得税法》缴纳企业所得税；企业每一纳税年度的收入总额，减除不征税收入、免税收入、各项扣除及允许弥补的以前年度亏损后的余额，为应纳税所得额，税率为25%。对于自然人从项目公司取得的股权性投资收益还应缴纳个人所得税，但对于企业投资者从项目公司取得的股权性投资收益免征企业所得税。合伙制结构中，根据《中华人民共和国合伙企业法》第一章第六条，合伙企业的生产经营所得和其他所得，按照国家有关税收规定，由合伙人分别缴纳所得税。非公司型结构的资产归投资者直接拥有，项目产品也是由其直接拥有，纳税主体为各个项目主办人。信托型结构中，受托人只是形式上拥有项目权益，并非实质上的权益享有人，不具有纳税能力。因此，信托本身不需要缴纳所得税，但实际受益人则需要缴纳所得税，从而避免了双重征税的发生。此外，当项目为跨国项目（如英法海底隧道项目）时，如果成立有限责任公司或股份有限公司，则可能出现公司注册地的争夺问题，但是采用合伙制结构就可以避免这一问题。

5. 会计处理

不同的投资结构会计处理上有所不同。契约型结构无论投资比例大小，该项投资全部资产负债和经营损益情况都必须在投资者自身的公司财务报表中全面反映出来。公司型结构中的项目投资及负债是否与项目主办人的资产负债表和经营损益表合并主要取决于在投资结构中控股比例。英美法律规定：① 在一个公司的持股比例如果超过50%，那么该公司的资产负债表需要全面合并到该投资者自身公司的财务报表中；② 持股比例如果为20%~50%，那么需要在投资者自身公司的财务报表中按投资比例反映出该公司的实际盈亏情况；③ 持股比例如果少于20%，只需在自身公司的财务报表中反映出实际投资成本，无须反映任何被投资公司的财务状况。

这里引入一个新概念——资产负债表外实体。如果一个实体的资产或债务不出现在其母公司的资产负债表，则称该实体为资产负债表外实体（off-balance sheet entities），简称表外实体。当表外实体的债务超过资产时，表外实体可能粉饰母公司的业绩，使母公司看起来比实际财务状况更为安全。

6. 项目资金的来源

项目资金的来源影响投资结构的设计。如果要吸纳社会大众的投资，可以采用股份有限公司，公开发行股票；也可以利用信托基金，出售基金份额。如果基金愿意以入股方式投资项目，但不愿意参与管理，则可以采用有限合伙制，基金以有限合伙人的方式投资项目。如果项目主办人具有项目所需的资源，但缺少资金，则可以采用契约型结构，利用各自的优势进行合作。

7. 项目管理的决策方式与程序

项目管理的关键是建立一个有效的决策机制。不同的投资结构，其决策方式与程序不同：公司型结构由公司董事会负责重大决策，经理负责日常经营；契约型结构由设立的管理委员会负责重大决策，管理公司负责日常经营。无论采取哪种投资结构，参与人都需要按照各种决策问题的重要性序列，通过相关协议将决策程序准确地规定下来。

总之，投资结构的选择取决于多种因素。一般来说，大多数项目可以通过单实体投资结构进行开发，实体组织的类型主要是公司型结构；为了保障债权人的利益，常常在单实体投资结构的基础上设立信托账户进行资金管理，从而形成双实体投资结构；有些项目情况复杂，需要采用多实体投资结构，而且多数是不同类型的实体配合使用。

思考题

1. 用于投资结构的经济实体有哪几种类型？各有哪些特点？
2. 投资结构有哪几种组织形式？各有哪些优缺点？
3. 进行投资结构设计时需要考虑的主要问题有哪些？

第 5 章

项目资信结构

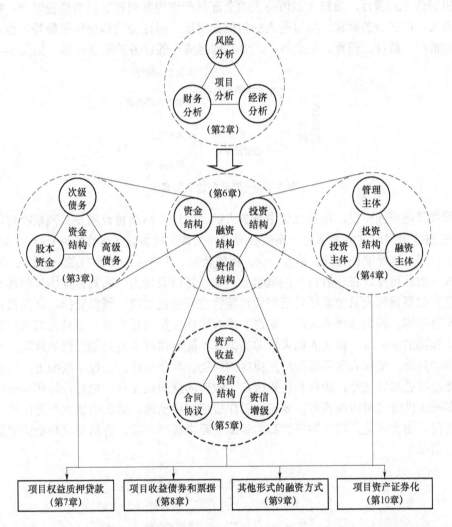

狭义上讲,资信(信用)指还本付息的能力;广义上讲,资信(信用)指资金和信誉,即履行经济责任的能力及其可信任程度。在项目融资中,项目资信结构(简称资信结构)指在融资结构中法律的、合同的和其他机制为债权人提供的权利和保护,即债权受偿保障结构。从债权人的角度来看,债权风险指债权实现所存在的不确定性。任何债权人都非常关心自己的资金安全,资信结构不同,其贷款的安全程度也不同,因而资信结构是项目融资中最为关键的部分。债务人要想从债权人那里获得融资就要让债权人对债权保障措施满意。如果债权

人对项目资信不满意，达不到所需的信用等级，则需要增加资信等级，或者重新设计投资结构、资金结构和资信结构。由于债权人不能自主决定债权所体现的利益目的，债权的实现主要依赖于债务人履行偿还债务的行为，而债务人履行偿还债务的行为受自身的资信状况和外部环境的影响。因此，需要详细分析资信结构。

5.1　项目资信构成

在民法理论上，债权可以由一般担保和特别担保一起作保障。一般担保指债务人以其全部财产担保债务的履行，债权人以债务人的全部财产作为其债权受偿的责任财产；特别担保是对债务人一般担保的附加，可以是人的担保如保证、保证保险和信用保险等，也可以是物的担保如抵押、质押、留置、定金等；二者共同组成一般债务的资信基础，如图5-1所示。

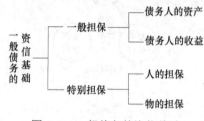

图5-1　一般债务的资信基础

根据项目融资的定义，项目融资中债务人的"财产"指项目设施及其预期收益，而这些"财产"在进行融资时常常表现为一系列合同协议如特许权协议（或称特许合同）、股东协议、设计施工合同、运行维护合同、销售合同、租赁合同、供应合同等的权益，"财产"不存在或还未形成。由此可见，在一般担保的概念上，项目资信表现为一系列合同协议和逐步实现的资产收益。如果债权人只依靠项目资产和预期收益或权益实现其债权受偿，则其债权受偿没有获得充分保障，因为当债务人的"财产"没有实现（如项目失败）或只是部分实现（如项目收益比预期的少）时，债权人则直接面临债权不能受偿或不能足额受偿的风险。为了减少债权受偿的风险，债权人需要借助特别担保的帮助。即使如此，在技术层面上，还需要其他的资信增级措施加以支持，如资金托管账户、政府的意向性支持、项目保险和其他措施。特别担保和技术性资信增级措施可以笼统地看作资信增级措施，即在项目本身资信的基础上增加它的资信。由此可见，项目融资的资信基础主要由资产收益、合同协议和资信增级组成，如图5-2所示。

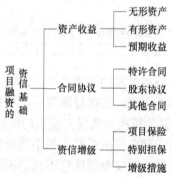

图5-2　项目融资的资信基础

5.1.1 项目资产和项目收益

根据项目融资的定义，项目的资产和预期收益或权益被用作债务的抵质押品，因此项目资产和项目收益是贷款或项目收益债券和票据的资信基础。如果一个项目具有高价值的资产（特别是易于出售的资产），则债权人的债权受偿保障程度就高；如果一个项目具有可靠的现金收益，则其还贷付息的可靠性就高。因此，项目资产的特点和项目收益的特点决定了项目资信的特点。

1. 项目资产的特点

项目资产按资产存在形态可分为有形资产和无形资产。有形资产指具有价值形态和实物形态的资产，包括固定资产、流动资产和资源性资产；无形资产指不具备实物形态，却能在一定时期里提供收益的资产，包括知识产权、工业产权和金融性产权。项目资产形式如图 5–3 所示。一般而言，在项目融资中，项目的固定资产占项目资产的绝大部分。

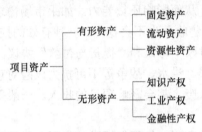

图 5–3 项目资产形式

采用项目融资的项目多数为基础设施项目，如电厂、水处理厂、公路、铁路、港口、机场等；少数为其他类型的项目，如煤矿、石油、天然气等资源开发项目，飞机、轮船等大型制造项目，医院、学校等大型建筑物项目。这些项目的特点是投资大、寿命长、风险多。

对于新建项目（特别是新建的基础设施项目）而言，在项目未建设之前，项目资产不存在，更不可能产生收益；未完工的项目其资产价值非常低，也不可能产生收益；完工后的项目能产生收益，但收益取决于许多市场因素。由于采用项目融资的项目多数为基础设施项目，如果将其出售的话，一般很难找到买家，其资产变现价值也不高[①]。由此可见，以项目资产作抵押，债权人面临多种风险。其主要风险如下。

（1）完工风险。一个项目能够在规定的预算内和规定的时间内建成并投入运营，达到"商业完工"标准，是还贷的基础。完工风险表现为工期延长、成本超支、质量不能达到预定的设计标准等。如果项目因工程或技术原因或其他原因而停建以至最终放弃，则债权人无法收回贷款。

（2）不可抗力风险。地震、洪水、战争等不可抗力风险对项目的影响重大，如果发生在建设期间，会影响项目的完工；如果发生在运营期间，可能毁坏项目设施，轻者造成生产停顿，重者造成项目报废。

（3）政治风险。可能因得不到必要的许可或政府的同意，项目无法实施；完工后的项目可能被政府没收、国有化等，因而失去了还贷的资金来源。

---

① 资产价值不等于项目成本，项目成本是由建造该项资产达到预定可使用状态前所发生的必要支出构成。

在无追索权融资的情况下，项目资产的风险也就是贷款的风险。是否追索主办人的项目之外的资产，在很大程度上取决于投资结构设计和贷款条件。

2. 项目收益的特点

项目收益包括经营性收益和非经营性收益。项目收益的多少反映项目营运效益的好坏（经济强度），关系到还本付息的能力。在进行项目融资时，项目还未投入运营，其收益是预期的（预期收益），因而存在多种风险。其主要风险如下。

（1）运行管理风险。完工后的项目能否正常运行取决于运行管理。例如，保证获得运行所需的原材料、能源/燃料等是保证项目正常运行的前提条件。一种有效的控制方法是与提供项目生产所需要的主要原材料、能源和电力的供应商签订长期供应合同，保障供应的稳定性。能否有效运行与运营商（如果有的话）有关。

（2）现金流风险。进入正常生产阶段后，项目能否产生还贷所需的净现金流取决于两个主要因素，一是生产成本控制；二是销售收入。在销售收入一定的情况下，如果生产成本过高，项目的净现金流将减少，从而影响还贷能力。如果市场需求不稳定，销售收入也不会稳定；如果市场价格不稳定，销售收入也不会稳定。一种有效的控制方法是签订长期销售合同，特别是"无论提货与否均需付款"协议和"提货与付款"协议。

（3）不可抗力风险。地震、洪水、战争等不可抗力风险对项目的收入影响重大，无论是造成生产停顿还是造成项目报废，都会影响项目的收入。一般采用购买项目保险的方式来降低不可抗力的影响。

（4）政治风险。法律法规变更，如环保标准的变更、税收政策的变更等。这些风险影响项目的经营成本和利润。

（5）金融风险。汇率波动和外汇管制等影响实际的还贷能力；利率上涨，增加贷款的利息。

上述风险如果没有转移出去，则由项目公司承担，在有限追索权或无追索权的情况下，最终由贷款人承担。

5.1.2 项目的合同结构

项目资产和项目收益所共有的特点是在融资谈判时，都还不存在，将通过一系列合同协议来实现。因此，项目融资是许多各自独立的合同协议联结在一起的一个复合体，因而项目的合同结构是项目资信的构成成分之一。

为了实施项目而专门成立的项目公司一般不具备项目所需的技术和资源，都要通过各种合同来获得，如项目建设合同（设计施工合同，简称建设合同）、项目运行维护合同（简称运行维护合同、运维合同）、项目供应合同（简称供应合同）、项目销售协议（简称销售协议，如包销合同）等。相关的项目风险（如项目完工风险、市场需求风险、原料供应风险等）也由签约方分担。技术上，需要多家公司进行合作；资金上，需要多方的投资；风险上，需要多方进行风险分担。因而，项目一般有多方参与，除了政府外，主要参与方有项目主办人、项目公司、贷款人、建造承包商、保险提供人，以及其他参与人如包销商、原料供应商、运营商、咨询顾问、担保人等。项目公司从项目所在国政府获得"特许权协议"作为项目建设开发和安排融资的基础；项目公司以特许权协议为基础安排融资；在项目的建设阶段，工程承包集团以承包合同的形式建造项目；项目进入运营阶段之后，经营公司根据经营协议负责项目的运行和维护,收取项目营业收入;包销商向用户销售产品(或服务)并收取货款(或服务费)。典型项目合同架构如图 5-4 所示。

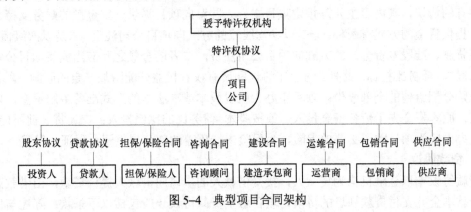

图 5-4 典型项目合同架构

上述项目合同文件可分为 4 类:① 特许权协议(有些类型的项目如电厂和水厂,可以用包销协议代替特许权协议);② 项目实施合同(咨询、设计、施工、运行维护合同等);③ 融资文件(贷款协议、股本支持协议、账户协议等);④ 担保文件(政府支持信、保险合同、履约保函等)。这些合同文件的主要目的是用法律上可以实施的手段,把责任任务和项目相关风险分配到项目参与人。根据项目融资的定义,这些合同和协议都成为债权人贷款的一种担保。为了减少贷款人的风险,在项目相关的合同和协议中一般会附加某种承诺或提出一些限制条件,就贷款银行而言,这种承诺和限制条件同样构成了一种确定性的、无条件的财务责任。下面分别介绍主要合同及协议的资信增级措施。

1. 特许权协议

特许权协议指政府与项目开发商之间签订关于特许经营权的协议,由政府机构授权,准许项目开发商在一定地区或特定的地点享有经营某种特许业务的权利,如准许项目开发商在政府规定的路线上,建设和经营收费公路。特许权协议一般应包括以下内容:① 缔约双方的名称、住所、注册地和法定代表人的姓名、国籍、职务;② 特许期限;③ 项目预概算和收费标准、调整公式;④ 项目设计、建造、运营和维护的标准;⑤ 项目进度及项目延期、中止或者终止的后果;⑥ 项目终止和项目期满时,项目设施及权益移交地方政府或授权机构的标准和程序;⑦ 风险分担的原则;⑧ 项目公司权利、义务的转让;⑨ 特许权协议约定的地方政府或者授权机构的权利、义务;⑩ 项目设施及权益的担保。

贷款人常常对特许权协议提出下列要求:① 特许权协议应保证项目一定程度的需求,如最低需求担保、无第二设施等;② 特许权协议的授予者应承担法律变更的风险;③ 特许权协议不能因银行行使了抵押权而提前终止;④ 由于不可抗力因素,应延长项目的特许期;⑤ 银行应可以自由地转让特许权给第三方;⑥ 不能将不适当地过重的条款加在项目公司身上;⑦ 东道国政府放弃主权豁免;⑧ 为一些重要风险(如政治风险)购买保险;⑨ 设定贷款人介入的条件,允许贷款人参与全程监控。

对各种授权合约的限制:① 所有授权合约都必须确定项目的有效生命期;② 如果银行对项目公司行使抵押权时,授权合约不能提前终止,即所有授权合约与项目同在,而不是与项目公司同在;③ 授予的权利应能全部转让。

2. 投资协议或股东协议

投资协议（investment agreements）或股东协议（shareholder agreements）是项目主办人之间签订的协议，其内容主要是规定项目主办人同意向项目提供一定金额的财务支持。项目主办人提供资金的方式有两种：一是以参与股权的方式向项目公司注资，二是以次级债务（或称从属贷款、准股本资金）的方式向项目公司注资。二者的金额之和应当能使项目公司达到规定的股本－债务比指标。此外，对股东协议和所有权者权益分配附加一定的限制：项目主办人应认购分配给他的全部股份；项目主办人应以股本或准股本的形式准备备用资金，以防成本超支；股本资金先于债务资金投入，或按股本－债务比的比例投入；在还贷之前不能分红；项目主办人应为项目购买必要的保险，为保险未能覆盖的部分提供资金保证；等等。

3. 贷款协议

贷款协议指以金融机构为贷款人，接受借款人的申请向借款人提供贷款，由借款人到期返还贷款本金并支付贷款利息的协议。项目融资贷款协议一般包括以下条款：陈述与保证、前提条件、偿还贷款、担保与保障、抵销、违约、适用法律与争议解决等。出于贷款安全性的考虑，贷款人往往要求项目公司以其财产或其他权益作为抵押或质押，或者由其母公司提供某种形式的完工担保。贷款协议结构与项目资信等级如表 5–1 所示。

表 5–1　贷款协议结构与项目资信等级

条款	行动
贷款协议中，应通过违约条款有效降低各种风险	如果条款能抵销（可能是部分的）风险，则可以调高项目资信等级
贷款协议中，没有制定合适的条款，或规定得相当不严密。即使在环境急剧恶化时，贷款银行也不能启动违约条款	调低项目资信等级
贷款协议中，贷款的安全性较低，银行贷款的求偿权排在其他债权人之后	调低项目资信等级
借款人严重依赖业务部门的现金流	调低项目资信等级

4. 建设合同

项目的设计施工是项目资产形成的主要过程，因此建设合同是项目资产形成的关键合同，也是项目资信的关键组成部分，尤其是在一些工程项目中，贷款者在承担了部分或全部项目建设或完工风险的情况下，更是如此。理论上，建设合同很简单，就是一个人（承建商）同意为另一人（项目公司）建设工程或安装设备并从中获得报酬；但在实际操作中是相当复杂的，有许多发包方式和合同形式。典型的建设合同一般包括以下条款和内容：项目规划设计的负责人条款、价格支付条款、完工条款、不可预见风险条款、保证条款、保险条款、纠纷处理条款等。

在项目融资中，项目公司有多种建设合同模式可供选择，如传统的设计—招标—施工合同、设计与施工合同、工程总承包合同等。为了降低项目公司的风险，常常采用的建设合同是 EPC 合同（engineering-procurement-construction contract，项目总承包合同或"交钥匙"合同）。在这类合同中，通常采用固定总价的支付方式，由承建商负责项目的设计、施工和试运营等工作，并承诺在满足规定标准的前提下按时完成项目。通常由项目公司规定项目的产出标准，承建商承担包括规划设计、设备采购和施工在内的全部工作。在这种合同结构中，承建商的风险最大。为了进一步减轻项目公司的风险，通常还要求承建商提供全面的完工担保（履约保函）。

债权人偏好 EPC 合同，通常会对建设合同提出一些限制：① 建设合同一般应是 EPC 合同；② 在建设合同中，应明确规定完工日期，固定合同价格；③ 不可抗力造成的延期应控制在有限的范围内；④ 承建商应提供广泛的担保合同（完工担保）；⑤ 应有适当的奖惩措施。

5. 运行维护合同

在项目融资实务中，项目主办人对于项目的经营有两种选择：一是自己经营项目，如项目公司自己运营维护项目或投资设立专门公司运营维护项目；二是聘请一个经营公司经营项目或把项目经营外包给专业运营商（以下简称运营商）。如果把项目运行维护外包给运营商，这时签订好项目运行维护合同（operation and maintenance contracts，简称运行维护合同或运维合同）就显得至关重要。运行维护合同在保证项目经营期的现金流量充足方面起着非常重要的作用，因而也是项目资信的一个重要组成部分。

运行维护合同一般包括下列关键条款：项目经营者和所有者双方的责任细则、补偿和支付条款、子合同、运营测试、纠纷处理条款、赔偿条款、任务分配条款、工作延误和提前终止条款、不可抗力条款等。

具体来说，签订运行维护合同的主要目的在于：确保项目设施在项目公司和贷款者认可的预算范围内正常经营和维护，并以适当的方式运营，从而实现收入最大化；将项目的经营和维护风险分配给项目的经营者，由此实现项目公司和贷款者与此风险的隔离。运行维护合同一般采用补偿式支付方式，从而形成3种运行维护合同。

（1）成本加利润率合同（cost plus percentage contracts）。在这种合同结构下，项目公司除了支付运营商运营维护项目发生的成本开支外，再按事先商定的比例支付给运营商服务费。运营商不承担任何风险，运营成本越高，获得的服务费越多。所以，在项目融资中该种合同较少采用。

（2）成本加固定费用合同（cost plus fixed fee contracts）。在这种合同结构下，项目公司除了支付运营商运营维护项目发生的成本开支外，再支付给运营商一笔固定服务费。此时，项目公司承担了经营成本增加的风险，运营商不关心项目运营成本，缺少提高效率的积极性。

（3）带有最高价格和激励费用的成本加费用合同（cost plus fee contracts with maximum price and incentive fee）。这是在成本加固定费用合同的基础上改进的一种合同形式。在这种合同结构下，经营者的报酬将严格地与其经营成本的高低挂钩。如果经营成本超出了最高价格，则经营者自己吸收这些成本，或者项目主办人有权更换经营者而提前终止协议。至于激励费用，只有经营者实现了规定的经营目标，才能获得一笔奖金；相反，如果经营者未实现规定的经营目标，则不得不接受一定的惩罚，此时项目公司支付给经营者的经营费用将会降低。

贷款者比较倾向于带有最高价格和激励费用的成本加费用形式的运营维护合同，因为它要求运营商分担运营风险，并且有确定的上限。此外，债权人还希望对运营维护合同提出限制：一是贷款人应有权对经营者行使开除权或建议开除权；二是应有适当的奖惩措施，激励经营者提高运营效率，实现项目的效益最大化。

6. 销售协议

销售协议在不同性质的项目下，有不同的合同形式：在生产型项目中，如电厂和水厂等，由于项目产品为有形产品，销售协议为产品购买协议；在服务型项目中，如输油管道，销售协议则为设施使用协议。项目是否有销售协议取决于项目特征。例如，收费公路（桥梁、隧道）一般没有销售协议，而电厂（水厂）项目通常都要有购电（购水）协议，输油管道通常都要有运输服务协议（through-put contracts）。对于债权人而言，适当的销售协议可以增加项目收益的稳定性和可靠性。

长期销售协议（long-term sales agreements）指项目公司与买方就负责销售一定数量的项目产品而签订的协议。这种协议是销售协议的最基本形式，买方所承担的付款责任义务取决于具体的条款。为了增加项目收益的稳定性和可靠性，长期销售协议中通常会附加一些特别要求，从而形成不同的销售协议。

在长期销售协议中加入"保证最小购买量"条款，从而形成所谓的"保证最小购买量合同"。在这种合同中，买方以市场价格为基础，定期购买不低于某一额定数量的项目产品。其特点在于需求量有最低保障。购买的最低数量由双方谈判决定，原则上，项目产品的最低销售量所获得的收入应不少于该项目生产经营费用和同期应偿还的债务之和。

在长期销售协议中加入"提货与付款"条款，从而形成所谓的"提货与付款合同"（take-and-pay sales contracts）。在这种合同中，买方在取得货物后，即在项目产品交付或项目劳务实际提供后，买方才支付某一最低数量的产品或劳务的金额给卖方。在这种合同结构中，货款的支付是有条件的，即只有当项目公司实际生产出产品或提供服务时，买方才履行这种义务。所以，这种合同有时被称为"take-if-offered"合同。

在长期销售协议中加入"无论提货与否均需付款"条款，从而形成所谓的"不提货亦付款合同"或称"或取或付合同"（take-or-pay sales contracts）。在这种合同中，买方定期按规定的价格向卖方支付额定数量的项目产品所对应的销售金额，而不问事实上买方是否提走合同项下的产品。"不提货亦付款合同"的特点在于：① 它是一种长期销售协议，即其期限应至少不短于项目融资的贷款期限；② 买方在合同项下的支付义务是无条件的和不可撤销的，即使买方未提走合同项下的产品，仍要履行其支付义务，具有明显的强制性。

上述销售协议都是以长期销售协议为基础，在具体操作上，"提货与付款合同"与"不提货亦付款合同"十分相似。但是，在担保作用上，"提货与付款合同"不如"不提货亦付款合同"，因为在"提货与付款合同"中，项目产品购买者（买方）承担的付款责任不是无条件的、绝对的，如果产品或设施不符合合同规定的要求的话，买方可以不付款。在项目产品的价格规定上，"提货与付款合同"没有最低限价的规定，一旦出现产品价格长期过低的情况时，就有导致现金流量不足以支付项目的生产费用和偿还到期债务的可能。显然，对贷款银行来说，这种合同比"不提货亦付款合同"所提供担保的分量要轻得多。因此，在操作时，贷款银行一般会要求项目投资者提供一份资金缺额担保作为对"提货与付款合同"担保的一种补充。含有"无论提货与否均需付款"条款的合同相当于保证书，可以作为从金融机构获得贷款的依据。这种合同是项目的潜在用户从保障市场的角度为项目融资提供的间接担保。

对于没有任何销售协议的项目，可要求政府提供最低回报率的保证，即政府保证项目的回报率不低于某一特定值，如果实际回报率低于保证值，则政府给予补贴，使之达到保证的回报率；或者要求政府提供最低需求量保证，即政府保证市场需求不低于某一特定值，如果实际需求低于保证值，则政府补偿差额损失或允许提高价格。

7. 供应合同

项目是否有供应合同（supply contracts）取决于项目特征。例如，收费公路（桥梁、隧道）

一般没有供应合同，而电厂（水厂）项目通常都要有燃料（原水）供应合同。对于债权人而言，适当的供应合同可以增加项目收益的稳定性和可靠性（例如，保证项目成本稳定，保障项目不因缺少供应而中断），因而也是项目资信的一个组成部分。

当项目的正常经营依赖于必需的原料（这里"原料"为统称，它包括原材料、燃料等）供应时，项目公司和贷款银行都十分关心项目在整个贷款期内是否有可靠的、稳定的原料供应。如果项目公司不能在事先协商的价格基础上签订一个长期的供应合同，它将面临两种风险：一是在即期市场上不能获得供应；二是原料价格波动。

供应合同的基本形式为所谓的单一供应合同（sole-supplier contracts）。在这种合同结构下，项目公司和一家供应商签订协议，项目公司承诺向该供应商购买项目所需的原料，但是可以事先规定或不规定具体的数量和价格。但在任何情况下，项目公司只支付其实际购买原料部分的款项，供应商也没有义务必须供应项目所需的全部原料。为了增加供应的可靠性，在合同中增加"无论提货与否均需付款"条款，从而形成所谓的"或取或付供应合同"（take-or-pay supply contracts）。在这种合同结构下，项目公司同意在指定日期内按协议价格向原料供应方（供应商）购买规定数量的原料，即使不向供应商提货，也必须向供应商付款；相应地供应商必须以协定价格供应规定数量的原料。二者相比，贷款银行一般偏好"或取或付供应合同"，因为它使项目在协定价格基础上可获得稳定的原料供应。

8. 保险合同

保险合同是投保人与保险人约定保险权利义务关系的协议，主要内容包括投保人的有关保险标的的情况、保险价值与保险金额、保险风险、保险费率、保险期限、违约责任与争议处理，以及双方当事人的应尽义务与享受的权利。在项目融资中，项目公司及其他相关参与方通常需要对项目融资、建设、运营等不同阶段的不同类型的风险分别进行投保，可能涉及的保险种类包括工程一切险、针对设计或其他专业服务的职业保障险、针对间接损失的保险、第三者责任险等。鉴于项目融资所涉风险的长期性和复杂性，为确保投保更有针对性和有效性，建议在制定保险方案或签署保险合同前先咨询专业保险顾问的意见。

9. 其他合同

项目融资主要用于特许经营项目，在整个交易结构中还可能会涉及其他合同，如与专业中介机构签署的投资、法律、技术、财务、税务等方面的咨询服务合同，与担保机构签署的担保合同，与政府签订的直接介入协议，等等。

5.2 项目资信增级

通过合同安排把项目实施的责任任务及相应的风险分摊给不同的参与人，似乎只要按合同严格执行，贷款人的风险就降到最低。但是合同的履行取决于签约方的意愿和实力，签约方有可能违约或无力履行合同，特别是签约方是专门为项目新成立的子公司时，其自身资信能力不强，需要资信增级。

资信增级，简称增信，就是在项目资产和项目收益的资信基础上，通过担保和其他措施提高项目资信等级。广义上，任何有利于债权保障的措施都可以看作是资信增级措施（简称增信措施）。根据资信增级的性质，资信增级措施分为内部增信措施与外部增信措施，以及其他增信措施。这些资信增级措施可同时混合使用，提高项目的可融资性。

5.2.1 内部增信的主要措施

内部增信指的是依靠调整交易结构自身为防范信用损失提供保证，其最大优点是成本较低。内部增信的主要措施包括增加股本资金、设置债务偿付顺序、设立偿债储备金账户、设立现金抵押账户、超额抵押、设立利差账户。

1. 增加股本资金

建成后的项目具有一定的价值。如果项目主办人增加股权投资，则项目收益债发行人的偿债负担就会降低。在债券偿还期间，只要项目资产的价值下降幅度不超过股权投资额，债券还是安全的。

2. 设置债务偿付顺序

在股权投资比例不变的情况下，对不同的债务在还本付息、损失分配等方面设置不同的优先顺序，使具有优先权的债务得到更好的保障，从而增进了资信等级。

如果是项目权益质押贷款，可以把贷款分为高级贷款和从属贷款（或称后偿贷款）。高级贷款在还本付息、损失分配等方面都享有某种优先权，高级贷款的偿债保障较高，但收益率相对较低；从属贷款在高级贷款之后偿还，其偿债保障相对低，但可能获得较高的收益率。高级债务的风险在很大程度上被次级债务所吸收，从而提高了高级债务的信用等级。通过对债务的分档，可以满足不同投资者对不同风险和回报的不同偏好，扩大投资者队伍，降低综合成本，提高项目的可融资性。

如果是发行项目收益债券，可以将项目收益债券划分为优先级债券和次级债券或更多的级别（如优先级、中间级、劣后级）。在还本付息、损失分配等方面，优先级债券都享有某种优先权。例如，现金流首先用于偿还优先级债券的利息和本金，欠付次级或其他级别债券的本息则被累积起来。在这种结构安排下，优先级债券的风险在很大程度上被次级债券吸收，从而保证优先级债券能获得较高的信用级别。根据风险与回报权衡的原则，优先级债券的回报相应较低，次级债券的回报则相应较高。

如果是资产证券化融资，在资产证券化过程中，将资产支持证券按照受偿顺序分为不同档次。在这一分层结构中，较高档次的证券比较低档次的证券在本息支付上享有优先权，因此具有较高的信用评级；较低档次的证券先于较高档次的证券承担损失，以此为较高档次的证券提供信用保护。

3. 设立偿债储备金账户

偿债储备金账户的资金主要来源于两方面：一是项目收益，即项目产生的收益超出支付给投资者的本息及特殊目的载体运作费用的差额部分；二是特殊目的载体的自有资金。偿债储备金账户的资金累积越多，债权投资者的利益就越有保障。如果是发行项目收益债券，则项目收益债券的信用级别也就相应得到提高。

4. 设立现金抵押账户

在资产证券化融资中，设置专门的现金抵押账户；该账户资金由发起机构提供或来源于其他金融机构的贷款，用于弥补资产证券化业务活动中可能产生的损失，从而增进信用等级。

5. 超额抵押

如果是抵押贷款，则抵押贷款的金额一般不超过抵押物评估价的 70%。如果是质押贷款，则质押贷款的金额一般不超过出质权利估价的 80%，具体比例取决于出质标的的类型。在资产证券化过程中，如果资产池价值超过资产支持证券票面价值，则超出的部分可用于弥补资产证券化业务活动中可能会产生的损失，从而增进了信用等级。这种信用增级方式被称为超额抵押（或"基础资产超值入池"）。

6. 设立利差账户

在资产证券化交易中，当基础资产的利息收入和其他证券化交易收入超过资产支持证券利息支出和其他证券化交易费用，则形成了超额利差。如果把该利差存放在专设的利差账户，并用于弥补资产证券化业务活动中可能产生的损失，则可以增进信用等级。

5.2.2 外部增信的主要措施

外部增信指的是依靠项目公司之外的第三方为防范信用损失提供保证，从而增加项目融资的信用等级。一般而言，项目面临多种风险，如完工风险、不可抗力风险、政治风险、需求/价格风险、金融风险、生产风险等。在项目融资中，一般通过合同把风险分配给相关的项目参与人，并在合同中订立担保条款或寻求第三方担保，进一步降低贷款人的风险。风险分配就是按照控制风险能力最适宜者或相对成本较低者承担风险的原则，通过协商在当事人之间确定和分配风险责任。图 5-5 为项目主要风险与担保措施。

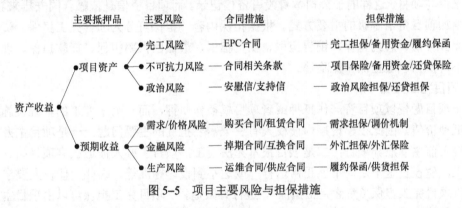

图 5-5 项目主要风险与担保措施

贷款人希望从贷款中获得合理的回报并最终收回贷款本金，对贷款的安全非常重视。虽然项目公司（借款人）以项目的资产、预期收益或权益作抵押，但是项目的资产、预期收益或权益本身存在许多不确定因素及风险。为了减少这些不确定因素及风险的影响，贷款人一般要求项目融资包含一系列的担保安排。一是要求项目公司（借款人）为项目（资产）购买保险，并要求自身成为保险的受益人；如果贷款人不是受益人，则要求安排权益转让。二是要求项目公司转让它与第三方签订的合同和协议的权益，若第三方提供了担保或保险也一并转让，如特许合同中的权益、销售合同中的权益，以及相关的履约担保等。三是要求项目公司提供完工担保，一般是项目主办人直接提供（如信用担保、备用资金等）或者由第三方提供。此外，贷款人还可能自己安排保险或担保，如从世界银行等多边担保机构获得政治风险担保，从进出口信贷机构获得政治风险和商业风险担保等。图 5-6 是项目融资中的典型担保安排。

为了减少贷款的风险，项目融资中的债权人可以采取多种措施，例如：① 抵押项目固定资产，包括土地、建筑物和其他固定资产等；② 浮动抵押项目的动产，包括库存、应收款、

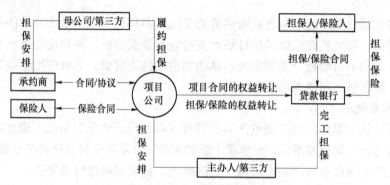

图 5-6 项目融资中的典型担保安排

无形资产等；③ 质押债务人在项目中的股权；④ 对项目代管账户的控制和现金流的留置权，包括运营收入、还贷储备金、大修账户等；⑤ 债务人有关合同（如合伙协议或股东协议、建设合同、运行维护合同、销售合同等）权益的质押，包括应收款权利、清算赔偿、留置金账户、履约保函、保险、担保等；⑥ 要求转让项目授权的权利，包括特许经营权、执照、许可等；⑦ 要求作为项目有关保险的受益人，如果贷款人不是受益人，则要求安排权益转让。

新建项目就其自身而言一般资信能力不强，有些项目参与者是通过专门设立的单一目的子公司来参与项目，这样的子公司本身没有资信记录。而项目资信是依靠合同安排来获得的，担保是增加项目资信等级的主要方式。根据担保内容，担保可分为项目完工担保、资金缺额担保、差额补偿、履约担保、销售担保、供货担保、最低回报率担保、贷款担保、现金支付担保、不可抗力风险担保和保险等。

1. 项目完工担保

由于项目融资以项目资产作抵押或者项目权益作质押，而一个未完工的基础设施项目没有什么抵押价值，因此在建设期内债权人有三个需要担忧的主要问题：一是项目主办人可能在项目竣工前主动放弃项目；二是项目根本无法竣工，项目主办人被迫放弃项目；三是出现延期完工，建设资金不足，不能正常运行，或达不到设计标准等。因此，债权人要求项目主办人提供项目完工担保（简称完工担保），进行有限追索。项目完工担保可以由项目主办人作为担保人直接提供，也可以由项目公司安排商业担保人提供。由项目主办人直接提供担保具有形式简单和不需要明确的费用等优势，但缺点是如果项目主办人的信用等级不高，则难以被贷款人所接受。商业担保人一般为专业担保机构、商业银行、投资公司和一些专业化金融机构，所提供的担保一般为银行信用证。商业担保人提供担保的优点是信用等级比较高，但需要支付一定金额的担保费。

项目完工有以下多种标准：① 技术完工标准（按设计要求完成了项目施工）；② 商业完工标准（项目完工并投入商业运行）；③ 现金流量完工标准（项目投入运行达到指定的现金流入量——项目收入水平）；④ 其他形式的完工标准。项目完工担保形式包括：① 无条件完工保证；② 债务承购保证；③ 单纯的技术完工保证；④ 完工保证基金；⑤ 最佳努力承诺。无论采用哪种形式，项目完工担保一般包括以下 3 个方面的基本内容：① 完工担保责任；② 项目投资者履行完工担保义务的方式；③ 保证项目主办人履行完工担保义务的措施。

项目完工担保协议指完工担保人向贷款人就拟建项目可以按照约定的工期、约定的成本和约定的商业完工标准实现完工和正式运营提供完全信用保证的协议；依此保证，在拟建项目不能按约定的工期和成本实现商业完工标准时,完工担保人(通常由项目主办人或投资人担任)将负有支付赔偿金、追加项目股权投资和提前偿还项目贷款的责任。项目完工担保协议不同于传统的信用保证协议,它是国际项目融资信用保障机制中重要的一环。其基本特点包括以下方面。

(1) 项目完工担保协议对拟建项目将按照约定的工期和成本实现商业完工标准提供保证,而非对借款人按期还贷提供保证;也就是说,引起完工担保人保证责任的事实仅为协议所限定的项目拖期、成本超支、不能按商业完工标准正式运营(包括不符合标准及项目停建)等违约事件,它是一种特定事实保证。

(2) 违反项目完工担保协议所引起的责任具有复杂的构成;根据违约后果的不同,完工担保人将按约负有支付违约赔偿,追加对项目公司的股权投资,增加对项目公司提供从属性贷款支持,直至提前独立偿还国际贷款(例如,在项目停建的情况下)等责任,这显然也不同于一般的信用保证协议。

(3) 项目完工担保协议可以是一种全额信用保证协议,在违反项目完工担保协议的情况下,国际贷款人可以对已经投入的全部贷款损失具有完全追索权;这就是说,只有在建设项目实现了商业完工标准而正式运营后,国际贷款人才对贷款担保人具有有限追索权,才发生项目贷款的有限担保责任或无担保责任问题。

(4) 项目完工担保协议不仅须采取信用保证协议形式,而且通常要求完工担保人向指定的银行机构存入担保存款,提供以国际贷款人为受益人的备用信用证或保函;在发生违反项目完工担保协议的事件时,国际贷款人可按约要求以该信用额补足超支或用于填补损失。

(5) 完工担保人通常由项目主办人或投资人担任(也可以由项目工程总承包人担任),但此项完工担保与项目工程担保有着密切的联系;因而在通常情况下,完工担保人在项目工程发包时亦要求设计承包人、建设工程承包人、设备安装调试承包人和项目运营管理人提供相应的完工担保,以分散其完工担保风险。

项目完工担保协议的主要内容通常包括以下几方面。

(1) 完工担保人,该条款不仅须明确全体完工担保人的主体特征,而且须明确各完工担保人的连带责任或个别责任性质。

(2) 先决条件,该条款通常须明确对项目完工担保协议具有支持和基础意义的法律文件,特别是有效签发的备用信用证或完工担保存款文件。

(3) 完工期限条款,该条款须明确建设项目为实现商业完工所需的工程完工期限、试运营期限、验收程序和正式运营期限等。

(4) 完工成本条款,该条款须明确建设项目按期实现商业完工标准时所需的成本限额,包括建设工程期间成本、设备安装期间成本、试运营期间成本等。

(5) 商业完工标准,该条款须对商业完工加以定义性规定,主要须明确项目运营的具体生产技术指标(包括单位生产量的能耗、原材料消耗、劳动力消耗等),项目产品的质量指标,项目产品的单位产出量指标,项目在开始试运营后的一定期间内稳定生产的指标等。

(6) 试运营与验收条款,该条款须详细列举试运营程序与管理、试运营期间、试运营争议解决、验收机构、验收程序、验收文件等。

(7) 完工担保范围与数额,该条款须明确完工担保人承担的担保责任范围、在不同时期的担保责任限额、是否为完全追索权担保等。

(8) 违反完工担保的义务,该条款须明确完工担保人在发生项目拖期、成本超支或不符合商业完工标准等事件时所应承担的基本责任，并应明确规定完工担保人负担追加投资、支付赔偿金、增加成本超支贷款、提前偿还贷款等责任的具体程序。

（9）违约事件，该条款须对不同程度的违反担保事件加以定义性规定，并须对违约事件的其他救济手段（特别是贷款人提前解约权）加以规定，在许多情况下，贷款人还要求明确累加救济手段。

（10）担保存款条款，该条款须明确完工担保人担保存款的数额、指定银行、担保存款提取条件、备用信用证的签发和交付等事项。

在项目主办人提供项目完工担保的情况下，该完工担保人通常要求工程承包人及与之关联的工程金融保险机构对商业完工中的可分割内容提供部分性担保，如工程设计完工担保、工程建设完工担保、设备安装完工担保等；此种担保通常被纳入工程承包合同内容，并且通常表现为违反完工担保的索赔条款和押金条款。这一做法可以有效地分散商业完工担保风险，故为国际项目融资实践所广泛接受。商业完工担保人在要求工程承包人提供部分性担保时，往往按照合同的约定也要求部分性担保人交纳投标押金、履约保证金、预付款保证金等，以确保承包合同的履行。当然，项目完工担保人不可能以此来完全免除其信用担保责任。

项目公司一般通过采用固定价格、固定时间的交钥匙合同把成本超支和竣工拖延等完工风险转移给 EPC 承包商，又通过要求建设承包商提供履约保函和预留保留金的方式进一步降低完工风险。履约保函和预留保留金增加了项目的资信，提高了项目的可融资性。大多数的项目完工担保属于仅仅在时间上有所限制的担保形式，即在一定的时间范围内，项目完工担保人对贷款银行承担着全面追索的经济责任。项目完工担保的提供者主要有：项目主办人和承建项目的建筑商或有关保险公司。

2. 资金缺额担保

资金缺额担保，有时也称现金流量缺额担保，是一种在担保资金额上有所限制的直接担保，主要作为一种有限担保，支持已经进入生产阶段的项目融资结构。这种担保有两个目的：一是保证项目具有正常运行所必需的最低现金流量，即至少具有支付生产成本和偿付到期债务的能力；二是在项目投资者出现违约时，或者重组及出售项目资产时，保护贷款银行的利益，保证债务的回收。资金缺额担保协议的主要内容通常包括以下几方面。

（1）担保人条款，明确担保人的名称和主体特征，如果是多个担保人，还须明确各担保人的责任形式和性质。

（2）项目现金流量指标，明确每个检查期的现金流量总额、可用于还贷的净现金流量额和最低现金流量额标准。

（3）项目运营成本与费用指标，该条款须明确项目在正式运营阶段的最高成本费用限额及其构成，在正常运营情况下，项目运营成本通常应包括生产经营成本、维修与大修费用、更新改造投资费用、营业税费、管理费用、财务费用等。

（4）担保信用额，根据可能产生的资金缺额确定担保人负担的备用担保额及其计算方法，这通常是按项目现金流量总额的一定比例计算。

（5）违约事件及违反担保的责任，对造成资金缺额的各种情况加以定义，并明确不同违约事件的后果，这主要为担保清偿贷款、追加项目股权投资、向项目公司提供贷款、允许权利人动用担保留置金等责任。

（6）担保金条款，明确担保人存入担保金的方式、存款银行、信用证安排、担保金执行条件和程序等内容。

3. 差额补偿

当项目产生的现金流不足以覆盖债务本息时,由差额补偿人提供资金补足差额部分,从而保证按时偿还债务(贷款、债券等)本息,以此增进信用等级。由此可见,差额补偿人的偿付能力决定了债券偿还的保障程度,因此最终债券的信用等级一般为最终差额补偿人的主体信用等级。差额补偿人可以是项目主办人,也可以是项目公司安排的第三方信用增级机构。差额补偿增信措施由差额补偿协议来实现,该协议由发行人、差额补偿人、债权代理人、监管银行等共同签署,主要内容通常包括发行人的本息偿还责任、差额补偿人的补偿责任、差额补偿责任的履行、通知方式,以及协议各方的陈述与保证、违约责任、不可抗力情况、争议解决办法、协议终止条件等事项。在项目收益债融资和资产证券化过程中,常常引入差额支付义务人,增进信用等级。

4. 履约担保

各种协议和合同的履行取决于签约方的履约能力和意愿,因此一般需要第三方(包括签约方的母公司)提供履行合约的保证。履约担保有 3 种形式:履约保证金、履约保函和履约担保书。履约保证金可用保兑支票、银行汇票或现金支票,额度一般为合同金额的 10%。履约保函是由商业银行开具的担保证明。履约担保书是担保人承诺如果承包人违约,则担保人代为完成项目的担保文件。

银行出具的履约保函(简称银行保函)是最常用的履约担保形式。银行保函分为有条件的履约保函和无条件的履约保函。采用有条件的履约保函时,在承包人没有实施合同或未履行合同义务时,由发包人或监理工程师出具证明说明情况,并由担保人对已执行合同部分和未执行部分加以鉴定,确认后才能收兑银行保函,由发包人得到保函中的款项。采用无条件的履约保函时,在承包人没有实施合同或者未履行合同义务时,发包人不需要出具任何证明和理由,只要看到承包人违约,就可对银行保函进行收兑。

5. 销售担保

项目产品(或服务)的销售是决定项目成败的另一重要环节。项目融资依靠项目收益还贷,而项目收益取决于市场需求。如果项目产品(或服务)不能直接提供给用户,需要通过具有垄断或准垄断地位的销售商,则需要有茛购销售协议(茛购包销合同)。为了保证有稳定的销售收入,一般会将这种协议设计成具有保证性质,从而把市场需求风险转移给包销商。生产型项目多采用"或取或付合同"或者"提货与付款合同",如电厂和水厂项目;服务型项目多采用"最低使用量"保证,如收费公路项目中,政府保证最低交通流量。然而,茛购包销合同本身并不能保证包销商不违约,所以要求包销商提供履约担保。如果包销商是公共事业机构,则通常要求政府提供担保,即使是一种意向性担保(如支持信或安慰信),也能增加包销商的资信,从而提高项目的可融资性。例如,在沙角 B 电厂项目中,广东国际信托投资公司为深圳经济特区电力开发公司的电力购买协议(购电协议)提供担保,增加了购电协议的信用。

6. 供货担保

进入正常生产阶段后,项目的经济强度在很大程度上取决于对生产成本的控制。一种有效的生产成本控制方法是与主要的原材料、能源和电力供应商签订长期供应合同。在实践中,供应商可能需要一份"或取或付合同"以降低自己的风险;而项目公司则要求一份"或供或付合同",要求供应商要么供货,要么支付差价。因而,供应合同中可能同时有两个条款:一是项目公司对供应商的"或取或付"责任；二是供应商对项目公司的"或供或付"责任。此外，供应合同本身并不能保证供应商不违约，因而要求供应商提供履约担保，保证长期稳定的原材料供应。如果供应商是公共事业机构，则通常要求政府提供履约担保或意向性担保。例如，在沙角 B 电厂项目中，广东国际信托投资公司为深圳经济特区电力开发公司的煤炭供应协议（供煤协议）提供担保，增加了供煤协议的信用。

7. 最低回报率担保

在一些基础设施项目中，项目产品或服务直接面向广大用户，没有任何销售协议，市场需求和价格风险非常高。为了提高项目的资信，政府可能提供最低回报率担保，即政府保证项目的投资回报率不低于某一特定值。

8. 贷款担保

既然采用项目融资，项目主办人一般不会为项目债务提供担保。按照国际惯例，项目融资借款不纳入所在国政府的外汇收支表，因而不构成所在国债务；而如果作出贷款偿还保证，则将构成该国政府外债负担。因此，东道国政府一般也不愿意为国际商业贷款提供担保，而我国担保法律法规则明确禁止政府为商业贷款担保。出于改善基础设施建设、完善投资环境，进而发展本国经济、增加就业、促进出口等方面的考虑，在个别 PPP 项目中，政府为部分贷款安排了担保。例如，在马来西亚南北高速公路项目中，马来西亚政府为 0.6 亿美元的贷款提供了担保。此外，在有多边机构（如世界银行）提供担保的项目融资中，政府有时被要求提供反担保。例如，在巴基斯坦胡布燃煤电站项目中，由于贷款人还向世界银行购买了政治风险担保，巴基斯坦政府为世界银行提供了反担保。

9. 现金支付担保

现金支付担保是在产品购买保证基础上进一步发展形成的担保形式，是项目主办人为保证其项目经营收入及时变现，针对基础产品购买者可能发生的无支付能力的情况（暂时的或长期的），由第三方向项目公司作出的现金支付信用保证。一般而言，项目主办人并不十分担心收购其产品的政府所属企业会破产倒闭，其要求担保的直接目的是防止政府所属企业因现金流量不足而影响项目公司收入的及时变现，间接目的则是及时充分地满足贷款偿还和投资回报的资金需要。例如，上海市自来水公司与上海大场水厂项目公司签订的供水合同是由上海城投（集团）有限公司（以下简称上海城投）为其提供"支付担保"，担保书第八条确认："我方（指上海城投）同意你方（指上海大场水厂项目公司）可将本担保书中的全部或任何权利和义务转让予专营合同所述融资协议定义的、为水处理厂提供借款融资的银团之代理行（指中国建设银行上海分行）。上述转让仅为向银团付款担保的目的，银团仅在与专营公司主张其在本担保书中的权利时相同的条件下，有权主张本担保书的权利。"

10. 不可抗力风险担保和保险

在项目实施过程中，主要项目合同可能涉及三种类型的不可抗力事件：① 政治不可抗力事件，如战争、动乱、暴动、罢工等；② 其他不可抗力事件，自然灾害如雷电、地震、洪灾、海啸等；③ 与东道国政府无关但受其负面影响的政治不可抗力事件如他国的战争行为、禁运、封锁等。不可抗力事件的发生常使合同当事人无法履行义务。如果不可抗力使合同一方回避了合同义务，由于关联作用，可能会影响到其他合同的执行，因而分摊不可抗力责任对项目融资来说非常关键。对于项目公司而言，可以要求政府承担不可抗力的责任，但更多的情况是安排合适的担保和保险。政治不可抗力风险一般由世界银行的多边投资担保机构（MIGA），以及一些工业国家的出口信贷和海外投资机构如美国的海外私人投资公司（OPIC）等提供担保或保险，其他不可抗力风险可以通过购买保险的方式转移给保险公司。

5.2.3 其他增信措施

除担保外，还有一些技术性资信增级措施可以增加项目资产和收益的保障。采取某些技术性资信增级措施主要是为了减少贷款人的风险，增加对项目资金的控制，引入资信优良、具有影响力的机构参与项目融资。常见的技术性资信增级措施如下。

1. 项目资金的控制

通过技术性手段对项目本身进行信用增级，即信用增级是利用对项目产生的现金流进行控制来提供的。对项目资金的控制主要包括设立专用账户，所融资金专款专用。例如，贷款人直接把贷款汇给设置的专用账户，由该账户支付建设费用，避免项目主办人挪用项目资金。设立各种支付账户并确定支付顺序，保证优先还贷。例如，有些贷款协议要求项目公司在第一次提款前应设立和维持收益账户（项目收入归集专户）、运营费用账户、偿债支付账户、偿债储备账户、补偿账户、大修储备账户、限制支付账户、小额现金账户、争议支付账户等账户；要求项目公司将购买人（用户）支付的现金直接汇付到一个委托的收益账户上，由受托人将收入款项作为贷款偿还直接支付给贷款人，在还贷之前不能分红。

2. 引入多边机构

多边机构的贷款或担保/保险均可提高项目资信。对于一个国家而言，因为多边机构常常参与多个项目，政府未来不可避免地要与该组织打交道，需要保持良好关系。因此，多边机构有较大的影响力，它们的参与间接提高了项目资信。

3. 意向性担保

意向性担保指政府提供安慰信或支持信，这在严格意义上不是一种真正的担保，因其不具备法律意义上的约束力，仅仅表现出意向性担保人对项目提供一定支持的意愿。它起到的担保作用在本质上是由提供该意向性担保的机构向贷款银行做出的一种承诺，保证向意向性担保所涉及机构（如购买商、供货商等）施加影响力以保证后者履行其合同相关的责任。虽然意向性担保不具法律约束力，但为了自身的信誉，意向性担保人会尽力施加自己的影响力，促使债务人履行责任。

4. 借助金融衍生工具控制风险

增加项目资信的另一途径是控制项目的金融风险，利用金融衍生工具对项目的金融风险进行主动、积极的管理。可运用的金融衍生工具有很多，但实质上都是由远期（forwards）合约、期货（futures）合约、期权（options）和互换（swaps）4 种金融衍生工具组合而成。常见的金融衍生工具如表 5-2 所示。

表 5-2 常见的金融衍生工具

金融衍生工具	利率	货币	商品
互换（掉期）	利率互换	货币互换	商品互换
期权	利率期权	货币期权	商品期权
远期合约	（远期利率）	远期外汇	远期商品
期货合约	利率期货	货币期货	商品期货

5.3 项目资信结构设计的主要考虑事项

在项目融资中,为了提高贷款的安全保障,贷款人可能:① 要求对项目资产拥有第一抵押权,对于项目的现金流量具有有效的控制;② 要求把项目投资者的一切与项目有关的契约性权益转让给贷款银行;③ 要求项目成为一个单一业务的实体,除了项目融资安排外,限制该实体筹措其他债务资金;④ 要求项目投资者提供完工担保;⑤ 要求项目具有类似"无论提货与否均需付款"或"提货与付款"性质的市场合约安排,或者具有排他性承诺,保证项目产品/服务的垄断性或准垄断性。因此,在进行项目资信结构设计时,应考虑下列事项。

5.3.1 物权担保的局限性

在项目融资中,多数物权担保的主要作用是贷款人防止借款人的其他债权人在项目资产上取得不对称的利益,使自己处于不利的地位,是消极的、防御性的。由于项目资产的特殊性,在实际操作中物权担保还存在诸多不足之处,贷款人从物权担保中获取的保障有限,其主要不足之处表现在以下几个方面。

1. 法律上的障碍

有些国家的法律(如英国担保法)承认浮动设押,但有些国家却不予承认,在这些国家贷款人设定担保物权时就受到限制,比如他们无法在项目公司的库存、设备及项目所必需的动产上设定担保物权。

2. 实施上的障碍

强制执行的救济办法受到法律限制,尤其是在大陆法系国家,一般要求必须以公开拍卖的方式强制执行担保物权。但是,即使不采用拍卖的方式,由于采用项目融资的项目多数为基础设施,项目资产一般也是很难出售的,因为愿意购买这类设施(例如,一条公路、一座桥梁、输油管道等)的人非常少。债权人也可以选择介入项目的实施,继续经营该项目。但是,如果项目主办人经营失败,贷款人取得成功的可能性也不大。

3. 政治上的障碍

由于政治原因,一般很难强制执行拍卖东道国的项目资产。

5.3.2 融资协议中的积极和消极保证条款

融资协议中的积极和消极保证条款主要是对将来行动的保证,有以下目的:保护项目资产和业务的完整性;保证项目实体的还款能力;保护债权人的抵押物不受损害;保证信息的畅通;在违约时,债权人有权取消贷款并处分抵押物。因此,要求债务人及时向债权人提供项目的财务、技术和经营情况,不变更业务或采取使债权人的抵押利益受到负面影响的行动。

5.3.3 项目融资的主要资信基础

在项目融资中,贷款的偿还主要依赖于项目收益,因此与项目收益相关的协议是项目融资的主要资信基础。不同的项目具有不同的特性,资信基础不同。例如,在生产型项目如电厂和水厂项目中,产品购买协议(如购电合同和购水合同)是项目融资的主要资信基础;在服务型项目如输油管道项目中，设施使用协议（如运输服务协议）是项目融资的主要资信基础；有些服务型项目直接面向广大的用户，如收费公路（桥梁、隧道），一般只有特许经营权而没有销售协议，特许经营权下的市场是项目融资的资信基础。如果没有其他资信增级措施，资信评级机构（如标准普尔、穆迪）在进行评级时，对于产品购买协议为主要资信基础的项目融资，项目的资信等级一般不会超过包销商的资信等级；对于设施使用协议为主要资信基础的项目融资，项目的资信等级一般不会超过设施使用者的资信等级；对于租赁合同为主要资信基础的项目融资，项目的资信等级一般不会超过承租人的资信等级；对于没有任何销售协议的项目，项目融资的资信等级取决于多种因素，其中市场活力是主要的因素。应根据项目融资主要资信基础设计有特色的融资结构。

5.3.4 债权保障的连续有效

采用项目融资为新建项目融资时，因为建设期与运营期具有不同的现金流，应注意债权保障的持续有效性。无论是项目收益权抵（质）押贷款还是项目收益债券或票据都是以项目未来收益作为偿债资金来源，一个未完工的项目是不能产生现金流的，如果以未来收益作为唯一的债权保障措施，则在建设期的债权得不到保障。因此，一般用完工担保为建设期的债权提供保障，从而实现债权保障的连续有效。例如，新建收费公路项目一般以收费权质押进行项目融资，根据现行法律政策，只有在公路竣工投入运营后才授予公路收费权，这意味着在公路完工之前所谓的收费权质押不是真实有效的，债权没有得到有效的保障。如果用完工担保为公路完工前的债权提供保障，则债权在整个债权有效期内都得到了保障。

5.4 案例分析——印尼 Paiton 电厂项目

印尼 Paiton 电厂项目在 2002 年被《国际项目融资》期刊评为"过去十年中亚太地区十个最差项目"之一。分析该项目的问题所在，找出原因，吸取教训，避免重蹈覆辙具有重要的意义。

印尼 Paiton 电厂项目是在印尼经济快速增长、电力严重短缺的情况下由印尼政府提出来的。当时（1991 年）有两家联合体表示投标意向，但是印尼政府只与其中的 Edison Mission 能源公司所领导的联合体进行协商谈判，并达成兴建 Paiton 电厂的协议。在 1997 年亚洲金融危机发生之前，一切进行得非常顺利。亚洲金融危机使印尼卢比兑美元的汇率直线下跌，由签约时的 2 450:1 跌到约 9 000:1，最低时达 17 000:1。亚洲金融危机发生时，印尼 Paiton 电厂项目正在建设之中。如果停止该项目，则已经投入的资金将化为泡影。项目公司（Paiton 能源公司）只好继续该项目，希望经济复苏，形势好转。但是，当印尼 Paiton 电厂项目完工投入运行时，印尼国家电力公司无意购买该厂的电能，也无意按购电协议支付电费，因为市场上供过于求。由于货币贬值，印尼国家电力公司陷入困境，要求包括 Paiton 能源公司在内的 27 家电力项目公司重新协商谈判电价。另外，印尼 Paiton 电厂项目的特许经营权是由苏哈托政府授予的，苏哈托政府之后的新政府指控 Paiton 能源公司行贿，但其否认行贿指控。经过两年多的谈判，直到 2001 年双方才撤销行贿的指控并达成新的安排：电价由原来的递减电价改为水平电价并降至每度电 4.9 美分，特许期由原来的 30 年延至 40 年。

1. 项目概况

印尼 Paiton 电厂项目（也称 Paiton I 电厂）是印尼第一个用 BOO 采购策略兴建的电厂。

该厂装有两台67万千瓦的机组,是Paiton电力生产基地的第7台和第8台机组。工程合同造价约25亿美元,包括为整个基地兴建一个娱乐活动中心和汽轮机维修车间,为整个基地扩建取水口和排水渠,为第5台和第6台机组(PaitonⅢ电厂)兴建开关站,为第3台至第6台机组做初期工地准备工作。

2. 投资结构

为了兴建Paiton电厂,1994年Paiton能源公司(项目公司)成立。项目主办人包括美国的Edison Mission能源公司、日本的三井物产有限公司(Mitsui & Co. Ltd)、印尼的Batu Hitam Perkasa公司(简称BHP公司)和美国的通用电力投资公司(General Electric Capital Corporation)4家公司。除了BHP公司直接向项目公司投资外,Edison Mission能源公司通过它的100%控股子公司(MEC Indonesia B.V.公司)进行投资,三井物产有限公司通过它的100%控股子公司(Paiton电力投资有限公司)进行投资,通用电力投资公司以有限合伙人的方式通过投资印尼电力有限合伙公司(Capital Indonesia Power I C.V.)进行投资,印尼Paiton电厂项目的投资结构如图5-7所示。

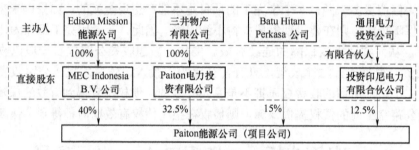

图5-7 印尼Paiton电厂项目的投资结构

3. 资金结构

项目资金由项目主办人提供的12.24%的股本资金和14.96%的从属债务资金(表中简称从属债务)及贷款人提供的72.8%的高级债务资金(表中简称高级债务)构成。另外,项目主办人还提供了3亿美元的备用股本资金(表中简称备用股本)用于超预算和不可预见费的开支。项目资金构成及来源如表5-3所示。

表5-3 项目资金构成及来源

资金来源	资金形式	金额/亿美元	比例
Edison Mission 能源公司	股本资金	1.224 0	4.896%
三井物产有限公司	股本资金	0.994 5	3.978%
Batu Hitam Perkasa 公司	股本资金	0.459 0	1.836%
通用电力投资公司	股本资金	0.382 5	1.530%
小计		3.060 0	12.240%
Edison Mission 能源公司	从属债务	1.760 0	7.040%
三井物产有限公司	从属债务	1.430 0	5.720%
通用电力投资公司	从属债务	0.550 0	2.200%
小计		3.740 0	14.960%

续表

资金来源	资金形式	金额/亿美元	比例
日本进出口银行（JEXIM）信贷和担保贷款	高级债务	9.000 0	36.000%
美国进出口银行（USEXIM）担保贷款	高级债务	5.400 0	21.600%
海外私人投资公司（OPIC）贷款	高级债务	2.000 0	8.000%
债券	高级债务	1.800 0	7.200%
小计		1.820 0	72.800%
总计		2.500 0	100%
主办人	备用股本	3.000 0	

4. 资信增级

项目的高级债务资金主要是由商业银行提供，其资信增级措施包括：① 印尼政府的支持信，支持印尼国家电力公司在购电协议中的责任及义务和支持 BHP 公司在供煤协议中的责任及义务；② 施工联合体的母公司以各自和连带责任的形式提供的银行保函和担保；③ 电厂运行公司的母公司为其提供的担保；④ 美国进出口银行为 5.4 亿美元的商业银行贷款提供了政治风险担保，日本国际工贸部为 3.6 亿美元的商业银行贷款提供了政治和商业风险担保。此外，还采用了严格的项目资金使用控制措施：① 项目融资所获得的资金如债权和股权资本都存入一个独立的专门支付账户，项目施工和购买设备等费用都直接由该账户支付，如图 5-8 所示；② 所有的营运收入也先存入受托人的总账户，然后按下列优先级分配收入：运行维护费，各种税，还贷，大修储备金，还贷储备金，一般运行维护储备金，偿还次级债权投资和股息红利，如图 5-9 所示。

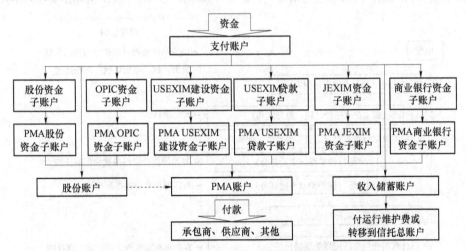

图 5-8 印尼 Paiton 电厂项目正式运行前的现金流控制

5. 融资结构

印尼 Paiton 电厂项目的融资是以与印尼国家电力公司签订的购电协议为基础的项目融资。由于印尼政府只签发支持信，因而该协议是执行该项目的核心合同：印尼国家电力公司授权项目公司兴建 Paiton 电厂并承诺购买其生产的电能。

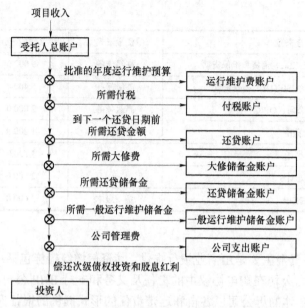

图 5-9　印尼 Paiton 电厂项目资金收入分配的优先顺序

Paiton 能源公司成立后,与印尼国家电力公司签订了 30 年的购电协议。为了分担商业风险,电价由两部分组成:容量电价和电量电价。容量电价又分为回收成本费部分(用于还贷、税、股息红利)和固定运行维护费部分。其中,回收成本费部分采用递减的形式:第一个 6 年每度电 8.56 美分,第二个 6 年每度电 8.41 美分,最后 18 年每度电 5.54 美分。电量电价由燃料费部分和可变运行维护费部分组成。电价以当地货币标价和支付,但与美元挂钩,固定和可变运行维护费部分还与消费价格指数挂钩,燃料价格直接包括在电价之中。Paiton 电厂的电价结构如图 5-10 所示。

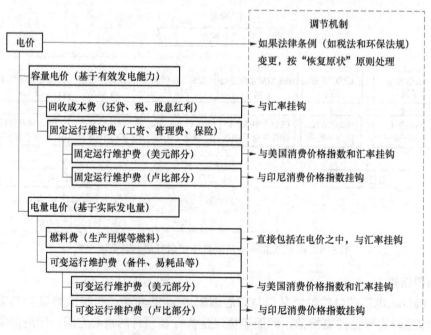

图 5-10　Paiton 电厂的电价结构

在该购电协议基础上，项目公司与 BHP 公司签订供煤协议，与三井物产有限公司领导的、包括日本东洋工程株式会社（Toyo Engineering Corporation，以下简称东洋工程）和 Duke and Fluor Daniel 国际咨询公司（Duke and Fluor Daniel International Services，以下简称 Duke & Fluor 公司）的施工联合体签订设计施工的交钥匙合同，与印尼使命运行维护公司（电厂运行公司，英文名称为 Mission Operation and Maintenance Indonesia Co.，简称 MOMI 公司）签订电厂运行维护协议。根据供煤协议，燃料价格与购电协议中燃料价格部分相同。设计施工合同是一个合同金额固定、时间固定的交钥匙合同：除了规定的情况外，任何超出费用都由施工联合体承担；提前完工每天奖励 32.5 万美元。施工联合体还需提供 20%合同金额的不可撤销信用证作为履行合约的保证。电厂运行维护协议采用固定基本服务费加上奖惩机制：超过规定的运行效率，所获得的收入的 20%奖给电厂运行公司，低于规定的运行效率，所造成损失的 10%由电厂运行公司承担。

该项目还通过债券发行人发行债券筹集资金，用于偿还未还清的商业银行贷款。债券发行人向债券购买者出售债券，用所得资金购买银行贷款的权益，因此项目公司直接向债券发行人还贷并向债券持有人担保偿还债券；债券发行人还建立信托基金，把项目公司的还贷资金存入信托基金，再通过信托基金支付债券的本息。图 5-11 为债券融资的结构。

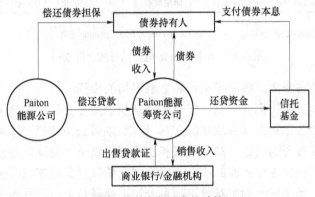

图 5-11　债券融资的结构

最终，项目公司与日本进出口银行、美国进出口银行和海外私人投资公司和商业银行签订一系列贷款协议，实现了融资关闭。印尼 Paiton 电厂项目的合同安排如图 5-12 所示。

6. 项目的主要优点

印尼 Paiton 电厂项目前期进展顺利，Paiton 能源公司赢得特许经营权，成功完成项目融资，按计划完工投入运行：这说明项目合同组织安排方面具有一定的优点。

（1）项目公司由技术过硬、财力雄厚、经验丰富的企业组成。

在 Paiton 能源公司的股东中，Edison Mission 能源公司在全世界拥有 50 多家发电厂；三井物产有限公司是一家日本集团，在全世界从事基础设施包括电厂在内的施工建设；BHP 公司是一家印尼煤炭供应公司；通用电力投资公司是一家美国公司，从事各种商业、工业和金融业活动。该联合体中既有设计施工和电厂运行的公司，又有燃料供应的公司及融资经验丰富的公司。因此，该联合体不但有经验、有技术、有资金，而且技术及经验涵盖项目的设计、施工、融资和运营等各个方面。由于项目公司需要承担设计、施工、融资和运营等几乎所有的工作，一个有经验、有技术、有资金的联合体不但易于通过政府的资格审查，也易于赢得特许经营权，在协议招标采购程序中，更是如此。

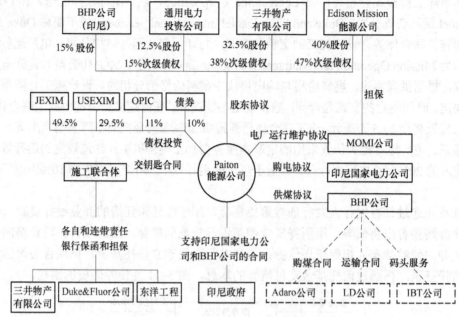

图 5-12　印尼 Paiton 电厂项目的合同安排

（2）利用从属债务资金，吸引了银行和金融机构的投资。

项目公司的股本资金比例并不高，但是利用从属债务资金和次级债务资金，使得股本资金和次级债务资金二者之和占项目成本的 27% 以上。项目公司的投资不但能解决初期所需资金，而且是吸引债权投资的关键。高额股权和次级债权投资不但降低债权投资人的风险，而且显示项目公司要把项目进行到底的决心；因为次级债权投资是在债权投资之后偿还，而股权投资是最后偿还，当项目遇到困难时，项目公司不会轻易中止项目而退出。此外，当项目经济表现不佳时，因为偿还债务在先，支付股息在后，这些资金起着缓冲作用。

（3）项目风险由多家分担，降低了项目公司的风险。

每个项目都有风险，关键是风险如何分担。项目公司承担的风险越小，越容易吸引债权投资。通过交钥匙合同，把设计施工风险转移给施工集团，并由履约保函加以保证。通过供煤协议，燃料供应风险由供应商承担。通过购电协议，大多数商业风险（如电力需求、汇率波动和通货膨胀）由印尼国家电力公司承担。而且，供应商和印尼国家电力公司的责任义务由印尼政府以支持信的方式来担保。Paiton 电厂的运行维护则通过电厂运行维护协议由 Edison Mission 能源公司的子公司（MOMI 公司）来承担，其履约责任由 Edison Mission 能源公司担保。

（4）采用技术性增级措施，减少债权人的风险。

严格控制项目资金使用分配。项目融资所获得的资金如债权和股权资本都存入一个独立的专门支付账户，项目施工和购买设备等费用都直接由该账户支付。所有的营运收入也先存入受托人的总账户，然后按下列优先级分配收入：运行维护费，各种税，还贷，大修储备金，还贷储备金，一般运行维护储备金，偿还次级债权投资和股息红利。这种安排减少了债权人的风险。

7. 项目的主要缺点

印尼 Paiton 电厂项目后期遇到一些麻烦，投入运行后 Paiton 电厂不能按计划销售电能，陷入旷日持久的电价谈判，还陷入行贿的诉讼：这说明项目合同组织安排方面还有缺陷。

（1）供求控制失衡，供过于求。

在 20 世纪 90 年代初，印尼经济快速增长，电力严重短缺，因此提出兴建 Paiton 电厂。印尼国家电力公司与 Paiton 能源公司签订了 30 年的购电协议，保证 Paiton 电厂年平均利用率为 83%。然而，Paiton 能源公司忽略市场需求变化，未能在购电协议中包括适当的控制措施，确保整个特许期内都有市场需求。结果，当 Paiton 电厂完工投入运行时，印尼的电力供大于求。尽管与印尼国家电力公司签有购电协议，Paiton 能源公司还是被迫签订临时协议，按一台机组的 60% 或两台机组的 30% 的利用率来运行。供大于求的原因很简单：一是亚洲金融危机使经济增长低于预计的增长率；二是在批准印尼 Paiton 电厂项目后，印尼政府陆续签订了兴建另外 26 家电厂项目。亚洲金融危机发生后，印尼政府初期决定延迟 26 个项目中的 13 个项目并重新审查另外 6 个项目；1998 年印尼政府最终决定 4 个项目延期，4 个项目重新审查；随着经济复苏，2002 年印尼政府又决定恢复执行其中的 7 个项目。这显示印尼政府过于乐观地估计经济发展，做出乐观的需求预测，忽略对供求平衡的控制，过多地授予项目特许经营权，因而导致供过于求。这种情况也在其他国家发生过，如菲律宾、巴基斯坦等国。

实际市场需求比购买保证更重要，长期需求比短期需求更重要。如果没有市场需求或市场需求不足，项目会陷入困境；如果立项时有需求而运行时需求不足，项目同样会陷入困境。因此，应认真评估产品服务的市场需求，确定市场对该项目的短期和长期需求并在协议中包括适当的控制措施，确保整个特许期内都有市场需求。

（2）承建非生产性设施。

Paiton 电厂只是 Paiton 电力生产基地 8 台机组中的 2 台机组，但开发商却承担修建公用设施（娱乐中心和汽轮机维修间）和额外的非生产性设施。这些非生产性设施使每度电的价格增加 0.75 美分。高电价给 Paiton 电厂带来了许多麻烦：被指控行贿，被要求降低电价。经过两年多的重新谈判，最后的电价由原来的递减电价改为水平电价并降至每度电 4.9 美分。作为补偿，一是延长特许期 10 年，二是允许 Paiton 能源公司兴建第 5 台和第 6 台机组（Paiton Ⅲ 电厂）。

因此，应避免建造非生产性设施，避免下面的错误观念：只要与政府或公用事业公司签订的购买协议中的电价就能保证回收投资并获得一定的利润，让建什么就建什么，甚至认为合同额越大越好。这种观念偏离了项目的内在经济规律。建造非生产性设施只增加单位投资成本但不增加生产能力，要回收投资只能提高收费水平。

（3）电价调节机制把主要商业风险转移给印尼国家电力公司。

Paiton 电厂的电价不但与汇率挂钩，还与燃料价格挂钩。在制定价格调节机制时，政府未能预计到汇率会狂跌，因而未设置上下限。亚洲金融危机使印尼卢比兑美元的汇率直线下跌，如果相应地调高电价，公众支付不起。为了社会稳定，不允许电价相应地调高，结果引起印尼国家电力公司和项目公司的纠纷。由于燃料价格直接包括在电价之中，只要印尼国家电力公司认可并接受煤炭供应商的报价，项目公司不在乎燃料价格的高低。例如，1997 年的市场价是每吨煤 22～24 美元，而供煤协议价格是每吨煤 39.76 美元。重新谈判后，Paiton 能源公司直接购买燃煤，以便降低电价。

收费调节机制作为降低风险的措施有它的局限性：① 与汇率挂钩可能因忽略社会和政治的影响而难以实施，也可能产生消费者支付不起的收费；② 把燃料价格直接包括在收费中，可能使项目公司不在乎燃料价格的高低，也可能诱使项目公司使用成本低但效率不高的设备。因此，在进行收费设计时，应注意预测极端事件并把它排除在收费调节机制之外，注意社会和政治因素的影响。

(4)"高风险高回报"风险管理策略。

与传统采购项目相比，PPP 项目是高风险的项目，经营风险与经营利润（回报）如同一枚硬币的正反两面，彼此不可分离，零风险的经营行为在市场经济条件下几乎不存在。面对经营风险，项目主办人需要在风险与收益之间选择最佳平衡点，并努力控制经营风险，从而使经营利润最大化。印尼 Paiton 电厂项目是印尼第一个用公私合伙采购策略兴建的电厂。当时，私人公司对印尼投资环境不太了解，不确定因素较多，风险比较高。基于风险–回报平衡原则，项目公司要求较高的利润作为承担较高风险的回报。因此，作为首个尝试用公私合伙采购策略的项目承担高风险也是造成高电价的因素之一。由于不但风险大小难以准确定义，并且风险–回报平衡因人而异，确立公平的风险–回报平衡是非常困难的，因而当项目公司被指控行贿时，也难以辩解。因此，在协议投标过程中，应避免"高风险高回报"风险管理策略用于某些风险，特别是政治风险。

思考题

1. 项目资信由哪些要素构成？
2. 项目实施过程中，可能涉及哪些合同？
3. 根据担保的形式，担保可分为哪几种类型？
4. 按照担保在项目融资中承担的经济责任不同，担保可分为哪4种类型？
5. 简述项目融资中的物权担保及其局限性。
6. 简述项目融资中的主要资信增级措施。
7. 试比较分析"不提货亦付款合同"和"提货与付款合同"的异同。

第6章

项目融资结构

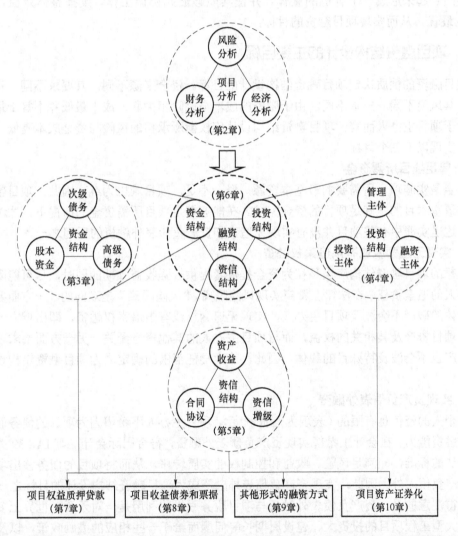

项目融资结构,简称融资结构,指融通资金诸组成要素(资金结构、投资结构和资信结构)的组成和构成,因此也可以称作交易结构。资金结构中,三种资金可以有多种比例的组合,但一个项目最终只有一种比例的组合;筹集资金的融资工具有多种,但一个项目一般只采用一种融资工具;资信增级措施有很多,但一个项目不需要也没有必要把所有的措施都用上。这就存在一个选择的问题,项目融资结构的设计就是选择合适的资金结构、投资结构和

资信结构，并把这 3 个基本结构有机地结合起来，实现效益最大化。本章讨论项目融资结构的设计目标、基本思路、关键问题，以及如何把 3 个基本结构组织在一起，并介绍几个典型的项目融资结构。

6.1 项目融资结构设计

项目融资结构设计是在系统工程科学方法的指导下，综合考虑项目本身的具体特点，结合金融市场、建筑市场、法律体系的具体情况，合理选择资金结构、投资结构和资信结构，使三者结合起来形成一个有机的整体，并使其能够彼此协调工作，发挥整体效益，达到整体性能最优，从而实现项目融资的目标。

6.1.1 项目融资结构设计的主要目标

项目融资的性质决定项目融资结构设计的目标。资金来源不同，其要求不同；资金形式不同，其风险不同、成本不同。由于融资的成本与风险相关联，成本最低并不等于最优。因此，对于项目主办人而言，项目融资结构设计应权衡所承担的风险与资金成本高低，在此原则下，实现以下三个目标。

1. 筹足项目所需资金

资金是实施项目所需要的最基本资源，资金不足，项目难以为继。因此，项目融资结构设计的最基本目的是满足项目的资金需求。在能够筹足项目所需资金的前提下，才考虑其他目标。这是实践中有些项目并没有实现无追索和资产负债表外融资的原因之一。

2. 实现无追索权或有限追索权融资

理想的项目融资结构应当是在为资金提供者提供较强收益预期的同时，尽可能限制对项目主办人的追索责任，在法律上希望实现风险隔离。"风险隔离"是双向的，一方面要求特殊目的载体的破产不会波及项目主办人，实现无追索权或有限追索权融资，即出贷方的追索权仅限于项目资产及其相关的权益，而与项目主办人的其他资产无关，另一方面要求项目主办人的破产也不会波及特殊目的载体。因此，追索责任范围的确定成为项目融资结构设计的目标之一。

3. 实现资产负债表外融资

每个人的资信是有限的（表现为信贷额度），项目主办人不希望因为项目的债务而影响其公司的融资能力。在会计上希望实现资产负债表外融资，符合国际会计准则 IAS 39 关于资产终止确认的标准，即满足风险、收益和控制权的实质转移，从而将项目的债务移出项目主办人的资产负债表外。因此，实现资产负债表外融资成为项目融资结构设计的目标之一。

值得注意的是，资产负债表外融资与项目税务亏损的利用是一对矛盾。世界上多数国家都因为大型工程项目的投资大、建设周期长等问题而给予一些相应的鼓励政策，以及对项目税务亏损的结转问题给予优惠条件。项目融资结构应充分考虑对这些优惠条件的利用，但是采用资产负债表外融资，则不能利用项目税务亏损；反之亦然。二者不能兼得，需要进行取舍决策。因此，资产负债表外融资并不是必须实现的目标。

6.1.2 项目融资结构设计的基本思路

融资之道就是资金从哪里来还要回到哪里去,并且带回利息。如果只想着把资金弄到手而不考虑资金的偿还,是不可能融到资金的。因此,融资在本质上是构建一个资金流的循环链,简称资金循环链。这个资金循环链涉及四个问题:一是如何筹集资金;二是如何使用资金;三是如何产生资金;四是如何偿还资金。如果所融资金不但回到了资金源头而且带来了预期回报,则该融资是成功的。项目融资结构设计就是要构建一个资金循环链,如图6-1所示。

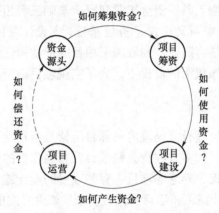

图6-1 项目融资的资金循环链

对于经营性项目而言,项目自身能够完成资金循环链,如图6-2所示。

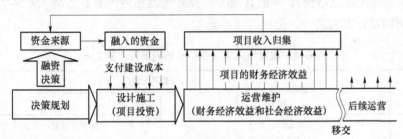

图6-2 经营性项目的资金循环链

对于公益性项目而言,项目自身不能够完成资金循环链,但是项目的直接受益人和间接受益人向政府缴纳税费,充实财政收入,政府用财政收入通过可用性付费或绩效付费完成资金循环链,如图6-3所示。

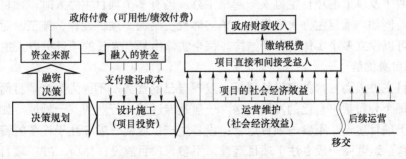

图6-3 公益性项目的资金循环链

6.1.3 项目融资结构设计的关键问题

项目融资结构设计需要解决三个关键问题：筹集资金的金融工具，偿还债务的资金来源，保障债权的资信基础。筹集资金的金融工具在第 3 章中有较为扼要的叙述，项目融资结构设计的任务是根据资本市场的具体情况，设计出合适的金融工具；根据项目融资的定义，偿还债务的资金来源是项目的预期收益，项目融资结构设计的任务是明确项目收益来源；项目融资的成功与否取决于保障债权的资信基础，项目融资结构设计的任务是让债权人相信自己的债权得到了满意的保障。金融工具、资金来源和资信基础三者相互关联、相互影响，金融工具决定了资金来源，而资金来源又决定了资信基础，在设计项目融资结构时应系统地考虑。至于所构成的项目融资结构是否高效，则取决于项目融资结构设计水平。

在实现合理的风险与回报权衡的前提下，为了实现项目融资结构设计的目标，应考虑以下问题。

1. 适应项目特点

对于一个项目而言，项目建设复杂程度与项目运营复杂程度不同。有些项目的设计施工比较复杂，而运营比较简单，如多数收费公路项目；有些项目的设计施工比较简单，而运营比较复杂，如体育场馆、医院、养老等项目；有些项目的设计施工和运营都比较简单，如园林绿化项目；有些项目的设计施工和运营都比较复杂，如火力发电厂、垃圾焚烧电厂等项目。项目融资结构应适应项目特点。

只有一个项目主办人时，如果假定越复杂利润空间越大，则项目主办人自己负责利润空间大的部分（前提是自己擅长），而把其余的部分外包给相关的专业公司。表 6-1 是项目特点与项目融资结构设计方案之一，但该方案不是唯一。

表 6-1 项目特点与项目融资结构设计方案之一

项目建设复杂程度	项目运营复杂程度	
	简单	复杂
简单	全部自己负责 （重点：整体利润）	负责项目运营，外包项目建设 （重点：运营利润）
复杂	负责项目建设，外包项目运营 （重点：施工利润）	全部自己负责 （重点：施工和运营利润）

如果项目大到超出单个项目主办人的能力或意愿，或者项目复杂需要不同专长的企业参与，则需要两个及以上的项目主办人一起来主办。当有多个项目主办人时，项目融资结构有更多的选择。例如，项目主办人合资设立单实体投资结构，项目设计、施工、运营采用分包的方式；也可以设立多个实体的投资结构，每个实体由具有专长的项目主办人主导。

2. 发挥自身优势

对于项目主办人而言，如何扬长避短，发挥自己的优势，不因为某个项目而影响公司的发展战略。每个公司都有自己的发展战略，一般是专注某一行业或某一领域，如建筑施工企业一般专注于项目建设，不参与项目运营；设备生产供应商一般专注于设备的设计制造，不参与项目运营；运营商一般专注于项目运营，不参与项目建设。然而，PPP 项目一般既包括项目建设又包括项目运营。因此，进行项目融资结构设计时，需要扬长避短。

如果项目主办人不是全能企业，而是侧重项目的设计施工或者项目的运营维护，则可以寻找一个（或多个）合作（合资、合营）伙伴，在业务上互补，设立两个特殊目的载体：一个负责项目的设计施工，另一个负责项目的运营维护，发挥各自的优势，实现双赢。例如，如果伙伴甲的业务优势在项目的设计施工，则与善于项目的运营维护的企业合作或合资，自己负责项目的设计施工，目的是赚取项目的设计施工的利润；如果伙伴甲的业务优势在项目的运营维护，则与善于项目的设计施工的企业合作或合资，自己负责项目的运营维护，目的是赚取项目的运营维护的利润，如表6-2所示。

表6-2 设立两个特殊目的载体的项目融资结构设计方案之一

伙伴甲的业务优势	伙伴乙的业务优势	
	项目的设计施工	项目的运营维护
项目的设计施工	× （非大项目，无合伙的必要）	建设公司+运营公司 （重点：施工利润）
项目的运营维护	建设公司+运营公司 （重点：运营利润）	× （无合伙的必要）

3. 满足合作伙伴的需要

项目的合作伙伴一般都有自己的最低要求，如税务亏损冲抵、项目运营主导权、资产负债表外融资等，只有满足各自的最低要求才可能达成合作。下面以欧洲迪士尼乐园项目为例，探讨该项目的融资结构设计是如何满足各个合作伙伴要求的。

1987年3月，美国华特迪士尼公司（The Walt Disney Company，以下简称美国迪士尼公司）与法国政府签署了一项原则协议，在法国巴黎的郊区兴建欧洲迪士尼乐园。该协议规定，欧洲迪士尼乐园项目的多数股权必须掌握在欧洲共同体（简称欧共体，欧盟的前身）居民的手中。然而，美国迪士尼公司对项目融资结构设计的要求为：一是必须保证筹集到项目所需资金，二是获得比市场平均资金成本低的资金，三是主导项目的经营。如果简单地设立单实体投资结构，则产生两个矛盾：一是要求融资成本低于市场平均水平去筹集项目所需资金与预期的前期高额亏损无法吸引投资者的矛盾；二是多数股权掌握在欧洲共同体居民手中与美国迪士尼公司主导经营的矛盾。因此，该项目利用合伙制和金融租赁的特点，采用了双实体投资结构：一家普通合伙企业——"欧洲迪士尼财务公司"，让其投资者直接分享项目的税务亏损冲抵；一家有限合伙企业——"欧洲迪士尼经营公司"，美国迪士尼公司为唯一的普通合伙人，其他投资人为有限合伙人；欧洲迪士尼财务公司负责项目投资，是项目资产的所有者、出租人，而欧洲迪士尼经营公司是项目资产的承租人，负责项目的经营；设立租赁关系，租赁期20年，欧洲迪士尼经营公司最终拥有项目资产，欧洲迪士尼乐园项目融资结构如图6-4所示。

由于普通合伙人承担的风险比较大，所以有些项目主办人采用多层级结构，即设立全资子公司；然后，由子公司与其他的项目主办人合资设立项目公司。如欧洲迪士尼乐园项目中，美国迪士尼公司先在法国注册成立全资子公司——欧洲迪士尼控股公司，再由欧洲迪士尼控股公司注册成立全资子公司——项目投资公司；最后由项目投资公司作为普通合伙人与其他投资人成立合伙制企业。

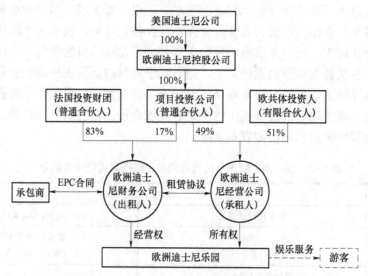

图 6-4　欧洲迪士尼乐园项目融资结构

4. 满足资金市场的要求

世界各国经济发展情况不同，发达国家发展比较好，资金市场比较发达，金融产品比较多，项目融资是其中之一；而一些发展中国家的资金市场不发达，金融产品有限，项目融资不一定获得市场的认可，难以通过设立特殊目的载体去融资。因此，只能采用契约型投资载体，由项目主办人直接进行融资。项目主办人不设立独立的融资主体，直接向金融市场融资，形成项目主办人直接安排融资的项目融资结构，其本质是公司融资。

6.2　典型的项目融资结构

在项目融资实践中，项目主办人设立专门的具有独立法人资格的实体机构或借用其他的具有独立法人资格的机构进行融资。由于具有独立法人资格的机构种类很多，相应的项目融资结构也很多，常见的有：通过成立专门的项目公司、成立专门的融资公司或者设立信托基金向金融市场融资等。

6.2.1　利用专设项目公司安排融资

利用专设项目公司安排融资时，比较普遍的做法是项目主办人共同投资组建一个项目公司（一般为独立的有限责任公司或股份有限公司）。该公司的目的单一，就是负责项目的融资、建设和运营，从而形成以项目公司为中心的项目融资结构，如图 6-5 所示。

由图 6-5 可以看出，项目公司具有投资主体、管理主体和融资主体的三重角色。作为投资主体，项目公司吸收项目主办人和其他投资人的股本资金，代表所有投资人拥有项目资产和项目收益；作为管理主体，项目公司代表所有投资人经营和管理项目；作为融资主体，项目公司负责安排项目融资，向银行贷款并承担偿还债务的责任。其基本操作过程如下。

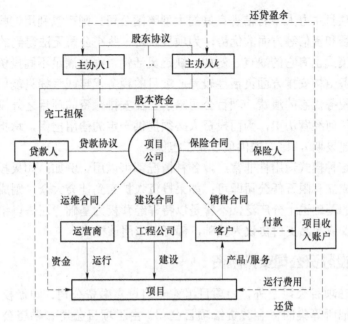

图6-5 利用专设项目公司安排融资
——协议/合同关系; ----可能的合同关系; -----资金流; ⟶其他资源流

(1) 项目主办人（投资人）根据股东协议，注入协议规定比例的股本资金，组建一个具有独立法人地位的有限责任公司或股份有限公司，称为项目公司。

(2) 项目公司作为独立的法人实体，负责项目的开发建设和生产经营，可以与工程公司、产品购买者、保险商等相关各方签署一切与项目建设、生产和市场有关的合同，如建设合同、运维合同、销售合同、保险合同等。

(3) 项目公司作为独立的生产经营者，可以整体地使用项目资产和现金流量作为融资的抵押和信用保证，直接同贷款人签署贷款协议来安排项目融资，获取项目的贷款资金，并承担债务偿还责任。必要时，项目主办人还要为项目公司的融资提供一定的信用担保，承担一定程度的风险责任。例如，在建设期间，项目主办人通常要提供项目完工担保；在生产经营期间，投资人可能提供产品购买担保。

(4) 项目产品销售收入及其他收入产生的现金流量，在支付项目的生产费用和资本再投入后，偿还贷款人的到期债务。盈余的资金作为项目公司的利润，以红利或股息的形式返回给投资人。

在这种模式下，项目融资由项目公司直接安排，债务的主要信用保证担保来自项目公司拥有的现金流量、项目资产及项目主办人和其他参与者所提供的与融资有关的担保和商业协议。这一模式具有以下几个优点。

(1) 项目公司统一负责项目的建设、生产、市场营销。以整体的项目资产和现金流量作为融资的抵押和信用保证，在概念上和融资结构上较容易为贷款人接受，法律结构也相对简单。

(2) 在融资过程中，投资人不直接安排融资，项目的融资风险和经营风险大部分限制在项目公司。这使得项目融资容易被安排在对项目主办人进行有限追索甚至无追索的基础之上，也容易实现项目主办人的资产负债表外融资。

（3）如果在项目主办人中有信誉良好的大型跨国公司，则可以利用这些大型跨国公司在管理、技术、市场和资信等方面的优势，为项目获得一些小公司无法得到的贷款优惠条件。

但是，这一模式也有它的缺点。例如：缺乏灵活性，很难满足不同投资人对融资的不同要求，比如在税务结构安排方面灵活性较差，项目的税务优惠或亏损只能保留在项目公司中应用，容易形成税务优惠的浪费；项目公司除了正在安排融资的项目之外没有任何其他资产和业务，也没有任何经营历史，因而投资人必须提供一定的信用担保，承担一定程度的项目责任（尤其是在建设期），比如提供项目完工担保。

由此可见，这种模式适用性非常广，各种情况都可以用。例如：如果投资人只限于几个项目主办人，则成立有限责任公司即可；如果投资人扩大到社会大众，则成立股份有限公司即可。贷款融资的基础也十分广泛，不管是以特许经营权为基础，还是以销售合同、设施使用协议、租赁协议或产品支付协议为基础，都可以应用该模式。

6.2.2 利用专设融资公司安排融资

项目主办人在项目公司之外，为项目组建专门设立融资公司，向债权人借贷或发行债券和股票，然后把所筹集的资金转贷给项目公司。由于项目公司和融资公司都是项目主办人组建的，因此项目公司与融资公司的贷款协议必须取得项目主办人或第三方金融机构的担保支持（通常是备付信用证形式的担保），否则资金提供者不愿向融资公司提供资金。利用专设融资公司安排融资的结构如图6-6所示。

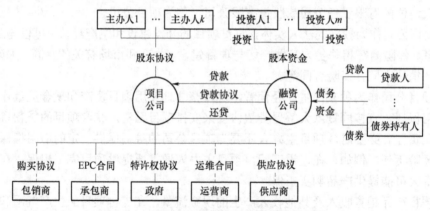

图6-6 利用专设融资公司安排融资的结构

利用专设融资公司安排融资就是把融资的职能从项目公司的职能中分离出来，使项目公司专注项目的管理工作，因而比较适合吸收社会大众的资金。但是，由于项目公司和融资公司都是项目主办人组建的，二者之间的贷款协议有自己与自己签订之嫌。

6.2.3 利用专设信托基金安排融资

为项目专门发起设立信托基金，向基金投资人出售基金份额，然后把所筹集的资金转贷给项目公司或者以股权形式投资项目公司。利用专设信托基金安排融资的结构如图6-7所示。

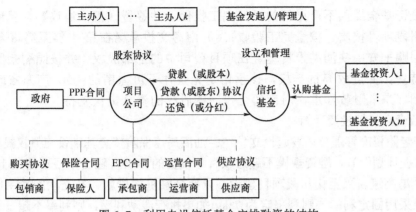

图 6-7 利用专设信托基金安排融资的结构

利用专设信托基金安排融资可以获得更广泛的资金来源，而且信托基金既可以以债权方式也可以以股权方式向项目公司提供资金，具有一定的灵活性。例如，在汕头—湛江高速公路（又称汕湛高速公路，简称汕湛高速）项目中，中国中铁股份有限公司（简称"中铁"）与平安信托有限责任公司合作设立信托基金为汕湛高速新兴至化州段项目进行项目融资，该基金设计为两部分：一是保险资金股权投资计划（占总投资的 40% 或 50% 两种方案）；另一个是保险资金债权投资计划（占总投资的 40%）。具体情况如下。

汕湛高速全长 860 多 km，是贯通广东省东西两翼经济欠发达地区的一条重要通道。该公路分段进行建设，其中新兴至化州段总投资估算 218.9 亿元，采用 BT（build-transfer）模式建设，建设期 3 年，回购期 5 年。项目由中铁四局与深圳前海珞珈方圆资产管理有限公司（简称"珞珈方圆"）联合体（中铁–珞珈方圆合资公司，简称中铁–珞珈方圆）承包建设，广东省人民政府指定广东省财政厅安排专项资金并委托广东省南粤交通投资建设有限公司（简称"南粤交投"）代表政府进行回购，平安信托有限责任公司作为项目投融资总安排人负责项目融资结构的设计：项目所需资金以基金为主（占总投资的 80%~90%），其余部分采用银团贷款（占总投资的 10%~20%）。

1. 保险资金股权投资计划

平安养老险资产管理公司先发起设立"平安–汕湛高速新兴至化州段保险资金股权投资计划"（简称"险资股权计划"）；然后，由险资股权计划作为有限合伙人投入资本金 90% 的优先资金，而中铁–珞珈方圆作为普通合伙人投入资本金 10% 的劣后资金，共同组建有限合伙制的"平安中铁汕湛投资基金"，并由该投资基金设立汕湛高速新兴至化州段项目公司（简称"项目公司"）。针对 BT 模式的特点，险资股权计划所筹集的资金购买项目公司的可赎回非参与优先股，每年股权维持费固定为 8.5%。由于股权投资行为贯穿整个建设期与回购期，股权维持期间需将建设期与回购期一同考虑。一般的做法是建设期不准售回股权，在项目回购期内分年回购基金在项目公司中的股权，每年的股权回购比例与 BT 项目回购付款比例一致。因此，本项目的股权回购安排如下：按半年付息，前三年不偿还股本资金，在第 4 年至第 8 年由南粤交投分年等额回购此股本资金。

险资股权计划的增信措施包括：① 中铁–珞珈方圆作为普通合伙人认购平安中铁汕湛投资基金 10% 的劣后份额，作为对优先级有限合伙人的安全垫保障；② 中铁向平安中铁汕湛投资基金提供不可撤销的项目完工担保,并签署《担保协议》,保证汕湛高速新兴至化州段项目按质、按量完工验收;③ 南粤交投承诺在第 4 年至第 8 年分年按约定的比例回购平安中铁汕湛投资基金在项目公司中的全部股权,并按照剩余股权金额支付股权维持费,并且放弃抗辩权,该承诺是无条件不可撤销的;④ 广东省政府、广东省交通厅和广东省财政厅承诺对南粤交投回购股权的资金提供支持。

2. 保险资金债权投资计划

平安养老险资产管理公司发起设立"平安–汕湛高速保险资金基础设施债权投资计划"(简称"险资债权计划"),融资规模不超过项目总投资的 40%,融资期限不超过 10 年,全部用于投资汕湛高速新兴至化州段项目建设、置换金融机构借款、补充期间费用等运营资金支出。如果采用固定利率,则利率定为 7%;如果执行浮动利率,则利率不超过 5 年中国人民银行基准利率+0.45%。从第 6 个计息年度开始还本付息,第 6、7、8、9、10 个计息年度分别偿还总额的 17%、18%、20%、22%、23%,利息每半年支付一次,最后一期利息随本金一起支付。

险资债权计划的增信措施包括:① 权利质押:汕湛高速新兴至化州段 100%收费权第一顺位等比例质押;② 收费账户封闭监管:对汕湛高速新兴至化州段通行费收入账户进行封闭监管,在未发生违约事件时,账户内通行费收入可自由支配;发生违约事件时,账户仅能进不能出,直到违约事件解除;③ 广东省政府、广东省交通厅、广东省财政厅为项目融资偿还提供还款支持,南粤交投提供不可撤销连带责任担保。

汕湛高速新兴至化州段项目融资结构如图 6-8 所示。

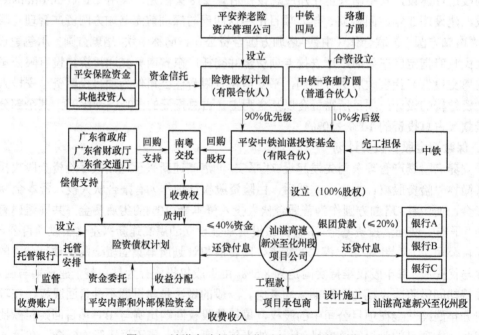

图 6-8 汕湛高速新兴至化州段项目融资结构

6.3 项目融资结构设计应注意的事项

项目融资结构是投资结构、资金结构和资信结构的有机结合，而不是简单堆砌。根据项目融资的定义，债务追索权的程度是项目融资的核心，只有实现对项目主办人（投资人）财产的有限追索（最理想的是无追索），才称得上严格意义上的项目融资。对于债权人而言，在给予项目主办人有限追索权或无追索权贷款同时，不愿也不能承担过多的项目风险。由此可见，在设计项目融资结构时，应注意如何实现有限追索和合理分担项目风险。

6.3.1 有限追索权融资的实现

实现债权人对项目主办人的有限追索，是设计项目融资结构的目标之一。在项目融资中，项目的抵押资产通常包括项目资产、项目现金流及相关方所承诺的其他义务（如担保）。由于项目主办人一般不是借款人，项目融资的有限追索原则指项目贷款人仅在某个特定时间阶段或在约定范围内，才能对项目主办人进行追索；如果超过上述时间和范围，则无论出现何种债务清偿，贷款人都不能对项目主办人抵押资产之外的资产进行追索。

追索的形式和追索的程度取决于贷款人对项目风险的评价和承担风险的意愿。例如，如果贷款人认为建设期存在某一重大风险，且不愿接受该风险，则可能要求项目主办人在该风险发生后必须提供额外的股本资金；否则，贷款人将对项目主办人进行追索，直到该风险消失或项目完工为止。项目融资结构设计要考虑的因素包括：所处行业的风险系数、投资规模、投资结构、项目开发阶段、项目经济强度、市场安排，以及项目投资者的组成、财务状况、生产技术管理、市场销售能力。针对上述因素，确定合适的追索形式和追索程度。

设计一个行之有效的项目融资结构，应当是在为债权人提供较强的债权保障的同时，尽可能限制债权人对项目主办人的追索责任。要同时实现上述两个目标，重点在项目的预期收入及其可靠性；在正常情况下，项目的经济强度是否足以支持债务偿还。项目本身经济强度越高，偿还债务的能力越强，则可减轻对项目主办人的追索程度，直至实现无追索的纯粹项目融资。此外，在项目主办人以外有强有力的外部信用支持也至关重要。如果有强有力的外部信用支持，如有信用卓著的第三方担保人（如政府机构），则可减少对项目主办人的追索。

6.3.2 项目风险的分担

项目主办人（投资人）不承担项目的全部风险责任，是项目融资结构设计的另一目标。项目融资的一大优点是项目风险由参与人分担，以某种形式，在投资人、贷款人及其他利益相关者之间进行合理分配。如何实现项目风险在投资人、贷款人和其他利益相关者各方之间的合理分担，是实施这一原则的关键。

项目在建设开发、试生产、生产经营等阶段都有各种性质的风险。如果项目的所有风险完全由项目主办人承担，则会大大削弱项目投资的吸引力，甚至无人愿意投资，这无疑违背了项目融资的初衷。对于银行而言，承担任何一项融资的全部风险都是与其经营原则相悖的，项目融资也不能例外。对于其他项目利益相关者而言，使其承担项目全部风险也是不现实的。因此，唯一可行的方法应当是：通过合理的融资结构设计，对于项目在不同阶段中与项目有关的各种性质的风险因素，以某种形式在投资人、贷款人及其他利益相关者之间进行合理分配。进行风险分配时,风险责任不应超过风险承担者的能力。如果风险发生,不至于造成其破产,从而避免风险转移的失败。

在项目开发建设时期,项目现金流是有出无进的。一个未完工的项目难以产生现金流。此外,如果项目建设延期或建设成本超出预算,都会给还贷造成很大困难,给贷款人造成很大损失,所以贷款人一般不愿意承担这段时期的风险,通常要求项目主办人以"完工担保"的形式来承担(完工风险通常转移给工程承包商)。

在项目建成投产以后,项目的主要风险是项目不能产生预期的现金流量。预期的现金流量与市场需求和原材料供应密切相关,偿还债务还与货币风险(汇率、可兑换性、外汇管制等)相关。有限追索权融资的目的就是要求债权人分担部分这类风险。当贷款人在完全或部分丧失对项目主办人的追索权时,不得不部分或全部承担现金流量不足的风险。采用项目融资的项目一般是基础设施或公用设施项目或资源开采项目,它们的产品或服务具有一定的垄断性,或者签有长期购买协议。尽管如此,债权人仍然承担潜在的风险:一是可能出现产品市场价格过低,从而导致项目现金流量不足的问题;二是可能出现项目产品购买者不愿意或者无力继续执行产品销售协议而造成项目的市场销售问题。因此,除非债权人可以从项目主办人或第三方那里获得信用支持,否则这些潜在问题所造成的风险就落在债权人手中。

6.3.3 资产负债表外融资的实现

希望实现资产负债表外融资的原因主要是项目主办人不愿意因为项目的债务而增加自身的负债比率。如果项目的债务列入项目主办人的资产负债表,就会增加项目主办人的负债比率,引起债权人的关注,降低信用等级,增加借款成本等。而资产负债表外融资可以防止那些不利于项目主办人的财务比率出现,如负债总额降低、资产负债率和净权益负债率下降等。另一个可能的原因是规避借款合同的限制,如果项目主办人与现行的债权人订有必须限制负债水平的协议,资产负债表外融资就可作为绕过这一限制的手段。然而,资产负债表外融资也失去了利用项目早期的亏损进行税务亏损冲抵;此外,资产负债表外融资行为掩盖了企业的重要财务信息,未能反映真实的负债水平,很可能误导信息使用者,因而引起了各国会计准则制定机构的关注,特别是安然公司(Enron Corporation)破产事件之后,会计准则进行了修改,减少表外融资项目,尽可能地将其纳入资产负债表。

6.3.4 提高项目资信

项目融资的资信涉及股本资金的数量、项目收益和信用支持。一是在正常情况下,项目收益是否足以偿还债务。股本资金比例越高,则偿债压力越小;项目本身收益越高,则其偿债能力越强;如果债权人可以合理掌控项目的现金流,则可进一步提高项目资信。二是在项目收益以外,能否找到强有力的信用支持,包括项目主办人的信用支持和第三方的信用支持。这时的问题是如果获得强有力的外部信用支持,如何通过谈判来决定项目投资者和第三方担保人(如果要求提供)在融资中需要承担的责任和义务,以及需要提供担保的性质、金额和时间等条件。

6.3.5 项目融资结构的整体优化

为了实现无追索权或有限追索权融资,实现风险隔离,就需要设立特殊目的载体;为了实现资产负债表外融资，就需要符合会计准则，不能落入"可变利益实体"的窠臼；为了实现项目资金融通，就需要设计合理的资金结构，瞄准潜在的资金来源，采用合适的融资工具。因此，在进行投资结构设计时，要考虑风险隔离的程度，项目主办人追求自身风险最小化；在进行资金结构设计时，要考虑融资成本，项目主办人追求融资成本最小化；在进行资信结构设计时，为了减轻自身的风险，项目主办人追求无追索权或有限追索权融资，控制担保的责任范围。这些目标很难同时实现，如降低风险与降低融资成本有冲突，不可能一方面要求债权人承担更多的风险，另一方面要求债权人降低贷款利率。由此可见，一个结构的目标与另一个结构的目标会不一致，甚至相互冲突。项目融资结构设计就是要实现整体最优，优化原则是风险—回报均衡。

6.4 案例分析——中国广西来宾 B 电厂项目

中国广西来宾 B 电厂（以下简称来宾 B 电厂）装有两台 36 万千瓦发电机组，总装机容量 72 万千瓦，总投资为 6.16 亿美元。该电厂于 1995 年 5 月 8 日由中华人民共和国国家计划委员会批准立项，以 BOT 模式进行开发、建设和运营，项目的特许期为 18 年，其中预计建设期为 33 个月，运营期为 15 年。作为 BOT 试点项目，来宾 B 电厂项目成为中国第一个真正的 BOT 项目。被选为试点以后，广西政府组成了来宾 B 电厂 BOT 项目领导小组并设立常设办公室，同时广西政府聘请专业的投资咨询有限公司作为代理，负责代理广西政府处理有关来宾 B 电厂的资格预审、招标、评标和谈判工作。

1. 投资结构

来宾 B 电厂项目的投资结构采用了双实体投资结构：由法国电力公司（60%）和 GEC 阿尔斯通公司（40%）合资组建广西来宾法资发电有限公司（项目公司），承担投资主体、融资主体和管理主体三重角色；法国电力公司（85%）、广西电网有限责任公司（以下简称广西电网公司，7.5%）、广西新千年置业有限公司（7.5%）合资组建广西来宾希诺基发电运营维护有限责任公司（项目运营公司，简称广西来宾希诺基有限公司），负责来宾 B 电厂的运营维护工作。

2. 资金结构

资金来源包括股本资金 1.54 亿美元（占总投资的 25%），其中法国电力公司出资 60%，GEC 阿尔斯通公司出资 40%；其余的部分（占总投资的 75%）为银团贷款，银团由 19 家银行组成，由法国东方汇理银行、英国汇丰银行和英国巴克莱银行组成的银团联合承销。

3. 资信担保

在来宾 B 电厂整个的投资设计、融资和建设过程中，所需要的各方面的协调和协助，广西政府都给予大力支持。此外，广西政府还提供下列具体的支持。

（1）允许投资人将其从电厂经营中取得的人民币收入，在扣除费用和缴纳税金以后，换成外汇汇出境外。

（2）指定一家燃料公司供应项目公司所需要的燃料，并与项目公司签订燃料供应和运输协议，按协议保证供应项目公司所需要的燃料。燃料价格变化时，可以相应地调整电价。

（3）保证每年按照合同确定的价格购买 35 亿 kW·h 以上的电量，并指定由广西电网公司与项目公司签订购电协议和调度协议。广西政府允许项目公司在特许期期间根据下列调整依据对电价收费进行合理调整：① 如果发生任何未投保不可抗力事件而导致项目公司还款付息出现困难，包括法律变更或者任何其他由广西政府引起的例外事件；② 用美元计价部分的运营电价应考虑汇率变化，当汇率变化幅度超过±5%时，该部分运营电价需做出一定调整；③ 燃料电费将随着燃料供应和运输协议中的燃料价格调整而调整。

（4）项目公司可以享受国家和地方政府所规定的税收优惠。

（5）广西政府免费或以优惠的价格向项目公司提供电厂建设、营运和维护所需要的土地、供水、供电、通信、道路、铁路等现有设施。

此外，项目还获得法国出口信贷机构（法国对外贸易保险公司）的支持，为3.12亿美元贷款提供出口信贷保险。

4. 融资结构

项目融资主要是建立在项目公司签订的下列合同的基础之上：与GEC阿尔斯通公司的子公司（阿尔斯通出口公司）和考菲瓦公司（COFIVA）合资组建的设计施工联合体签订的建设服务合同直接协议（EPC合同），该联合体又把土建施工分包给中国建筑第二工程局与法国艾萨义国际建筑公司联合体（中建二局-艾萨义联合体），通过设备供应合同把设备供应工作交由GEC阿尔斯通公司负责；与广西来宾希诺基有限公司签订的运营维护合同（以下简称运维协议）；与广西电网公司签订了购电协议，确定了每年购买的最低电量及一些电费构成，与广西建设燃料有限公司签订了燃料供应和运输协议，确定了燃料的价格和质量。项目融资原来预计在草签协议后6个月完成，即1997年5月份可以正式签订。但由于草签的协议中有一条规定"草签协议后2个月内要得到中央政府的批准"，而中央政府批准时间拖延了两个半月，所以协议正式签字也延后了两个半月，即于1997年7月18日正式签订。图6-9是来宾B电厂项目融资结构。

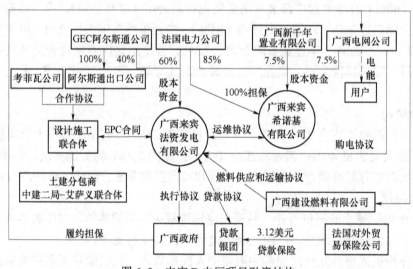

图6-9 来宾B电厂项目融资结构

5. 经验教训

2015年9月3日零时举行了来宾B电厂项目移交仪式。广西来宾法资发电有限公司将来宾B电厂正式移交给广西投资集团，一个代表广西政府权益和义务的执行机构。来宾B电厂移交之后，正式更名为广西投资集团来宾发电有限公司。在18年携手合作期间，也存在一些不同的声音。但是，从投资收益看，项目总投资 51.3 亿元，法方获净利润约 45 亿元，而广西从上缴各类税费及 BOT 专项资金等方面获益达 91.2 亿元。此次成功移交后，广西还收获了净值约为 12 亿元的 72 万 kW 机组火电厂，至少还能运营 15 年。从社会贡献看，按照电量每 kW·h 拉动 GDP 增长 10 元计，项目累计 566.99 亿 kW·h 的上网电量拉动了广西 GDP 增长共计 5 669.9 亿元。回顾政府与项目主办人 18 年的真诚合作，主要经验教训如下。

（1）采用公开招标，大大地缩短了项目前期时间。BOT 项目前期一般旷日持久，采用公开招标的方式，加上政府的积极参与，只用了两年零四个月的时间就完成了项目谈判、特许权协议的签字生效，使项目进入实施阶段。

（2）注重上网电价，走出回报率的误区。控制上网电价既有利于管理，又有利于调动开发商的积极性；鼓励开发商加强管理，降低投资成本和经营成本；开发商获利，用户享受较合理的电价。

（3）政策透明，外商放心。项目的国际招标做到了政策公开、招标程序公开、特许权协议公开、评标标准公开、谈判程序公开等，整个招标过程公开、公正、公平，促进了国外投资人的积极参与。

（4）合理的融资结构，发挥了各自的优势。法国电力公司是做电力行业的，比较擅长运营，因此它重点放在电厂的运营，与广西电网公司和另一家公司合资成立项目运营公司，负责电厂的运营。GEC 阿尔斯通公司是设备制造商，更擅长在电厂设备制造，因此，它的重点放在设备供应，其子公司与考菲瓦公司合作为建设总承包方执行项目工程建设和试运行，并把土建施工分包给中建二局–艾萨义联合体，从而充分利用当地的廉价劳动力。法国电力公司和 GEC 阿尔斯通公司既不从事燃料供应业务，也不熟悉中国的燃料市场，因此项目公司与广西建设燃料有限公司签订燃料供应和运输协议，把燃料供应风险（价格风险、供应中断风险等）转移给中国企业。

来宾 B 电厂的成功不仅仅是一个项目的成功，它标志着我国利用外资的水平上了一个新台阶，意味着我国利用外资的法律环境和管理能力日渐成熟，在利用外资方面具有划时代的意义。

 思考题

1. 项目融资结构设计的主要目标是什么？
2. 通过中介安排融资有哪些典型的模式？各自有哪些特点？
3. 以"杠杆租赁"为基础的项目融资模式有哪些优、缺点？
4. 简述不同资信基础的项目融资特点。
5. 简述项目融资结构设计的注意事项。

第 7 章

项目权益质押贷款

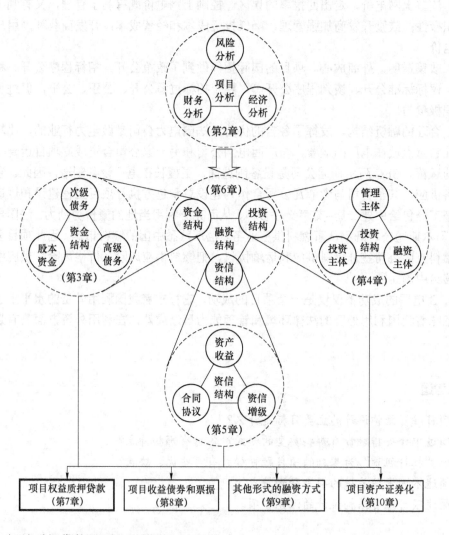

项目权益质押贷款是项目融资最主要的融资工具，绝大多数 PPP 项目采用这种形式。在新建 PPP 项目中，进行项目融资时，一般只有特许经营权或 PPP 合同，项目资产还没有形成，只能依靠预期的项目收益和权益进行抵押或质押贷款。

7.1　项目权益质押贷款的基本概念

要对项目权益质押贷款进行定义，应先从贷款的定义开始。贷款是银行或其他金融机构按一定利率和必须归还等条件出借货币资金的一种信用活动形式。在贷款过程中，商业银行贷款经营的基本原则包括安全性、流动性、效益性。《中华人民共和国商业银行法》第4条规定："商业银行以安全性、流动性、效益性为经营原则，实行自主经营，自担风险，自负盈亏，自我约束。"安全性原则要求确保贷款的回收，不发生损失；流动性原则要求按预定期限回收贷款，不发生延误；效益性原则要求贷款能够带来利息，则是银行持续经营的基础。其中，安全性原则最为重要，贷款的安全性体现在贷款担保上。

7.1.1　项目权益质押贷款的含义

对于新建PPP项目，为了进行风险隔离，项目主办人一般设立一个特殊目的载体进行融资。在进行项目融资时，该特殊目的载体除了注册资金（项目主办人的股本资金）和特许经营权外，既没有资产（因为项目资产还没有形成），又没有经营历史。因此，特殊目的载体不可能获得信用贷款，只能是担保贷款。

根据担保方式不同，担保贷款可分为：① 保证贷款，即以第三人（担保人）承诺在借款人不能偿还贷款时，按约定承担连带责任而发放的贷款；② 抵押贷款，即以借款人或第三人的财产作为抵押物发放的贷款；③ 质押贷款，即以借款人或第三人的动产或权利作为质物发放的贷款。因此，有些项目采用保证贷款，如马来西亚南北高速公路项目中，马来西亚政府为0.6亿美元的贷款提供了担保；有些项目采用抵押贷款，如利用土地使用权进行抵押贷款；有些项目只能依靠项目权益（如收费权、特许经营权）进行质押贷款，即以项目收益权质押方式为贷款担保。由于保证贷款不属于项目融资，而抵押贷款与质押贷款除了担保物不同外，二者基本相同，因此下面主要叙述质押贷款，特别是以项目权益作担保的无追索权或有限追索权贷款，即项目权益质押贷款。采用哪种担保主要取决于两大因素：一是项目主办人是否愿意安排担保人；二是项目是否有可抵押的资产和/或可质押的权益。

基础设施和公用事业项目分为经营性项目、准经营性项目和公益性项目。无论哪种类型的项目，项目主办人都获得一定的权利，如收费公路的收费权，城市供水、供热、公交、电信等项目的收益权，公园景点、风景区门票等经营性服务收费权，市政道路、海绵城市等项目的可用性付费收益，环境绿化、环境治理等项目的绩效付费收益，等等。这些权益可以作为贷款的担保，从而形成项目权益质押贷款——以项目权益（如收费权、经营权等）为出质标的的质押方式获得的贷款，即以借款人所拥有的项目收益权作为债务履行的担保向银行申请的贷款，当债务人不能履行债务时，债权人有权依据合同的约定，以转让该项目收益权所得价款或直接获取项目收益款项实现债权。

7.1.2　项目权益质押贷款的特点

项目权益质押本身并非一项独立的担保种类，而是隶属于质押担保中权利质押[①]项下的一

[①] 权利质押指以所有权之外的财产权为标的物而设定的质押。从各国的法律上看，以不动产上的权利如土地使用权、典权、采矿权等用益物权为标的的担保权，一般被称为抵押权，而以债权、股权等其他可让与的财产权利为标的的担保权才被称为质权。

种担保方式，其质押权利不依附于既有利益，而在于项目未来可得收益。因此，项目权益质押贷款中的权益一般应具有下列特征：① 项目权益的性质是财产权，无论是公路、桥梁、隧道等的收费权，还是风景区、体育场馆等特许经营权，都能用金钱衡量，是法律上的财产权；② 项目权益的使用具有可让与性，一旦债务人不能履行债务，质权人可对其进行拍卖、转让，即能满足质权标的易于变现的要求；③ 质权人的直接介入权，传统登记公示类质权实现方式仅限于拍卖质权从中优先受偿，但权益质押在此基础上，还应能够直接行使权益实现债权，即质权人可以直接介入。例如，某公路收费权质押合同规定，如果借款人不履行或不完全履行借款合同约定的还本付息的义务，或者出质人违反该质押合同中的承诺或账户监管约定，则质权人可以实现质权；如果出质人歇业、解散、被撤销、被吊销营业执照，或者质权人依据借款合同的约定提前收回贷款，其借款合同项下的债权未能实现或未能全部实现，则质权人可以提前实现质权。此外，项目权益质押贷款还具有下列特点。

1. 贷款期限比较长

基础设施和公用事业项目的主要特点之一是能给社会带来经济效益、社会效益和环境效益，采用特许经营时，收费不能太高，有的还向用户提供无偿服务，因而投资回收期长，一般需要20~30年，甚至更长。由于依赖项目收益偿还贷款，因而要求较长的贷款期限，10~20年的贷款期限并不少见，有时贷款期限长达30年。

2. 贷款提款安排的计划性

由于贷款专用于项目建设，项目建设进度安排的计划性反映在贷款提款安排的计划性，因此可以根据项目建设进度，制定贷款提款计划。根据项目建设进度计划，适当划分时间段（可以与施工承包商的进度付款一致，如月、季、半年等），估算每个时间段的资金需求量，从而制定贷款提款计划。

3. 贷款风险比较高

顾名思义，项目权益质押贷款是以项目权益作质押取得的一种有限追索权贷款，其债务人是项目公司，其还款来源一般限定在项目收益，被清算的资产范围只限于项目本身和项目主办人提供的担保，除此之外，不能涉及其他资产。由此可见，贷款人承担部分项目收益风险。根据风险-回报均衡的原则，项目权益质押贷款比普通担保贷款的成本要高一些，其利率一般要比同等条件的担保贷款的利率高1%~3%。

7.2 项目权益质押贷款的交易框架及流程

在实践中，项目主办人为了控制自身风险，常常设立特殊目的载体（如项目公司）进行项目融资，由该特殊目的载体向金融机构借款；金融机构为了确保贷款的安全，除了项目权益的质押外，还需要安排其他保障措施，如项目资金的监管、项目完工担保等。

7.2.1 项目权益质押贷款交易典型结构

首先，项目主办人投资设立特殊目的载体（如项目公司），该实体的目的单一，即实施项目的开发建设和运营；然后，该实体向金融机构申请贷款，由于在申请贷款时，新建项目还未竣工（甚至还未开工），没有真实的资产可以作抵押，只有将其持有的权益作质押。由于新建项目一般只有在项目竣工验收、投入运营后，其相关权益才有价值，如公路收费权只有在公路竣工验收之后才授予，因此需要完工担保，确保项目完工，进而获得收费权，保障了贷款资金的安全。此外，因为贷款的偿还依赖于项目收益，金融机构一般还要求借款人与指定的资金账户监管银行签订账户监管协议，对项目的资金进行监管，为贷款提供安全保障。资金监管至少设立三个账户：项目资金使用专户、项目收入归集专户、偿债资金专户。贷款人直接把贷款汇给在监管银行设置的项目资金使用专户，由该账户支付建设费用；项目的所有收入首先进入项目收入归集专户，然后在偿债日之前将偿债金额划入偿债资金专户，剩余的资金划入项目公司的日常账户。图 7-1 为项目权益质押贷款交易典型结构。

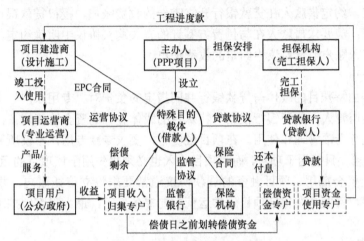

图 7-1 项目权益质押贷款交易典型结构

在项目权益质押贷款交易典型结构中，主要参与人包括：项目主办人、特殊目的载体、贷款银行、监管银行、保险机构、担保机构、项目建造商、项目运营商、项目用户等。

1. 项目主办人

为了向贷款机构借款，项目主办人（投资者）专门设立一个特殊目的载体。通常做法是组建一个具有独立法人地位的有限责任公司或股份有限公司，统称项目公司，由项目公司负责借款和还款。项目主办人常常具有多重角色，如项目股权投资人、项目建造商、项目运营商、完工担保人。项目主办人是否承担项目的设计、施工、运营任务取决于具体情况，但一般要提供股本资金为贷款提供一定的安全保障。如果贷款机构认可，项目主办人可以作为完工担保人为项目公司的融资提供一定的信用担保；否则，需要安排第三方担保人提供完工担保。

2. 特殊目的载体

特殊目的载体（如项目公司）的主要作用是作为借款人，用项目资产和现金流量作为融资的担保，同贷款人签署贷款协议来安排项目融资，获取项目的贷款资金，并承担债务偿还责任。虽然特殊目的载体是为项目融资而设立的，但一般也承担多重角色，特别是采用单实体投资结构时，特殊目的载体不但负责项目融资，还负责项目的开发建设和生产经营，可以与项目承包商、项目运营商（或者自己运营）、产品购买者、保险商等相关各方签署一切与项目建设、生产和市场有关的合同，如建设合同、运行维护合同、销售合同、保险合同等。此外，特殊目的载体还根据贷款银行的要求与监管银行签订资金监管协议（或称"资金托管协议"），在监管银行开设项目资金使用专户、项目收入归集专户和偿债资金专户等专用账户。

3. 贷款银行

在项目权益质押贷款交易中，贷款银行的作用比较单一，就是作为贷款人向特殊目的载体提供项目贷款。贷款银行应根据贷款的安全性、流动性和效益性三原则对贷款进行贷前调查、贷时审查和贷后检查，其主要工作包括：监督贷款资金按用途使用，对借款人账户进行监控，检查贷款抵（质）押品和担保权益的完整性；其主要目的是督促借款人按合同约定用途合理使用贷款，及时发现并采取有效措施纠正、处理有问题贷款。例如，与借款人签订收费账户监管协议，约定借款人在贷款银行开立唯一的收费账户，授权贷款银行对收费账户的现金流进行监管；应要求借款人在与付费方签订的有关购买协议中明确约定，所有购买价款由购买方直接汇入账户监管协议中约定的收费账户。

4. 监管银行

监管银行是由特殊目的载体与贷款银行共同指定的负责对"专用账户"进行资金监管的银行。作为资金监管人，监管银行根据与特殊目的载体签订的资金监管协议，对指定账户的特定用途资金进行专项管理和使用。在项目融资中，要求专款专用，不仅所筹集的资金（股本资金和债务资金）只能用于项目，而且项目收入也必须优先用于该项目的运营和还贷付息。因此，为了防止资金挪用，项目融资的贷款协议通常要求设立信托账户，并制定项目收入分配的优先顺序，目的是在保证项目正常运营的前提条件下，最大限度地控制项目实体的现金流。

5. 保险机构

保险机构指经主管部门（如保险监管部门）批准设立，并依法登记注册的各类商业保险公司。项目收益来自于项目资产，如果项目资产丧失、毁损或被征用，则项目收益受到相应的影响。为了保障贷款的安全，在建设期应购买工程保险，在运营期应购买财产保险。通过保险理赔来保障债权受偿。

6. 担保机构

在项目权益质押贷款交易中，担保机构指提供完工担保的机构。它可能是项目主办人，也可能是由特殊目的载体安排的商业担保人。对于 TOT（transfer-operate-transfer）项目来说，项目收益权是"现实"的，项目正在产生收益，以它作贷款的保证不存在问题；但是，对于新建项目来说，项目收益权是"将来"的，项目完工之后才产生收益，如收费公路项目一般在公路竣工验收之后才能获得收费权。如果只是以项目收益权作质押，则在建设期内贷款的债权得不到保障。项目完工担保可以弥补这一缺陷。因此，项目权益质押贷款协议在约定事项中通常规定完工标准、试运营阶段的双方义务、完工验收的效果和违反完工标准的后果等内容。

7. 项目建造商

项目建造商可能是一家企业，也可能是联合体。由于特殊目的载体一般缺少实力，通常采用工程总承包合同（EPC 合同），让项目建造商负责项目设计和施工的全部工作。项目建造商的履约能力将影响项目的完工时间、项目成本和绩效，因此一般要求项目建造商提供履约保函。

8. 项目运营商

项目运营商可能是特殊目的载体自己，也可能是专业的运营商，其主要任务是负责项目的运营。如果项目委托给专业运营公司进行运营，则应要求其提供履约保函，并设置激励机制，鼓励项目运营商增加项目收益。

9. 项目用户

在项目权益质押贷款交易中，还款资金来自于项目用户。项目用户可能是最终用户，如收费公路中过路车辆；也可能是包销商，如电厂项目中的购买电力的电力公司，水厂项目中的自来水公司；还可能是政府，如可用性付费和绩效付费项目中，由政府支付相关费用。

7.2.2 项目权益质押贷款基本流程

项目权益质押贷款是贷款的一种，也遵循银行担保贷款的一般流程：在借款人提出贷款申请后，银行进行下述业务程序：贷款受理和调查、贷款审查和审批、签订贷款协议、贷款发放、贷款检查、贷款回收或展期等重要步骤。由于以项目权益为质物，除了签订贷款协议之外，还需要签订质押合同并进行质押登记。因此，项目权益质押贷款业务程序包括下列7个步骤。

1. 借款人申请贷款

作为借款人，特殊目的载体（项目公司）向银行提出贷款申请。申请贷款时需要提交相关材料，其中包括担保材料：抵押物、质物的清单，抵押物、质物的权利凭证，抵押物、质物的评估资料，同意抵押、质押的决议和申明，以及其他有关材料。

2. 贷款受理和调查

银行接到借款人贷款申请后，首先核实所提交材料的完整性和真实性，检查其是否按银行要求提供相关的资料；然后收集项目相关的信息，审核所提供的资料是否真实，并评估项目效益和还本付息能力；最后审理受理条件并提出受理意见，即查验贷款申请是否符合申请贷款的基本条件和要求，如符合贷款条件则正式受理，进入贷款调查程序，并建立客户档案；对于不符合贷款条件的申请，则不予贷款，并通知借款人。

银行接受借款人提出的贷款申请和有关资料后，应由调查人员（一般为信贷业务部门）进行贷款调查。贷款调查主要包括以下几方面内容。

（1）借款人生产经营是否符合国家和本地区的经济政策、产业政策。分析行业前景、产品销路及竞争能力。

（2）借款用途是否真实、正常、合规、合法，如银行承兑汇票申请人必须有真实的商品交易合同。

（3）借款人的偿债能力。分析借款人的主要财务指标变动情况及其真实性。

（4）调查和核实借款人提供的质押物。

（5）调查借款人的销售收入回行情况。

（6）测定贷款的风险度。

（7）根据调查内容撰写书面报告，提出调查结论和贷款意见。

3. 贷款审查和审批

贷款审查是贷款审查部门根据贷款"三性"原则和贷款政策，对贷款调查部门提供的资料进行审核、评价和复测贷款风险度，提出贷款决策建议，供审批人作决策参考。贷款审查的主要内容有以下几项。

（1）核查贷款调查部门提供的数据和资料是否完整和准确。

（2）根据国家产业政策、贷款原则审查贷款投向投量。

（3）审查贷款金额及用途是否合法合规，贷款期限是否根据借款人的生产经营周期、还款能力和银行的资金供给能力确定，利率是否在规定的上下限范围内；贷款是否有可靠的还款来源。

（4）审查质押担保的合法性、合规性和可靠性。

（5）复算贷款风险度、贷款资产风险度。

由于公路、桥梁、隧道、渡口等的收费权具有行政和财产双重性质，进行质押贷款时应重点审查收费权本身是否合法有效。例如，公路收费权的合法存在与权利主体及其行使权利的方式密切相关。根据《中华人民共和国公路法》的规定，下述公路的收费期限、收费标准经省、自治区、直辖市政府按照国务院交通主管部门的规定确定后，方能用于质押：① 县级以上地方政府交通主管部门贷款或向企业、个人集资建成的公路；② 国内外经济组织依法受让前项收费公路收费权的公路；③ 国内外经济组织依法投资建成的公路。

贷款审查员初审贷款后，在贷款审查审批表上如实填写审查情况，提出是否贷款、贷款金额、期限、利率、贷款方式等初审意见，交审查主管复审并签署审查意见。审查同意贷款的，按照审批权限规定，报有权签批人签批。批准的贷款，由贷款调查部门办理贷款发放手续；审查或审批人不同意贷款的，说明理由并将有关资料退还给贷款调查部门，并由贷款调查部门通知借款人。

4. 签订贷款协议

贷款协议指贷款人与借款人之间达成的关于提供贷款和偿还贷款的协议。贷款协议是借、贷双方主张权利、履行义务的依据，因此贷款协议应确定借款人与贷款人的权利义务关系、风险分担、纠纷解决机制等。除了贷款金额、期限和利率外，签订贷款协议时应注意下列事项。

（1）用途范围条款，要求借款人保证将贷款用于约定的项目，专款专用，防止贷款被挪作他用，并且制定分期提款条款，只有满足贷款的使用条件时才可按期提取贷款，从而控制项目贷款风险；因此，贷款协议一般包含资金管理（或"账户管理"）条款，要求借款人设立可转让的信托账户，同时须约定项目资金的使用条件，使信托受托人可以按照约定的使用条件将贷款支付给工程承包人、设备材料供应商等，保证将分配的现金流量用于规定的用途。

（2）如果还贷资金只限于项目收入，则应制定现金流量专项使用条款，确定项目收入分配的优先顺序，要求借款人按约定的优先顺序分配现金流量，确保有效净现金流量用于偿还贷款本息。一般在支付项目的生产费用后，项目收入优先用于偿还借款人的到期债务，最后盈余的资金作为项目公司的利润，以红利或股息的形式返回给项目投资者。例如，某公路收费权质押合同的"账户管理"条款规定如下：① 出质人在质权人处或其指定的机构开立车辆通行费收费专用账户，并由质权人进行监管；② 出质人因享有收费权而收取的车辆通行费必须存入开立的车辆通行费收费专用账户，该账户是唯一的，不得将其账户中的款项划至其他行的账户；③ 当借款人不履行或不完全履行借款合同约定的还本付息的义务时，出质人同意质权人将收费专用账户的款项直接划入借款人的偿债基金账户，直至偿债基金账户余额符合借款合同约定。

（3）项目权益质押贷款一般为有限追索权贷款，要求提供完工担保。如果项目公司（借款人）无能力完成项目或在项目完工之前破产，则由完工担保人承担连带责任。因此，贷款协议的"约定事项"中通常需规定或援引项目完工标准、试运营阶段的双方义务、完工验收的效果和违反项目完工标准的后果等内容。

（4）贷款协议须与信托文件、设计施工合同、设备材料供应合同、运行维护合同和长期购买协议（如果有的话）相衔接，项目融资中的贷款协议通常以借款人取得主体合法文件、营业合法文件和其他必要的信用保障文件为先决条件，也就是说，借款人的有关法律文件应先于贷款协议而生效。此外，贷款协议要与相关法律法规和技术规范做好衔接，确保内容全面、结构合理、具有可操作性。贷款协议载明的借款用途不得违反国家限制经营、特许经营，以及法律、行政法规明令禁止经营的规定。

明确这些条款，对于借款人而言，可以维护自己使用资金的权利；对于贷款人而言，可以监督资金的流向，确保资金回笼，控制风险。

5. 质押登记

质押物的移交可有效避免质押物重复出质，其条件是质押物有效权利凭证的登记或由特定机构管理。在办理质押登记前，质权人应与出质人签订书面的收费权质押合同，并到相关主管部门进行质押登记。

质押合同一般应载明下列内容：质押的标的、质押的期限、担保的范围（如贷款本金、利息、违约金、损害赔偿金、质权实行的费用等有关费用）、专用账户的设立和托管、工程保险、质押登记等。通过质押合同把出质人和质权人双方的责任、义务、权利以条文的形式固定下来并成为法律依据，这是贷款程序中的一个重要环节。

质押登记归口管理，不同的质押标的到不同的主管部门登记。例如，上市公司的股份和股票的质押需要到中国证券登记结算有限责任公司深圳分公司或上海分公司进行登记；有限责任公司和股份有限公司股权需要到工商行政管理局进行登记；专利权和著作权的质押需要到国家知识产权局进行登记；商标使用权的质押需要到工商行政管理局进行登记；公路、桥梁、隧道、渡口的收费权需要到地市级以上交通主管部门进行登记。由于公路、桥梁、隧道、渡口等不动产收费权属于应收账款，根据《应收账款质押登记办法》（中国人民银行令〔2017〕第3号）第8条规定，应收账款质押登记由质权人办理，或者由质权人委托他人办理登记。但在实践中有些银行要求出质人办理质押登记。无论谁办理质押登记，办理质押登记时一般需要提供下列材料：① 贷款证（交由贷款人审核）；② 贷款协议项下贷款所建项目的有关批复文件，包括项目建议书批复文件、工程可行性报告批复文件、环保批复文件、征用土地批文、开工批复文件、项目资金承诺文件、收费权批文或意向性承诺及项目资金计划安排等；③ 生效的建设合同；④ 生效的原材料供应合同；⑤ 项目财产保险单；⑥ 所有依法生效的担保性文件。

6. 贷款发放

完成质押登记之后，就可以根据贷款协议制定的发放计划发放贷款。在贷款协议的提款条款中，一般列明借款人提取贷款的方式（一次提款或分期提款）、时间、数额、地点及提款通知等事项。如果是分期提款，则包括具体的提款期、每次提款的金额、提款前的通知事项等。本条款的意义主要在于给贷款人筹集资金和借款人安排运用资金提供便利。以下是某贷款协议的"提款计划"实例。

提款计划：本合同项下贷款分___n___次提取，

（1）_____年____月____日，提款____[金额数]____万元；

（2）_____年____月____日，提款____[金额数]____万元；

....

（n）_____年____月____日，提款____[金额数]____万元；

在贷款期限内，借款的实际提款日和还款日以贷款人批准的借据为准；其他记载事项与本合同不一致的，以本合同为准，借据是合同的组成部分。

如果没有设立项目资金使用专户，而是采用贷款人受托支付的方式，则贷款人应审核交易资料是否符合合同约定条件。在审核通过后，将贷款资金通过借款人账户支付给借款人交易对象。采用借款人支付方式的，贷款人应要求借款人定期汇总报告贷款资金使用情况，并通过账户分析、凭证查验、现场调查等方式核查贷款使用是否符合约定用途。

7. 贷后管理

贷后管理指自公司向借款人放款至贷款收回的过程的管理，包括贷后检查、展期、逾期的处理等。贷款发放后次日，贷款调查部门要将贷款发放的法律文书、调查审批表等有关资料交贷款检查部门进行贷款的合规、合法性检查，例如：① 贷款是否按规定的操作程序办理；② 贷款申请书、借款合同、担保合同、借据等有关贷款发放的法律文书，各栏目、各要素的填写是否齐全有效，是否合规合法，有无错漏；③ 贷款决策过程中，调查情况是否完整清楚；④ 贷款审查审批表中的建议、意见是否明确，审批责任是否落实。贷款检查是保障贷款安全回收的一种必要手段。通过贷款检查，可以发现贷款在运行中存在的问题，并提出防范贷款风险、保全信贷资产的措施和建议。

此后的贷后检查分日常检查和重点检查。日常检查根据项目的实际情况，如贷款金额、贷款期限、担保措施、风险等级等确定检查频率；日常检查原则上每月进行一次。重点检查是对贷款封闭管理的项目、认为风险较大的项目及其他需特别关注的项目进行不定期检查或全程跟踪。贷后检查主要包括下列内容：借款人是否按贷款协议规定使用贷款，有无挤占挪用情况；借款人的生产经营是否正常，财务状况是否良好，有无逃废银行债务现象；担保措施中是否产生了新的不利因素。

如果贷款到期后，借款人因各种原因不能按期归还，可在贷款到期前向银行申请展期，贷款银行视情况决定是否给予展期。如果借款人在贷款到期日未归还贷款又未办理贷款展期手续的，或申请贷款展期未获批准的，作贷款逾期处理。处理方式及其顺序：① 质权人首先按质押合同的规定将其收费专用账户中的款项划至借款人偿债资金专户，并按借款合同的规定在偿债资金专户中扣收，也可以直接在收费专用账户中扣收；② 质权人按前项规定仍未能完全实现债权时，质权人有权从出质人所有银行账户中扣收直至完全实现债权；③ 质权人通过前两项措施仍未能完全实现债权时，可以质权人监管的方式实现质权；④ 质权人通过前三项措施仍未能完全实现债权时，质权人可以依法采取协议转让、拍卖等方式处分质押权并以所得价款优先受偿。

7.2.3　辛迪加银团贷款概述

当贷款金额比较小时，一家银行就可以提供所需贷款；但当贷款金额比较大时，一家银行难以提供所需贷款或不愿意独自提供所需贷款。这时，借款人不得不向多家银行申请项目权益质押贷款。虽然《应收账款质押登记办法》第 6 条允许在同一应收账款上设立多个质权，但质权人按照登记的先后顺序行使质权，因而除了第一家银行外，其之后的银行可能不愿意提供贷款，需要采用辛迪加银团贷款。

辛迪加银团贷款简称银团贷款，是由获准经营贷款业务的一家或数家银行牵头，多家银行与非银行金融机构参加而组成的银行集团，采用同一贷款协议，按商定的期限和条件向同一借款人提供融资的贷款方式。采用银团贷款，一是解决了项目权益质押的质权行使顺序问题，二是多家银行可以共同承担风险。因此，大型 PPP 项目多采用这种融资方式。在银团贷款中，当事人包括借款人、牵头行、代理行、参加行和担保人。

（1）借款人是贷款的需求者，委托牵头行组织银团，配合牵头行起草资料备忘录，向牵头行披露充足的信息资料，接受牵头行和潜在贷款人的信用调查和审查，依据贷款协议合法取得贷款并按协议规定使用贷款，按时还本付息，按时依据贷款协议规定向各参加行提供自身的财务资料和其他与贷款使用有关的基本资料，承担因违约而接受相应处罚的责任。

（2）牵头行（又称经理行、主干事行等）是银团贷款的组织者，是沟通借贷双方的桥梁，担负着银团贷款参加行的联络、贷款协议的谈判、合同的签订等责任。牵头行通常是由借款人根据贷款需要物色的实力雄厚、在金融界享有较高威望、和其他行有广泛联系、和借款人自身关系密切的大银行或大银行的分支机构。在国际银团贷款的组织阶段，根据贷款金额的大小和组织银团的需要，可以有一个牵头行，也可以有多个牵头行。但是，不管一个还是多个牵头行，如果不兼任代理行，那么在贷款协议签订后，牵头行就成为普通的贷款银行，和其他贷款人处于平等地位，和借款人也仅仅只是普通债权人和债务人的关系。贷款的管理工作由代理行负责。

（3）代理行是全体银团贷款参加行的代理人，是代表银团贷款参加行负责与借款人的日常业务联系，担任贷款管理人角色。在贷款协议签订后，按照贷款协议的规定，负责对借款人发放和收回贷款，承担贷款的贷后管理工作；协调贷款人之间、贷款人和借款人之间的关系；负责违约事件的处理等。如果在贷款协议中设定了担保物权或抵押权，则代理行有行使此项担保物权或抵押权的权力。

（4）参加行，即银团贷款参加行，指参加银团并按各自的承诺份额提供贷款的银行。按照贷款协议规定，参加行有权通过代理行了解借款人的资信状况，有权通过代理行取得一切与贷款有关的文件，有权按照其参与贷款的份额取得贷款的利息及费用，有权独立地向借款人提出索赔的要求，有权建议撤换代理行。参加行在银团贷款中的义务是按照其承诺的贷款份额及贷款协议有关规定向借款人按期发放贷款。

（5）担保人指以自己的资信向债权人保证，对债务人履行债务承担责任的法人；可以是私法人如公司，也可以是公法人如政府。担保人在银团贷款中的责任是在借款人发生违约时代替借款人履行合同及相关文件所规定的义务，同时可以享受一定的权利，如受偿权、代位权、起诉权和向借款人收取担保费用的权利。

国际银团贷款中，除了上述当事人外，根据银团贷款的金额大小或牵头行组织银团的需要，有时还设有副牵头行、安排行等虚职，有时也将参加行按其参加份额的多少分为高级经理行、经理行及参加行等不同档次。

1. 银团贷款的基本过程

银团贷款的基本过程如图 7-2 所示。

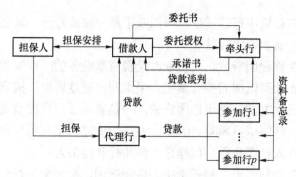

图 7-2 银团贷款的基本过程

（1）借款人选择牵头行，向牵头行发送委托书（mandate letter），委托牵头行为其组织银团贷款。委托书的内容主要包括：① 关于选定牵头行并授权其依惯常商业方式组织银团和安排贷款权分配的承诺；② 关于计划中的银团贷款一般条件的意向确认，包括拟贷款额、贷款货币、利息率原则、费用原则、贷款期间等；③ 关于计划中的银团贷款的担保意向与安排；④ 关于选择适用法律和司法管辖权等共同条款的接受意向；⑤ 关于放弃主权豁免条款的接受意向或其他安排；⑥ 对于国际金融市场惯行的其他共同条款的接受意向和一般概括，其中较为重要的如先决条件、陈述与保证、约定事项、违约事件等；⑦ 对于委托书效力的约定和限制等。按照当事人的商定和委托书的规定，此项法律文件可以具有一定的法律约束力，也可以仅具有意向书的信誉约束力。委托书的发出是银团贷款过程的一个重要"分水岭"，它代表银团贷款程序正式启动。连同委托书同时递交的还有借款人的公司章程、借款项目的可行性研究报告、营业执照和政府有关批文及与项目相关的合同等。

（2）牵头行接到委托后，进行市场调查：一是调查借款人及项目的有关情况，如借款人的资本及财务状况、项目的经济效益等；二是调查金融市场的资金供求情况。牵头行根据调查结果决定是否接受委托，如果接受委托，则向借款人提交承诺书（commitment letter）。承诺书包括银团贷款的基本条件，如利率（基础利率及加息率）、费用（费用种类及费用率）、税收的种类及承担者、提款期限及提款方式、还款和还款方式、适用法律等。

（3）借款人收到受托银行的承诺书后，研究承诺书中的各项贷款条件。如果基本同意承诺书中的条件，便向受托银行递交授权书（authorization），授权其为牵头行，负责安排银团贷款。

（4）牵头行获得正式授权后，根据借款人提供的有关资料起草资料备忘录（information memorandum）、贷款协议，以及其他法律文件如担保、抵押、转让等法律文书；负责贷款项目的广告宣传，物色贷款银行（参加行），把融资文件发送给潜在的贷款银行。其中，资料备忘录是牵头行（或安排行）以借款人的名义编制并分派给潜在的参加行，作为每家参加行自行对借款人及其项目进行经济和财务评估的基本资料；其主要内容包括贷款结构的基本情况、贷款项目概况，产品的市场分析，项目的财务分析，有关附件等。一般来说，资料备忘录的资料全部由借款人提供，但为预防纠纷，作为资料的整理和传送者，牵头行往往会在备忘录首页予以提示，表明牵头行并不对备忘录内容的完整性和准确性提供任何意见及保证。

（5）各参加行在接到牵头行（或安排行）发来的邀请函及资料备忘录后，应立即作出反应，或同意贷款结构，或另行提出自己的报价。牵头行（或安排行）收到各参加行的报价后，经过研讨，归纳出一份正式报价提交借款人，双方进入贷款谈判阶段。银团贷款的谈判工作包括"结构条款"和"贷款协议"的谈判，谈判顺序一般是由借款人依据贷款文件内容逐条提出问题，由贷款方解释，直至借贷双方对贷款协议条款均无意见为止，最终签订贷款协议。

（6）贷款协议签订后，银团确定代理行，代理行受银团委托担任"贷款管理人"，负责在贷款协议签字后，全权代表银团按照贷款协议的条款，对借款人发放和回收贷款，并负责全部贷款的管理工作。此外，它还负有沟通银团内各成员之间的信息，代表银行与借款人谈判，出面处理违约事件，协调银团与借款人之间的关系等责任，是借款人与贷款人之间的"桥梁"。借款人按照贷款协议要求安排贷款担保（如项目权益质押），各参加行按比例提供贷款。

2. 银团贷款的承销方式

银团贷款的承销方式有两种：一是尽最大努力承销，牵头行承诺尽最大努力按所提供的贷款条件组织银团，如未能组成银团，牵头行不负责提供全部贷款；二是包销方式，牵头行首先将贷款承诺下来，然后再在国际银行辛迪加市场上设法将贷款权出售给其他银行，从中收取一定的承销费，如果贷款不能或不能全部在国际银行辛迪加市场上出售出去，则贷款承销组成员将需要按比例提供贷款。对于借款人来说，具有承销机制贷款的优点是可以缩短组织银团贷款的时间，同时增加贷款成功的可能性；其缺点是增加了一笔贷款的承销费用。

3. 银团贷款的融资成本

银团贷款的融资成本由利息和费用两部分组成。利息与商业银行贷款类似，主要是固定利率和浮动利率两种。如果采用固定利率，一般在签订贷款协议时利率就固定下来（在整个贷款期限内不变，或者按计划增加或减少），具体利率由借贷双方谈判确定。如果采用浮动利率，一般是以伦敦同业拆出利息率（LIBOR）为基本利率，在此基础上加上一定的利差作为银团贷款的风险费用，其利差大小由借贷双方谈判确定。费用主要包括以下几个方面。

（1）牵头费。此项费用是借款人向组织银团的牵头行支付的。由于牵头行负责组织银团、起草文件、与借款人谈判等，所以要额外收取一笔费用，作为提供附加服务的补偿。此项费用一般为贷款总额的 0.25%～0.5%，由借贷双方协商确定。该费用通常在签订贷款协议后的 30 天内支付。

（2）承销费。此项费用是借款人向牵头行支付的，作为提供附加的承销服务的补偿，费用由借贷双方协商确定。例如，帕塔米纳液化天然气项目的承销费是贷款总额的 0.187 5%～0.25%（随贷款承购金额的大小而变化）。

（3）参加费。参加费按出贷份额在各参加行中按比例分配，参加费一般为 0.25%。参加贷款金额较大的银行的管理费和参加费可稍高于参加贷款金额较小的银行。

（4）代理费。代理费是借款人向代理行支付的报酬，作为对代理行在整个贷款期间管理贷款、计算利息、调拨款项等工作的补偿。代理费的收费标准一般在 0.25%～0.5%之间，具体根据代理行的工作量大小确定，如果银团的参加行多、提款次数多、还款次数多，则代理费就高。

（5）杂费。杂费是借款人向牵头行支付的费用，用于其在组织银团、安排签字仪式等工作期间的支出，如通信费、印刷费、律师费等。杂费的支付方式一般有两种：一种方式是由牵头行向借款人实报实销；另一种方式是按贷款金额的一定比率收取。在实际中以第一种方式居多。

（6）承诺费（也称承担费）。借款人在用款期间，对已用金额要支付利息，未提用部分因为银行要准备出一定的资金以备借款人的提款，所以借款人应按未提款金额向贷款人支付承诺费，作为贷款人承担贷款责任而受到利息损失的补偿。承诺费通常是从合同签字日或从首次提款日起算，至提款期结束，根据贷款未提款余款部分按事先双方约定的费率计算。承诺费通常按未提款金额的 0.125%～0.5%计收。

4. 银团贷款的特点

银团贷款具有以下特点：① 当事人众多，除了借款人和贷款提供人（参加行）外，还包括牵头行、代理行和担保人，有时还设有副牵头行、安排行；② 管理分工，节约了费用，在贷款协议签署之前，由牵头行负责对借款人、担保人进行尽职调查，根据借款人、担保人提供的资料编写资料备忘录，以供其他成员行决策参考，从而避免了各个成员进行重复调查；在贷款协议签署之后，由代理行统一负责贷款的发放和管理；③ 所有成员行的贷款均基于相同的贷款条件，使用同一贷款协议，简化了融资谈判；④ 各成员行按照银团协议约定的出资份额提供贷款资金，并按比例回收贷款本息，各贷款人承担的风险也是按贷款金额分摊的，如果某成员未按约定发放贷款，其他成员行不承担责任，从而分散了风险；⑤ 参与银团的成员数量没有限制，通过增加成员数量可以进行巨额融资；⑥ 参与银团的成员国籍没有限制，贷款货币的选择余地大，借款人可以根据项目的性质、现金流量的来源和货币种类，来组织最适当的资金结构，从而规避汇率风险；⑦ 银团贷款的期限一般比较长，短则 3～5 年，长则 10～20 年，但通常为 7～10 年，有利于满足项目融资的需要。此外，牵头行通常是国际上具有一定声望和经验的银行，具有理解和参与复杂项目融资结构和承担其中信用风险的能力，抗风险能力强；如果有多边机构（如世界银行、欧洲投资银行、亚洲开发银行等）参与银团贷款，东道国不愿意轻易与这些多边机构发生冲突，从而提高了银团贷款的抗政治风险能力。

7.3 案例分析

项目的权益有不同的类型，有的表现为与特定用户签订的设施使用协议，有的表现为与销售商签订的销售协议，有的表现为向用户收费的项目收费权。它们本质上没有什么不同，只是权益在表现形式上有所不同。

7.3.1 以设施使用协议收益为质押的项目融资

设施使用协议指在某种工业设施或服务性设施提供者和设施使用者之间达成的具有"无论使用与否均需付款"性质的协议。以设施使用协议为基础，项目主办人可以利用与项目利益有关的第三方（设施使用者，简称使用者）的信用来安排融资，分散风险，因此其成败的关键在于设施使用者能否提供一个强有力的具有"无论使用与否均需付款"性质的承诺，以及该承诺的可靠程度（设施使用者的信用）。设施使用协议通常要求设施使用者在项目融资期间，不管是否真正地利用了设施所提供的服务，都得向设施提供者无条件地定期支付预先确定数额的设施使用费。在项目融资中，这种无条件承诺的合约权益将被转让给提供贷款的银行，与项目主办人提供的完工担保一同构成项目信用保证结构的主要组成部分。

1. 融资结构

典型的以设施使用协议为基础的项目融资结构如图 7-3 所示，其具体操作步骤如下。

（1）项目主办人设立项目公司，通过项目公司与设施使用者签订设施使用协议。理想的设施使用协议应具有"无论使用与否均需付款"的性质，即一旦项目建成，设施使用者无论

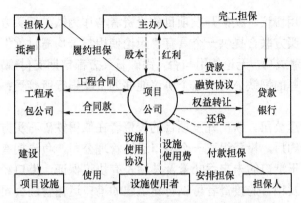

图 7-3 典型的以设施使用协议为基础的项目融资结构

使用与否均定期向项目公司支付规定数额的设施使用费。

(2) 项目公司与贷款人(贷款银行)签订贷款协议。通过转让设施使用协议的权益作担保,获得无追索权或有限追索权贷款,与股本资金一起支付工程建设费用。由于贷款的担保是基于设施使用协议的,如果设施使用者是实力雄厚的公司,公司的信用能够为贷款银行所接受;但是,对于实力较小的公司,则可能还需要第三方的担保。

(3) 选择工程承包公司进行项目建设。在多数情况下,项目主办人中就有工程承包商,因而可能采用协商议标的方式,由项目主办人自己建造项目设施。较为理想的做法是采用公开招标的形式,中标的公司必须具备一定标准的资信和经验,并且能够由银行或其他的第三方提供履约担保。

在以设施使用协议为基础的项目融资中,具有"无论使用与否均需付款"性质的设施使用协议是项目融资的关键组成部分。设施使用费在理论上要足以支付融资期间项目的生产运营成本和偿还债务,因此至少需要考虑以下三个方面:一是生产运营成本和资本再投入费用;二是融资成本,即项目融资的本金和利息的偿还;三是投资者的收益,在这方面的考虑较前两方面要灵活一些,可以根据投资者股本资金的投入数量和投入方式做出不同的结构安排。但是,采用这种模式的项目融资,在税务结构处理上需要谨慎。在国际上,有些项目将拥有设施使用协议的公司的利润水平安排在盈亏平衡点上,可以达到转移利润的目的。但是有些国家的税务制度是不允许这样做的,对此必须谨慎安排。

以设施使用协议为基础的项目融资方式适用于资本密集、收益相对较低但相对稳定的基础设施类项目,如石油、天然气管道、某种专门产品的运输系统,以及港口、铁路设施等。下面通过一个模拟案例来说明如何利用设施使用协议来安排项目融资。

几个投资者准备以非公司型合资结构的形式投资兴建一个大型的铁矿开发项目。由于该铁矿石质地优良,几家国际著名的钢铁公司愿意签订长期铁矿石购买协议。但由于当地港口运输能力不足,严重影响了项目的生产和出口。于是,铁矿开发项目的几个投资者决定对港口进行扩建,以扩大港口的出口能力。但铁矿开发项目的投资者或者出于本身财务能力的限制,或者出于发展战略上的考虑,不愿意单独承担起港口的扩建工作。铁矿开发项目的投资者希望铁矿石买方能够共同参与港口的扩建工作,然而买方出于各种考虑也不愿意进行直接的港口项目投资。经过谈判,铁矿开发项目的投资者与主要铁矿石买方等各方共同商定,以设施使用协议为基础,安排项目融资来筹集资金扩建港口。

（1）签订设施使用协议。铁矿开发项目的投资者与作为铁矿石买方的国外钢铁公司谈判达成协议，由铁矿石买方联合提供一个具有"无论使用与否均需付款"性质的港口设施使用协议，即一旦港口扩建成功，无论使用与否，铁矿石买方都定期支付规定数额的港口使用费。由于签约方是实力雄厚的钢铁公司，这个协议能够为贷款银行所接受；否则，需要银行的担保信用证。

（2）组建项目管理公司。铁矿开发项目的投资者在取得铁矿石买方的港口设施使用协议及铁矿的长期销售合约后，投资组建一个港口运输管理公司，负责拥有、建设、经营整个铁矿运输港口系统。由于港口的未来吞吐量及其增长有协议保证，港口经营收入也相对稳定和有保障，所以铁矿开发项目的投资者可以将新组建的港口运输管理公司的股票发行上市，公开募集当地政府、机构投资者和公众的资金作为项目的主要股本资金。

（3）选择项目工程公司。港口建设采用招标的形式进行，中标的公司必须具备一定标准的资信和经验，并且能够由银行提供履约担保。港口运输管理公司要与中标的工程公司签订EPC合同。

（4）构建项目融资的信用保证框架。铁矿开发项目的投资者将港口设施使用协议转让给新组建的港口运输管理公司，港口运输管理公司以该协议和工程公司的建设合同及银行提供的工程履约担保作为融资的主要信用保证向贷款人取得资金。

在上述案例中，对于作为铁矿石买方的国外钢铁公司而言，只需承诺正常使用港口设施和支付港口使用费的义务，比直接参与港口扩建投资节约了大量的资金，也避免了投资风险；对于铁矿开发项目的投资者来说，在完成了港口扩建工作的同时，避免了大量的资金投入，有效地将港口项目的风险分散给了与项目有关的用户、工程公司及其他投资者，更重要的是通过这一安排保证了铁矿开发项目的长期市场。通过这一案例，也可以进一步理解市场安排在项目融资中所起到的关键性作用。

2. 案例分析：新南威尔士州学校项目

2001年3月，澳大利亚新南威尔士州政府决定采用公私合作策略开发学校，项目已进行到第二期。第一期项目有9所学校，投资1.314亿澳元；第二期项目有10所学校，投资1.775亿澳元。两个项目均采用"建造—维护—移交"模式，特许期均为30年（包括建设期）。本案例重点分析第二期项目。

2005年5月2日州教育培训部刊登资格预审广告，寻找对项目有兴趣的开发商，有8项资格评审标准。其中有2项为通过或不通过；其余6项资格评审标准是竞争性标准，谁的综合评分高，谁就胜出。资格评审标准如表7-1所示。

表7-1 资格评审标准

资格评审标准	权重
① 投标人的构成、责任和风险分配，对资格预审文件商业原则的接受	15%
② 投标人（包括主要参加人员）对公私合伙的理解，及其完成项目目标的策略和与公共部门合作的能力	20%
③ 投标人（包括主要参加人员）对项目设计施工要求的理解，及其学校设计施工的经验、专门知识、能力和策略	15%
④ 投标人（包括主要参加人员）对项目运行维护要求的理解，及其学校设施运行维护的经验、专门知识、能力和策略	20%

续表

资格评审标准	权重
⑤ 投标人（包括主要参加人员）对项目资金需求的理解，及其筹建项目资金的经验、专门知识和策略	20%
⑥ 投标人和其他的参与人、保证人、分包商、担保人的财务经济能力	10%
⑦ 投标人对维持诚实和有效竞争所需条件的坚持	通过或不通过
⑧ 投标人的主要人员的经验和能力	通过或不通过

到 2005 年 5 月 27 日截止日期为止，有 5 家联合体提交了资格预审文件，其中 3 家通过了资格预审。2005 年 7 月 14 日州教育培训部开始发售标书，详细项目建议书评定标准如表 7-2 所示。到 2005 年 9 月 30 日为止，通过资格预审的 3 家联合体都提交了详细项目建议书，2005 年 10 月 28 日前，又都提交了项目替代方案建议书。

表 7-2 详细项目建议书评定标准

评定标准	权重
① 教育要求指标：对教师和学生的需要的认识，对教育的性质的理解，对持续完善教育服务的投入，对业主的目标的理解	10%
② 融资要求指标：项目财务建议书的质量和价值，资金的确定性，经济实力	30%
③ 法律要求指标：符合项目合同草案中的风险分担和条款的程度，商业安排的确定性	15%
④ 技术要求指标：符合项目技术规范和相关法律、政府政策法规的程度，完工的确定性，整个项目期支持有效教育服务的能力，施工中断可能性最低	20%
⑤ 商务指标：符合项目合同草案的程度，商业安排的确定性，支付机制的理解和接受程度	25%

1）项目实施

项目主办人为荷兰银行（ABN AMRO Bank）和 Babcock & Brown 公司。荷兰银行为实施第一期项目成立了 ABN AMRO 基础设施 1 号私人有限公司，为了实施第二期项目又成立了 ABN AMRO 基础设施 2 号私人有限公司和 ABN AMRO 基础设施 3 号私人有限公司，ABN AMRO 基础设施 1 号私人有限公司和 ABN AMRO 基础设施 2 号私人有限公司各持 50%的股份成立 ABN AMRO 基础设施投资信托；Babcock & Brown 公司（70%）和个人投资人（30%）成立了 Babcock & Brown 国际私人有限公司，该公司成立了一系列子公司，包括 Babcock & Brown 学校 2 号私人有限公司。最后，由 ABN AMRO 基础设施投资信托与 Babcock & Brown 学校 2 号私人有限公司合资成立 Axiom 教育新南威尔士 2 号控股公司，再由该控股公司出资成立 Axiom 教育新南威尔士 2 号私人有限公司（简称项目公司）。新南威尔士州学校项目投资结构如图 7-4 所示。

Hansen Yuncken 公司的设计施工合同要求承包商承担下列风险：开发许可、项目场地和地质风险、设计风险、完工（时间）风险、48 小时内修复缺陷。

项目公司的收入主要来自于政府的月付款。月付款充分考虑了多种因素，以投标时确定的月服务费为基础，其付款公式如式（7-1）所示。

$$MSP_i = MSF_i - I_q \times (UD_i + PD_i + RD_i + NUR_i - DA_i - EC_q - IC_q) - WSUD_i - MLP_i \quad (7-1)$$

MSP_i——第 i 运营月的月付款；

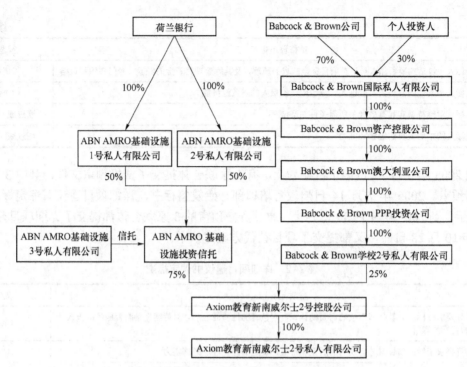

图 7-4 新南威尔士州学校项目投资结构

MSF_i——第 i 运营月的月服务费；

I_q——通货膨胀调节指数（$I_q=CPI_{q-1}/CPI_0$）；

UD_i——第 i 运营月因未能提供服务的扣款，当校区内任何区域未达到协议规定的最低要求，则视为未能提供服务，视具体情况，扣减当月月付款；

PD_i——第 i 运营月因服务质量不到位的扣款，未达到协议规定的关键绩效考核指标，则视为服务质量不到位，视具体情况，扣减当月月付款；

RD_i——第 i 运营月的报告过失扣款，出现未达到协议规定的最低要求的事件而未向学校报告，则视为报告过失，视具体情况，扣减当月月付款；

NUR_i——第 i 运营月的非使用退款；

DA_i——第 i 运营月的下调费；

EC_q——季度能源费（每季度最后一个月支付）；

IC_q——季度保险费（每季度最后一个月支付）；

$WSUD_i$——第 i 运营月因未能提供全校服务的扣款，如果超过 30%的教学区或 65%的卫生间或 25%的关键区域（如考场）未达到协议规定的最低要求，则视为未能提供全校服务，扣减当月月付款；

MLP_i——第 i 运营月的全寿命期付款部分（=$MSF_i \times MLR$，其中 MLR 为全寿命期月付款率，6.752 665%），该款项用于建立全寿命期偿债基金，项目公司可以在任何时候凭发票从该基金中提款，但每月不超过一次。特许期结束时，该基金的结余归政府所有。

所有的扣款之和最高不超过月付款，即运营商的月收入最低为零，而不会倒贴钱。

2）融资结构

项目设计施工采用 EPC 合同，由 Hansen Yuncken 私人有限公司和 St Hilliers 私人有限公司承担，St Hilliers 控股私人有限公司为其提供履约担保；项目监理工作由 CGP 管理私人有限公司承担；10 所学校的清洁、维护等工作由 Spotless P&F 私人有限公司承担，Spotless 集团有限公司为其提供履约担保；JEM 私人有限公司负责融资和税务安排，AET 结构融资服务私人有限公司是贷款人和承销人的担保信托受托人，AET SPV 管理私人有限公司是债券持有人的担保信托受托人。新南威尔士州学校项目融资结构如图 7-5 所示。

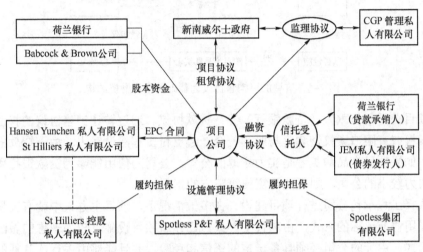

图 7-5 新南威尔士州学校项目融资结构

3）经验教训

该项目正在执行中，项目建设在 25 个月内完工，比传统方式提前了 12 个月，目前一切顺利。得到的启示包括：① 采用"建造—维护—移交"模式，有利于提高效益，一般而言，私营开发商的管理效率要比政府高；② 由于"建造—维护—移交"模式中，服务质量的监管比较困难，制定合适的资格评审标准和评标标准对项目成功非常关键，可预防执行过程中出现麻烦；③ 制定合理、可行的付款机制有利于保证服务质量。

7.3.2 以销售协议收益为质押的项目融资

以销售协议（特别是具有"无论提货与否均需付款"性质的购买协议）为基础，项目主办人可以利用与项目利益有关的第三方（项目产品购买者）的信用来安排融资，分散风险，因此其成败的关键在于项目产品购买者能否提供一个强有力的具有"无论提货与否均需付款"性质的承诺，以及该承诺的可靠程度（项目产品购买者的信用）。该融资模式下通常要求项目产品购买者不管是否提货，都得向项目公司无条件地定期支付预先确定数额的产品费。在项目融资中，这种无条件承诺的合约权益将被转让给提供贷款的银行，与项目主办人提供的完工担保一同构成项目信用保证结构的主要组成部分。

1. 融资结构

典型的以销售协议为基础的项目融资结构如图 7-6 所示，其具体操作步骤如下。

（1）项目主办人设立项目公司，通过项目公司与项目产品购买者签订销售协议。理想的销售协议应具有"无论提货与否均需付款"的性质，即一旦项目建成投产，购买者无论提货与否均须支付规定数额的产品费。

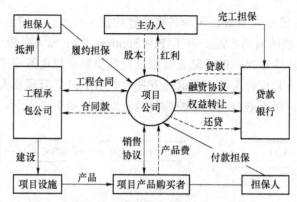

图 7-6　典型的以销售协议为基础的项目融资结构

（2）项目公司与贷款人（贷款银行）签订贷款协议。通过转让销售协议的权益作担保，获得无追索权或有限追索权贷款，与股本资金一起支付工程建设费用。由于贷款的担保基于销售协议，如果项目产品购买者是实力雄厚的公司，公司的信用能够为贷款银行所接受；但是，对于实力较小的公司，则可能还需要第三方的担保。

（3）选择工程承包公司进行项目建设。在多数情况下，项目主办人中就有工程承包商，因而可能采用协商议标的方式，由项目主办人自己建造项目设施。较为理想的做法是采用公开招标的形式，中标的公司必须具备一定的资信和经验，并且能够由银行或其他的第三方提供履约担保。

以销售协议为基础的项目融资的关键是其结构应包括销售协议，特别是具有"无论提货与否均需付款"性质的销售协议。因此，在设计以销售协议为基础的项目融资时，需要注意以下几个方面。① 保证购买的最低数量和产品价格。最低数量带来的销售收入原则上至少能够支付项目的生产经营成本和债务偿还。② 项目产品购买者的资信水平。如果项目产品购买者的资信不足，应采取资信增级措施，如担保安排。③ 市场需求调查。尽管有销售协议，但是项目主办人不能忽略市场研究，因为项目产品购买者可能过于乐观估计市场需求，导致供过于求。如果项目产品购买者陷入困境，整个项目也就陷入困境。

以销售协议为基础的项目融资方式适用于资本密集、收益相对较低但相对稳定的基础设施类项目，如电厂、水厂等。其项目特征是项目产品的生产不具垄断性，但产品销售需要通过垄断性销售网络（电网、配水管网等），不能直接面对用户。

2. 案例分析：成都市自来水六厂 B 厂

成都市自来水六厂 B 厂项目是全国第一个经国家批准的城市供水基础设施 BOT 试点项目。该水厂是成都市自来水六厂的 3 座水厂之一，设计能力为日产 40 万 m^3 自来水，总投资为 1.065 亿美元。该项目由法国通用水务集团与日本丸红株式会社组成的联合体以 BOT 模式开发，特许期为 18 年，其中建设期 2.5 年（30 个月），运营期 15.5 年。该项目于 1999 年 8 月动工，2002 年 2 月投产并向城市管网供水。

1）项目分析

成都市自来水六厂规划为 A、B、C 3 座水厂，都从上游不到 2 km 的徐堰河和柏条河重力引水至水厂；河水经水厂净化处理后，利用 60 m 的自然高差，通过 27 km 长的输水管道向城市配水管网重力输水。成都市自来水六厂 A 厂是老厂，已分 3 期建成并投入运营，日供水

60 万 m³；成都市自来水六厂 B 厂是按 BOT 方式建设的日供水 40 万 m³ 的新厂；成都市自来水六厂 C 厂是规划中的另一新厂，规模与成都市自来水六厂 B 厂相当。3 座水厂既独立运营又相互毗邻，将形成一个日供水 140 万 m³ 的供水基地。

成都市自来水六厂 B 厂项目包括 4 个子项目：扩建日取水 80 万 m³ 的取水工程（徐堰河取水口和柏条河取水口、连通渠、引水暗渠）；日处理 40 万 m³ 的净水厂；140 万 m³ 的净水厂排水总渠；27 km 的输水管道。其中引水暗渠的共用部分、3 座水厂的排水总渠、输水管道采用 BT（建设—移交）开发策略，净水厂及部分配套设施采用 BOT 开发策略。

成都市自来水六厂 B 厂的厂址条件优越。一是利用重力取水和输水，不需要泵站，既节省投资，又节约运行费用；二是与现有的成都市自来水六厂 A 厂在一起，可部分利用成都市自来水六厂 A 厂的设施，节省投资，如取水口由拦河闸、进水格栅、冲砂设施及进水控制闸组成，由于利用成都市自来水六厂 A 厂的相关设施，徐堰河取水口只需新建进水控制闸，柏条河取水口只需新建 10 m 长进水格栅及进水控制闸。

原水供应充足可靠。水厂由都江堰水利枢纽供水，正常情况下从徐堰河引水，徐堰河维修期间从柏条河引水。这种双取水口设计为原水供应提供了更大的安全保障。此外，原水水质风险由政府承担。

按当时情况分析，用水需求量大，每年增长 7%。成都市有 900 万人口，许多地区缺少自来水供应，配水管网在不断地扩建，随着人民生活水平的提高，有巨大的需求潜力。更重要的是签有购水协议，保证每天购买 40 万 m³ 净水。在日供应 40 万 m³ 净水的条件下，水厂的各项支出，如药剂费、动力费、日常设备维护费、工资等相对来说比较固定。

2）资金结构

项目总投资为 1.065 亿美元，其中股本资金 3 200 万美元（占总投资的 30%），法国通用水务集团出资 60%，日本丸红株式会社出资 40%。亚洲开发银行提供直接贷款 2 650 万美元，此外，亚洲开发银行通过 6 家商业银行提供 2 150 万美元的补充贷款；欧洲投资银行提供由 6 家商业银行提供商业风险担保的 2 650 万美元贷款，项目资金构成及来源如表 7-3 所示。

表 7-3 项目资金构成及来源

资金来源	股本资金/万美元	债务资金/万美元	贷款期限	贷款利率
法国通用水务集团	1 920	—	—	—
日本丸红株式会社	1 280	—	—	—
亚洲开发银行	—	2 650（直接贷款）	15 年	LIBOR+3.0%
		2 150（补充贷款）	12 年	LIBOR+2.8%
欧洲投资银行	—	2 650（担保贷款）	12 年	LIBOR+2.5%
合计	3 200	7 450		

3）投资结构

该项目的投资结构为单实体投资结构。由法国通用水务集团出资 60% 和日本丸红株式会社出资 40% 组建成都通用水务—丸红供水有限公司（项目公司）。该公司承担三重角色，既是投资人的投资主体，又是融资主体，同时全权负责项目的执行管理工作，而且在法国通用水务集团的技术支持下负责项目的运行和维护。

4) 资信结构

项目的主要资信是与成都市自来水总公司签订的"无论提货与否均须付款"性质的购水协议，并且由成都市政府为成都市自来水总公司提供履约担保。该协议规定水厂投入商业运营以后，在正常运营的情况下，成都市自来水总公司有义务每日向项目公司购买 40 万 m^3 合格（符合标准质量）净水并支付相应的水费。为了控制价格风险，总水价分为两部分——原水水价和运营水价。对额定供水量（40 万 m^3/日）与超额供水量（超过 40 万 m^3/日的部分）采用不同的运营水价。购水协议对每个运营年的运营水价作了明确描述，额定供水量的运营水价第一年为 0.96 元/m^3，最后一年为 1.56 元/m^3。考虑到还贷、股本红利等需要外汇，额定供水量的运营水价又进一步分为两部分，其中的主要部分与汇率挂钩，以便减少汇率风险。额定供水量的水价结构如图 7-7 所示。

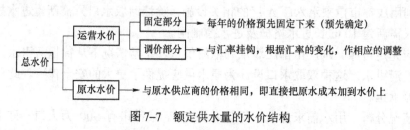

图 7-7 额定供水量的水价结构

欧洲投资银行 2 650 万美元贷款的政治风险由欧洲投资银行自己承担，但是商业风险则由 6 家商业银行提供 110% 的商业风险担保；亚洲开发银行的补充贷款是由 6 家商业银行提供的。7 家商业银行对项目的支持情况如表 7-4 所示。

表 7-4　7 家商业银行对项目的支持情况　　　　　　　　　　单位：万美元

商业银行	参与亚洲开发银行的补充贷款	为欧洲投资银行提供商业风险担保	小计
澳新银行（ANZ Bank）	330	500	830
巴克莱银行（Barclays Bank）	330	500	830
里昂信贷银行（Credit Lyonnais）	330	500	830
星展银行（DBS Bank）	330	500	830
比利时联合银行（KBC）	330	500	830
富士银行（Fuji Bank）	500	—	500
德累斯顿银行（Dresdner Bank）	—	415	415
合计	2 150	2 915	5 065

此外，在运营期，法国通用水务集团和日本丸红株式会社按投资比例共同提供备用资金 1 500 万美元，3.5 年后减为 1 000 万美元，以防止项目资金不足。

5) 融资结构

项目的特许权协议包括协议正文及购水协议、技术规范和要求、临时用地合同和仲裁协议等共 16 个附件。项目设计施工由威望迪（后改名为威立雅）集团的 Campenon Bernard SGE 公司（简称 CB 公司，负责土建工程）、Omnium de Traitements et de Valorisation 公司（简称 OTV 公司，负责净水厂的设计施工）、SADE Compagnie Generale de Travaux d'Hydraulique（简称 CGTH 公司，负责输水管道）承担，项目公司自己负责该厂的运行工作，但由威望迪集团提供技术服务。成都市自来水六厂 B 厂项目融资结构如图 7-8 所示。

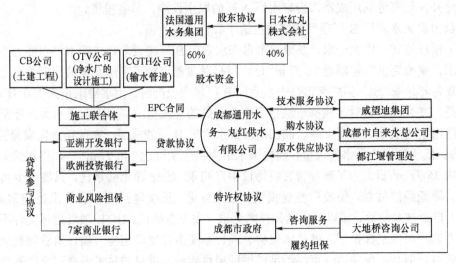

图 7-8　成都市自来水六厂 B 厂项目融资结构

6）经验教训

成都市自来水六厂 B 厂作为全国第一个经国家批准的城市供水基础设施 BOT 试点项目，经过多年的运营，总体效果较好，为我国以 BOT 方式建设供水设施积累了宝贵的经验，该项目的实践给了我们许多良好的启示。

（1）竞争招标，避免了纠纷。通过引入竞争机制，避免了纠纷。第一标的水价为 0.96 元/m³（不包括原水水价），加上原水水价（0.2 元/m³）后为 1.16 元/m³，接近成都市当时的居民生活用水的零售价（1.2 元/m³），虽然高于成都市其他水厂的水价，但低于成都市相关部门预测的可接受水价（范围）。当供过于求时，引发了水价是否过高的争论，但并没有导致政府与开发商之间的纠纷。由此可见，采用竞争招标，可以避免许多麻烦；但应注意的是在评标标准的确定上，应根据项目拟实现的目标，合理地确定水价、技术、法律、融资方案所占的比重。

（2）混合开发策略，适应具体情况。原考虑 27 km 输水管道也采用 BOT 方式，但按照现行《中华人民共和国土地管理法》的规定，如果不拥有土地使用权，则不拥有地上、地下附属物的产权。实际工作中，为降低建设成本，减少土地占用，供水管道建设用地均采用临时租地，按照《中华人民共和国土地管理法》的规定，投资者不拥有管道产权。为了适应相关规定，除了净水厂外，取水和输水设施采用 BT 方式，开发商建成后即移交给政府。

（3）政府支持，有利于降低水价。成都市政府为防止成都市自来水六厂 B 厂 BOT 项目对城市自来水价格的影响过大，对该项目给予了一系列优惠政策，原则上对建设期、经营期中地方所能掌握的税费给予减免。经测算，成都市政府制定的各项优惠政策，减少外商建设期投资 600 万元，年平均减少经营成本 1 440 万元，若外商不享受这些优惠政策，水价将在现在协议基础上增加 0.101 元/m³。政府支持对于维护社会稳定，保证项目成功具有积极意义。

（4）确定合理的项目范围，降低单位成本。成都市自来水六厂 B 厂是自来水基地的 3 座水厂之一。这种基地性质的项目应谨慎处理，确定合理的项目范围至关重要：哪些设施公用，由谁建设；哪些设施用 BOT 模式，哪些设施用非 BOT 模式，等等。在出厂水价确定的情况下，为了降低成本提高利润，项目开发商采取了许多节省单位投资（单位生产能力的成本）的方法。例如，主要辅助设施（引水暗渠的共用部分、排水总渠和输水管道）采用 BT 模式开发。此外，还充分利用成都市自来水厂 A 厂的取水设施，节省投资。

成都市自来水六厂 B 厂项目的实践也给了我们许多教训。

（1）情况逆转，供大于求。在成都市自来水六厂 B 厂建设前，成都市供水能力不能满足用水需求，高峰期供需差额近 10 万 m^3/日。根据对成都市经济高速发展的预期综合分析，用水需求量每年增长 7%，到成都市自来水六厂 B 厂建成投产时，用水需求量为 120 万 m^3/日以上。但是，在合同签订后，成都市进行了产业布局的大调整，许多工业用水大户迁至郊县，导致市区用水需求量大幅度下降。成都市自来水六厂 B 厂建成后，市区用水需求量约为 105 万 m^3/日，低于预期的用水需求量，而自来水最大供应量可达 140 万 m^3/日，供水能力超过用水需求约 35 万 m^3/日。为了履行特许权协议中日购 40 万 m^3 净水的承诺，只能减少其他水厂的产量，降低经济效益，使政府蒙受损失。由此可见，正确地预测市场需求是非常重要的。

（2）自身技术落后，难以提出具体技术要求，失去主动权。BOT 项目招标文件不确定水厂技术方案，可以发挥投标人的技术优势。项目早期由开发商运营，项目质量问题会影响开发商的效益。但是，单凭这一点，不足以保证项目质量，项目的技术寿命和经济寿命很可能只是比特许期略为长一些。移交给政府后，政府并未获得多少利益。但由于招标人自身技术落后，提不出具体技术要求，失去主动权。例如，成都市自来水六厂 B 厂采用的单挡机械絮凝技术、高负荷的设计参数，突破了现行我国给水规范中的有关规定，而且项目开发商在他们本国的工程中较少采用高负荷的设计参数。这一点虽然引起中方的担心，但项目开发商认为没有问题，中方也提不出自己的技术要求。

（3）自身技术落后，管理效率低，难以确定具有挑战性的标底。竞标的结果显示第一标的水价低于成都市相关部门预测的可接受水价（范围）。这说明有关单位在制定标底时所参照的资料不具先进性，自身技术落后，管理效率低，难以确定具有挑战性的标底。

（4）质量控制措施不周。整个工程的质量控制体制是好的，总体效果是不错的，但在一些重要环节上也出现了问题，如引水暗渠及厂内构筑物、排水管渠没有及时主动作闭水试验，甚至个别管段最终也没有作闭水试验；输水管道的高程没有监理人员的连续监控记录，输水管线出现局部返坡。项目公司聘请的工程监理只有建议权，特别是 BT 项目，有些问题得不到妥善的处理，比如输水管道采用薄壁钢管的问题。

按照特许权协议，施工图设计及修改需经成都市政府审查，但不必经成都市政府批准，即项目公司对审查意见可接受也可不接受。特别是在工程中还存在严重的边勘测、边设计、边施工的"三边"问题及边设计、边施工的"二边"问题，这些对图纸审查意见的落实、工程质量的控制是不利的。根据《建设工程质量管理条例》和《建设工程勘察设计管理条例》对施工图设计文件进行审查，施工图设计文件审查意见必须得到确认才能开工建设，对于 BOT 项目也不应例外，特许权协议在这方面的规定是欠妥的。

（5）BT 部分招标准备不够充分。对 BT 部分的投标文件应达到初步设计的深度，在招标文件编制过程中，能明确的应尽量明确，否则会给招标工作带来较大的困难。例如，阀门采购没有量化的技术要求，只要求"世界先进水平"的阀门，钢管壁厚也没有具体的尺寸，让承包商有空子可钻。招标前没有对阀门制造厂家进行考察，谈判时比较被动。因此，前期的资料应准备充分，有关技术要求应明确具体，以免标书中考虑不周，导致落实过程中的谈判艰难。

按国际惯例，标书确定的内容应从严遵守，较多的变动一方面对其他投标者是不公正的，另一方面不按国际惯例办事，损伤了我方的利益。比如管线顺坡敷设是明确的，但再三商讨认同了 4 处返坡，减少了工程费用，但对管道的排气是不利的，特别是清水池出口的返坡，容易使流量计计量管段存气，这给流量计的计量准确性带来干扰。厂内 DN2400 出水管道上安装的主控阀门口径缩小到 DN1600，增大的阻力影响了成都市自来水六厂 A、B 两厂清水池水位的等同关系，这给成都市自来水六厂 A、B 两厂出水的调度增加了难度。

工程设计的审查不能单从技术本身出发，还应考虑经营管理。在签订特许权协议前的确认性谈判期间，对取水口设计单从进水流速符合设计规范要求，而同意取消了 CGE 联合体设计的 12.5 m 长的进水格栅，中标方节省了工程造价。当时强调了将来成都市自来水六厂 A、B、C 三厂统一管理，而忽略了 BOT 厂的独立经营，因此取水口没能按成都市自来水六厂 A、B、C 三厂能独立经营、管理进行设计，从而在双方取水口如何管理的谈判上，增加了难度。电源设计存在同样的问题。为了有利于运行管理和分清职责，在实施前进行了适当调整，要求成都市自来水六厂 B 厂电源分别改从两条专用供电线路下杆，而不是从成都市自来水六厂 A 厂高压配电室引接。如果早在标书中明确，亦可避免为电源问题进行的多次艰难的谈判。

对于管道材质，输水管道原考虑采用钢筒预应力砼管，但由于种种原因最后在标书上定为钢管。钢管壁厚在草拟标书时明确了要求，在审定标书时提出由中标方计算确定。在初设审查过程中，钢管壁厚难以统一看法，政府要求钢管壁厚为 18 mm，而开发商提出用 16 mm 壁厚的钢管。钢管壁厚减小 2 mm 可减少工程造价，但影响管道寿命。如果在标书中明确规定，则可避免纠纷。

为此，若采用 BT 方式，则管道技术方案要尽可能明确、具体、定量。

7.3.3 以项目收费权为质押的项目融资

有些项目的产品或服务直接面向广大的用户进行市场销售，只有特许经营权（如公路收费权），而没有购买协议或使用协议。典型的例子有收费公路（包括桥梁和隧道）。此类项目的融资基础是市场销售，项目融资的贷款人要承担市场需求和价格风险。

1. 项目融资结构

以市场销售为基础的项目融资结构如图 7-9 所示。

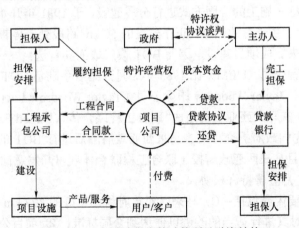

图 7-9　以市场销售为基础的项目融资结构

其具体操作步骤如下。

（1）项目主办人与政府谈判特许经营权。通过招投标，政府机构将与被选定的中标者就有关项目的特许权经营范围、中标人的权利和义务等内容进行特许权协议谈判。在谈判特许权协议时，项目主办人希望投资受到保护，能及时获得实施项目所需的许可、批复文件，适当的政府支持，能够通过国际仲裁解决与政府的争端等。此外，谈判还涉及有关项目产品和服务的收费方法，特许期终止时的双方责任义务等。

（2）项目主办人设立项目公司。大多数情况下，项目主办人签订股权协议成立有限责任公司，作为投资主体接收股本资金；个别情况采用其他形式的经济实体，如契约型合营机构。作为管理主体，项目公司负责组织项目的建设和生产经营，提供项目开发所需要的股本资金和技术，安排融资，承担项目建设风险和经营风险。

（3）项目公司与贷款人（贷款银行）签订贷款协议。以特许经营权下预期的项目收益作担保，获得无追索权或有限追索权贷款，与股本资金一起支付工程建设费用。由于贷款的担保基于特许经营权，贷款人要求项目主办人提供完工担保。

（4）选择工程承包公司进行项目建设。在多数情况下，项目主办人中就有工程承包商，因而可能采用协商议标的方式，由项目主办人自己建造项目设施。较为理想的做法是采用公开招标的形式，中标的公司必须具备一定标准的资信和经验，并且能够由银行或其他第三方提供履约担保，工程合同一般为 EPC 合同。

以市场销售为基础安排项目融资时，关键是要保证有一定的市场需求。因此，在获得特许经营权时，常常要求政府保证项目在一定时期内具有某种程度的垄断性或准垄断性。此外，在投资决策分析阶段，应进行市场需求分析，项目的财务经济效益是项目成功的关键。以特许经营权下的市场销售为基础的项目主要包括收费公路、桥梁、隧道等。

2. 案例分析：马来西亚南北高速公路

马来西亚南北高速公路北起马来西亚与泰国边境的黑木山市（Bukit Kayu Hitam），南至马来西亚与新加坡边境的新山市（Johor Bahru），全长约 900 km，连接马来半岛西海岸的城镇，是一条交通大动脉。

1）项目背景

马来西亚南北高速公路项目在 20 世纪 70 年代开始规划，由马来西亚公路管理局负责，采取传统的设计—招标—施工的合同方式进行分段建设，于 1981 年开始建设。当该公路完成大约 350 km 的路段后，由于财政困难，正在建设的 50 km 路段处于停顿状态，马来西亚政府不得不寻求私人资本来完成项目建设，因而 BOT 模式成为其首选。

马来西亚联合工程公司（UEM）在 1985 年 8 月开始着手准备 BOT 建设方案，与日本三井物产公司（Mitsui），Taylor Woodrow 国际公司（Taylor Woodrow International），Dragage et Travaux 公司和另外 3 家马来西亚公司组成"联合工程联合体"（United Engineers Consortium），并于 1986 年 1 月抢先向政府提交标书。马来西亚政府随后进行 BOT 的招标工作，并收到 5 份标书。1986 年 12 月马来西亚政府授予联合工程联合体项目开发意向书，开始特许权协议谈判，并于 1988 年 7 月签署特许权协议。

特许权协议的主要内容包括：① 马来西亚政府将已建好的 377 km 收费公路转让给项目公司，项目公司只需对其进行适当的改进以便达到合同标准；② 项目公司负责融资、建设未开工的 512 km，负责经营和维护整条高速公路，并根据双方商定的收费方式收取使用费；

③ 马来西亚政府提供1.65亿零吉[①]（约0.6亿美元）的从属性备用贷款，该贷款在11年内分期提取，利率8%，并具有15年的还款宽限期，但最后的还款期在特许期结束之前；④ 马来西亚政府提供最低收入担保，如果交通流量不足，项目收入达不到预期的最低水平，则马来西亚政府支付其差额部分；⑤ 特许期30年，从签署协议之日起算，在特许期末（2018年），将整条高速公路无偿地移交给马来西亚政府。

2）项目实施

为了实施项目，联合工程联合体设立了一家独立项目公司——南北高速公路项目有限公司（Projek Lebuhraya Utara Selatan，PLUS）。该公司既是项目的投资主体，也是项目的管理主体，同时还是项目的融资主体，负责与贷款银团谈判安排项目融资，负责组织设计、建设和管理维护整个项目，从而形成了以政府的特许权协议为核心组织起来的融资结构。整个项目分为42个子项目，发包给不同的分包商。

项目预期造价为34.4亿零吉（12.8亿美元），由于通货膨胀和其他因素，最终造价增加了9.76亿零吉（3.63亿美元）。总投资中，10%为股本资金，90%为债务资金。股本资金是通过分包合同来筹集的，合同款分两部分支付：87%的合同款用现金支付，剩余的13%用项目公司的股权支付，即每个分包商都成为项目公司的股东，但分包商可以在项目完工后出售公司股票。

马来西亚联合工程公司聘请英国投资银行——摩根格兰福（Morgan Grenfell）作为项目的融资顾问，为项目组织了为期15年总金额为25.35亿零吉（9.21亿美元）的有限追索权项目贷款，占项目总建设费用的44.5%，其中16亿零吉（5.81亿美元）来自马来西亚的银行和其他金融机构（马来西亚银团），是当时马来西亚国内银行提供的最大一笔项目融资贷款，9.35亿零吉（3.4亿美元）来自由十几家外国银行组成的国际银团。图7-10为马来西亚南北高速公路项目融资结构。

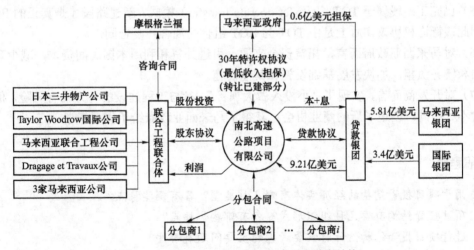

图7-10 马来西亚南北高速公路项目融资结构

特许期包括建设期在内，是一个典型的单时段特许期。受"早完工早受益"的激励，该公路于1994年9月8日全线开通，比计划提前15个月。能够提前完工的主要原因之一是分

---

① 零吉为马来西亚货币单位。

包商成为项目公司的股东，与项目公司的利益一致。由于采用单时段特许期，延迟完工影响项目收益；但是，公路项目可以分段建设、分段投入使用，从而相对减少了完工风险对项目收益的影响。

由于公路项目没有销售协议，项目收益取决于市场需求，市场风险较大；但是，政府提供了最低收入担保，贷款银行的市场风险相应地减轻了。然而，如果政府无法或不愿履行承诺，在某种意义上，这种担保转化成政治风险。

采用 BOT 模式为马来西亚政府和项目投资者及经营者均带来了很大的利益。由于采用了 BOT 模式，整条公路得以完工，带动了沿线的经济发展；项目公司从施工和运营中均有可观的利润。此外，对于马来西亚政府而言，在特许权经营协议结束时可以免费获得一条高速公路。

该项目融资结构具有下列特点。

（1）资金结构：采用高债务比的资金结构（90%的债务资金）；利用股权支付部分分包商的合同款（13%）。该项目通过项目融资方式筹集大部分项目所需资金；利用当地银行贷款，减少外汇风险。

（2）投资结构：该项目采用单实体投资结构，即专门设立项目公司，负责项目管理、项目投资和项目融资。

（3）资信结构：马来西亚政府的大力支持，如转让已建好的 377 km 收费公路，提供 1.65 亿零吉（约 0.6 亿美元）的从属性备用贷款；特许经营权下的市场需求为基础的项目融资，但马来西亚政府提供了最低收入担保，如果交通流量不足，项目收入达不到预期的最低水平，则马来西亚政府支付其差额部分。

（4）采用单时段、不带激励措施的特许期结构，激励开发商提前完工；而开发商又利用股权支付的方式，使分包商的利益目标与项目的目标一致。因而，项目提前了 15 个月完工。

（5）已完工路段属于 TOT（transfer-operate-transfer）模式，新建路段才是真正的 BOT 模式，因此该特许权协议实质上是由 TOT 与 BOT 组合的混合开发合同。

（6）对马来西亚政府而言，拓宽资金来源，引进外资和利用本国民间资本，减少政府财政支出和债务负担，加快发展基础设施和其他设施。

（7）对开发商而言，实现了"小投入做大项目"；参与工程建设的各方均有风险，但各方的风险不尽相同；创造了新的商业机会；获得了马来西亚政府给予优惠待遇。

思考题

1. 用于项目投资结构的经济实体有哪几种类型？各有哪些特点？
2. 项目投资结构有哪几种组织形式？各有哪些优缺点？
3. 进行项目投资结构设计时需要考虑的主要问题有哪些？

第8章

项目收益债券和票据

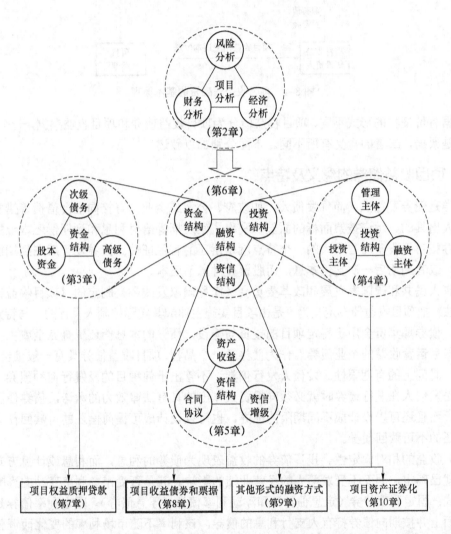

项目收益债是基于项目资信的融资工具,包括项目收益债券和项目收益票据。项目收益债融资不同于项目收益质押贷款,其融资过程的环节更多、交易结构更复杂、资信要求更高。本章主要叙述项目收益债融资的基本过程、典型交易结构和关键事项。

8.1 项目收益债券和票据的基本概念

项目收益债融资就是项目收益债发行人以项目的预期现金流为保证在金融市场上发行有价证券（如债券和票据），向项目收益债投资人融资，利用筹集的资金建设项目，项目投入运营后，用项目产生的现金流（项目收益）来偿付所发行的有价证券的本息，如图8-1所示。

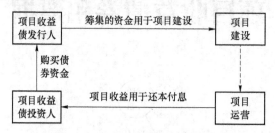

图8-1 项目收益债融资的基本原理

根据有价证券的形式不同，项目收益债分为项目收益债券和项目收益票据，一个是债券，另一个是票据，二者的含义有所不同。下面分别加以叙述。

8.1.1 项目收益债券的含义及特点

债券是债券发行人（简称发债人，如政府、公司或企业）直接向社会借债筹措资金时，向投资人出具的、承诺按票面标的面额、利率、偿还期等给付利息和到期偿还本金的债务凭证。债券相对于股票而言最大的一个特点就是偿还的有保证性。债券发行后在到期前定期支付本息，或者到期后一次支付本息，而股票只付息不还本。

中华人民共和国国家发展和改革委员会（简称国家发改委）制定的《项目收益债券管理暂行办法》把项目收益债券定义为"是由项目实施主体或其实际控制人发行的，与特定项目相联系的，债券募集资金用于特定项目的投资与建设，债券的本息偿还资金完全或主要来源于项目建成后运营收益的企业债券"。作为债券的一个品种，项目收益债券具有一般债券的特点。

（1）时间上的有期限性。发债人发行债券，不管出于何种目的及发行何种债券，偿还本金始终是发债人在发行债券时就必须向投资人作出的具有法律效力的承诺，债券便因此具有期限性，而且还可以设计成不同期限的债券，也可以设计成可提前偿还的可赎回债券和不可提前偿还的不可赎回债券。

（2）收益的相对固定性。投资债券的收益表现为债券的利息，而利息或计息方式一般在发债时就已确定，因而不受发债人的经营业绩的影响。其是否受市场利率变动的影响取决于计息方式：固定利率债券（定息债券）和浮动利率债券（浮息债券）。固定利率债券是将利率印在票面上并按期向债券持有人支付利息的债券，该利率不随市场利率的变化而调整，债券的收益是固定的，即它会在未来某个确定的时间内给投资人带来确定的现金流量，且投资人投资前已经知悉，可以较好地抵制通货紧缩风险；浮动利率债券的息票率是随市场利率变动而调整的利率（通常是在市场基准利率上加一定的利差），由于市场利率考虑到了通货膨胀率的影响，可以较好地抵制通货膨胀风险。

但是，项目收益债券还具有一般债券所没有的特点。

(1) 资金用途的限制性。项目收益债券对资金用途有严格的限制,以特定项目收益支持的债券,所募集的资金只能用于该项目建设和运营,不得置换项目资本金或偿还与项目有关的其他债务,更不能用于其他用途。

(2) 还债资金的局限性。由于项目收益债券的资信基础是项目资产和预期收益,以及项目的增信措施,如"差额补偿协议"和"外部担保"等增信措施,偿还项目收益债券的资金来源主要或完全局限于项目建成后的运营收益。

此外,虽然项目收益债券与企业债券都是有价证券,即持有者可凭以直接取得利息收入的债权凭证,但二者有以下两点不同之处。

(1) 对发行主体的要求不同。企业发行企业债券时要求企业的成立年限不少于三年,而且连续三年盈利且平均净利润能够覆盖一年利息;而项目收益债券对发行主体比一般企业债券对发行主体的要求要宽松,取消了一般企业债券对发行主体成立年限、净利润和净资产等方面的要求,可以是刚刚设立的项目公司,可以没有经营历史,可以没有任何财务表现记录,唯一的要求是该项目公司必须拥有一个能产生稳定现金流的项目,而且募集资金投资项目原则上应为已开工项目,未开工项目应符合开工条件,并于债券发行后三个月内开工建设,以此避免出现以虚假项目融资的情况。

(2) 对发行规模的限制不同。企业债券发行余额不超过公司净资产的40%;而项目收益债券发行没有限制,原则上在自动清偿能力范围之内,但不排除获得其他资金来源。

8.1.2 项目收益票据的含义及特点

票据指出票人依法签发的由自己或指示他人无条件支付一定金额给收款人或持票人的有价证券。票据有广义的票据和狭义的票据之分:广义的票据泛指各种有价证券和凭证,而狭义的票据仅指以支付金钱为目的的有价证券,即出票人根据票据法签发的,由自己无条件支付确定金额或委托他人无条件支付确定金额给收款人或持票人的有价证券。

项目收益票据指具有法人资格的非金融企业在银行间债券市场发行的,约定在一定期限内还本付息的有价证券,是一种反映当事人之间债权债务关系的书面凭证。中国银行间市场交易商协会制定的《银行间债券市场非金融企业项目收益票据业务指引》把项目收益票据定义为"非金融企业在银行间债券市场发行的,募集资金用于项目建设且以项目产生的经营性现金流为主要偿债来源的债务融资工具"。

项目收益票据最突出的特点是实行注册制发行,发行效率较高。项目收益票据的发行场所为银行间债券市场,这意味着只向机构投资者发售。因此,采用注册制发行,提高了发行效率。发行人依法将与项目收益票据发行有关的一切信息和资料公开,制成法律文件,送交中国银行间市场交易商协会(简称交易商协会),交易商协会依据中国人民银行《银行间债券市场非金融企业债务融资工具管理办法》和交易商协会相关自律规则对企业注册文件的完备性进行审核,只要所提供的材料不存在虚假、误导或者遗漏,就不能拒绝注册。注册制发行中不是没有审核,而是在审核环节上会更注重效率和披露;审核关注重点不是项目是否盈利,而是发行人是否充分披露相关信息。交易商协会只对注册文件进行形式审查,不进行实质判断,把发行风险交给了主承销商,把合规要求的实现交给了中介机构,把信息披露真实性的实现交给了发行人。注册不代表交易商协会对项目收益票据的投资价值作出任何评价,也不代表对项目收益票据的投资风险作出任何判断。注册制与核准制相比,发行人成本更低、上市效率更高、对社会资源耗费更少，资本市场可以快速实现资源配置功能。

8.1.3 项目收益债券和票据的比较

项目收益债券与项目收益票据二者之间没有太大的差异。二者都是项目实施机构以项目资信为基础发行的有价证券；对项目的要求相同，能发行项目收益债券的项目也可以发行项目收益票据，可发行项目收益债券或票据的项目包括但不限于市政、交通、公用事业、教育、医疗等与城镇化建设相关的、能产生持续稳定经营性现金流的项目；发行方式相同，都可以公开发行或非公开定向发行；在评级安排、账户监管设置、投资人保护方面也基本相同。此外，二者还有三大共同点。

一是都可以新设公司作为发行人，实现风险隔离。对于项目收益票据，其发行人必须是非金融企业，但项目主办人可以通过成立项目公司的方式注册发行项目收益票据。虽然不是强制要求新设立公司，但为了实现风险隔离，一般都通过成立特殊目的载体（如项目公司等）方式注册发行项目收益票据，从而实现了项目公司与项目主办人的双向风险隔离，既可以减少项目主办人的风险，也可以减少投资人的风险。

二是资金的用途都受到限制，严格控制资金流。项目收益票据所筹集的资金用于特定项目的投资建设，而不能用于其他业务。偿还项目收益票据的资金主要是项目产生的现金流，但不排除其他资金来源的支持。根据《银行间债券市场非金融企业债务融资工具管理办法》的规定，项目收益票据应在中央国债登记结算有限责任公司登记、托管、结算，应由金融机构承销，应由在中国境内注册且具备债券评级资质的评级机构进行信用评级。与贷款相比，其交易结构更复杂，管理更严格。

三是投资人权益的单一性，投资人与发行人之间是一种很简单的债权债务关系。一般而言，项目收益债券或票据持有人只有获取债息、索偿本金，以及转让项目收益债券或票据的权利。除此之外，投资人既无权过问发债企业的决策及管理事务，也无权在应得利息之外参与企业的利润分配。

在中国，项目收益债券与项目收益票据的主要区别有三点。

一是相关的管理规则不同，项目收益债券的发行应按照企业债券申报程序和要求报国家发改委核准，项目收益债券的发行需符合一定的资信条件，即使是非公开发行项目收益债券，其债项评级也要求达到 AA 及以上；而项目收益票据的发行在交易商协会注册后就可以，注册不代表交易商协会对项目收益票据的投资价值作出任何评价，也不代表对项目收益票据的投资风险作出任何判断。由此可见，项目收益债券的安全性要高于项目收益票据，因此市场流通性也高于项目收益票据。

二是发行对象不同，项目收益债券的发行对象较广泛，包括上市银行、银行理财、保险公司、公募基金、私募基金、证券公司、信托公司、财务公司、企业法人等机构，投资人的购买下限也比较低；而项目收益票据的发行对象只限定在银行间债券市场的投资人，如商业银行、农村信用社、保险公司、公募基金、证券公司、信托公司、财务公司、企业法人等机构，投资人的购买下限比较高，一般以百万计。

三是增信措施安排要求不同，虽然都是以项目为资信基础，但项目收益债券要求必须设置差额补足机制，而项目收益票据没有这样的硬性要求。

综上所述，项目收益债券与项目收益票据在本质上没有太大的不同，都是以项目的预期收益为资信基础的有价证券，只是因为债券与票据的不同特征而在管理规则、资信要求和发行对象方面有所不同。因此，如果利用一个项目收益进行融资，一般要么发行项目收益债券，要么发行项目收益票据，没有必要同时发行项目收益债券和项目收益票据。

8.2 项目收益债融资过程及主要参与人

发行项目收益债券（或票据）都是发行人以借贷资金为目的，依照法律规定的程序向投资人要约发行代表一定债权和兑付条件的债券（或票据）的法律行为。发行项目收益债券（或票据）的过程就是发行人以最终债务人的身份将债券（或票据）转移到它的最初投资人手中，同时获得投资人手中的资金的过程。整个过程中各个参与人之间的交易构成项目收益债融资的交易结构。

8.2.1 项目收益债融资过程

对于一个新建项目而言，支持债券的基础资产就是给定的项目。无论是先采用过渡贷款启动项目再发行项目收益债置换过渡贷款，还是直接发行项目收益债，一般而言，项目主办人投资设立一家特殊目的载体（如项目公司），实现风险双向隔离。因此，发行项目收益债的第一步是设立特殊目的载体作为发行人。

项目收益债券和票据本质上是以项目收益作支持的证券，发行规模不是取决于项目自身的造价，而主要是取决于项目未来收益的多少；不是根据缺多少资金去确定发行规模，而是根据项目收益的偿付能力来确定发行规模。因此，先测算项目未来收益，从而确定发行规模的上限，并进行项目的风险评估，确定发行规模。如果由每个投资人对项目运营收入进行测算和评估，既不现实也造成大量的重复工作。反之，由专业机构进行评估，既经济又专业，同时也保证了信用评级所需资料的独立性，不受发行人的影响。因此，在项目收益债券（或票据）发行过程中需要引入资产评估机构和财务审计机构，对项目进行资产评估和财务审计，包括对其可研报告中项目现金流的构成与假设的合理性进行评估。

确定发行规模之后，可进行项目收益债券（或票据）设计。由于项目收益债券（或票据）设计的质量直接决定项目收益债券（或票据）的销售，因此一般聘请承销商担任整个项目收益债券（或票据）的融资顾问，帮助设计出既保护发行人的利益又能为投资人接受的双赢融资方案。

根据《银行间债券市场非金融企业债务融资工具管理办法》的规定，债务融资工具应由在中国境内注册且具备债券评级资质的评级机构进行信用评级，公开发行的债券还必须进行主体评级和跟踪评级。即由信用评级机构对未来项目资产能够产生的现金流进行评级，以及对经过信用增级后的拟发行债券进行评级。因此，在项目收益债券（或票据）发行过程中需要引入信用评级机构进行信用评级。项目收益债券或票据的评级为投资人提供债券选择的依据，从而构成发行项目收益债券或票据的又一重要环节。

为吸引投资人并降低融资成本，必须提高拟发行项目收益债券的资信等级，使投资人的利益能得到有效保护和实现。根据《项目收益债券管理暂行办法》的要求，非公开发行的项目收益债券的债项评级要达到 AA 级以上。因此，如果项目收益债券的信用不足，需要借用信用增进（一般称为"信用增级"）措施进行增级。信用增进工具包括专业保险公司提供的保险、企业担保、信用证和现金抵押账户等。信用增级成为影响项目收益债券发行成功与否的关键因素之一。

虽然发行人可以直接销售项目收益债，但一般都通过承销商向投资人销售项目收益债券或票据，即通过各类金融机构如银行或证券承销商（以下统称承销商）等向投资人销售项目收益债券或票据。具体操作如下：投资人向承销商缴付获取项目收益债券或票据的款项，承销商在扣除承销费用后，将净额划入项目收益债发行人开立的募集资金使用专户。为了资金的安全，避免挪用，该账户由监管银行监管，确保资金用于约定的项目。

项目收益债券或票据发行后，进入发行后的管理阶段。发行项目收益债主要是为拟建或在建项目筹资，所筹集的资金用来支付项目建设成本，如工程设计施工承包合同约定的工程款。因此，在项目建设期，要确保募集的资金必须用在项目建设和运营上。为了避免资金被挪用，在监管银行的监管下，工程款将从募集资金使用专户直接支付给项目建设承包商。

项目收益债完全或主要依靠项目收益来偿还。因此，项目建成投入使用之后，无论是直接产生的收入（如使用者付费），还是间接产生的收入（如政府付费，包括政府购买服务付费和政府财政补贴），都应确保项目收入优先用于支付项目收益债券或票据的本息。因此，一般要求发行人设立项目收入归集专户和偿债资金专户，项目收入直接划入由监管银行监管的项目收入归集专户中，然后在偿付日之前将当期应付本息划入偿债资金专户，若有剩余，则将剩余资金划入发行人的日常账户。如果不是由特殊目的载体自己运营，项目资金流循环圈中还涉及项目运营商，负责项目的运营维护工作。为了防止项目收益不足以对付当期到期的项目收益债券或票据的本息，一般安排一个或多个差额补偿人。

根据《银行间债券市场非金融企业债务融资工具管理办法》的规定，债务融资工具在中央国债登记结算有限责任公司登记、托管、结算。因此，在付息日前，将付息兑付款项划入登记结算机构开立的账户，由登记结算机构完成本息兑付。

至此，资金从投资人出发，经过一系列形态的转变，最后连本带息地又回到了投资人手中，形成了一个完整的资金流循环圈，如图8-2所示。

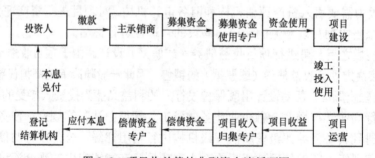

图8-2 项目收益债的典型资金流循环圈

在构建资金流循环圈的过程中，要保证资金从一个环节流到下一个环节就需要在参与人之间做出合理的安排；要保证资金安全地流回到投资人手中还需要引进必要的措施。这些安排构成了交易结构——项目收益债的交易结构，即发行人与投资人双方以协议条款的形式所确定的、协调与实现交易双方最终利益关系的一系列安排。项目收益债的典型交易结构如图8-3所示。

从上述项目收益债的运作过程可以看出，项目收益债不是简单的项目主办人与证券持有人之间的关系，而是引入了多个其他参与主体，如增信机构、监管银行、证券承销商（主承

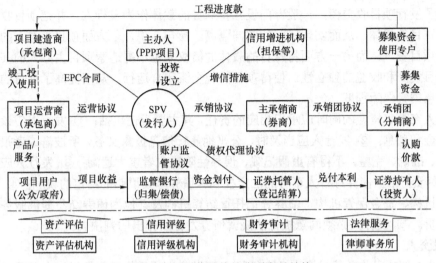

图 8–3 项目收益债的典型交易结构

销商和承销团）、证券托管人，以及其他的服务机构，如资产评估机构、财务审计机构、信用评级机构、律师事务所等。值得注意的是，整个项目收益债发行运作都是围绕特殊目的载体（SPV）这个核心展开的，特殊目的载体是交易结构中的中心。

交易结构设计是在不违反法律法规的前提下，选择一种法律安排，以便尽可能满足交易双方的意愿，在交易双方之间平衡并降低交易成本和交易风险，并最终实现交易双方的双赢。因此，交易结构设计的主要任务：一是要构建项目的资金流循环圈，让资金流从资金源出发，经过项目建设和运营，最后增值返回到资金源；二是保障资金的安全，不但要让资金流动起来，而且还要对资金流动进行监管，避免资金的流失和滥用；三是明确各参与人的责任和义务。

8.2.2 项目收益债融资主要参与人

项目收益债券或票据交易的金额一般都比较大，而且涉及金融、法律、会计和监管等方面，参与主体众多，如项目主办人、特殊目的载体、投资人、证券托管人、信用增进机构、设计施工承包商、项目运营商等。此外，发行项目收益债券或票据交易中一般需要中介机构的介入，其中包括证券承销商（主承销商和承销团）、会计师事务所、法律顾问（律师事务所）、信用评级机构等。如果证券公开上市的话，交易中还会有证券交易所、上市服务机构、做市商等的参与。总之，无论是项目收益债券交易还是项目收益票据交易都比较复杂，参与主体较多。下面简述几个主要参与主体在交易过程中的作用。

1. 项目主办人

项目主办人是获得 PPP 项目的投资人，是项目收益债融资的发起人。项目主办人是在项目收益债融资发起之前就存在的企业（可以是一家企业，也可以是多家企业组成的联合体）。在获得 PPP 项目合同（或特许权协议）后，项目主办人就获得了从项目运营中取得收益的权利。以项目收益为基础发行债券或票据时，作为发起人的项目主办人还可能被要求提供项目完工担保和/或差额补偿，以便增进信用级别。

2. 发行人

发行人，即项目收益债发行人，指为筹措项目资金而发行项目收益债（债券和票据）的机构。为了发行项目收益债，一般专门设立特殊目的载体作为发行人，并把项目收益权益让渡给该特殊目的载体，从而实现风险的双向隔离。换句话说，一方面项目主办人的债权人不得追索该项目资产，而另一方面特殊目的载体的债权人也不得追索项目主办人的其他资产，保证了项目资产和收益的独立性，使得项目的现金流闭合运行，从而提高了项目的现金流对债券（或票据）保障程度。

发行人在募集资金的同时应承担相应的责任，其主要责任包括：① 发行人应该按时偿还债券的本金和利息；② 发行人应当及时、公平地履行信息披露义务，所披露或者报送的信息必须真实、准确、完整，不得有虚假记载、误导性陈述或者重大遗漏；③ 发行人应当诚实守信，勤勉尽责，维护债券持有人享有的法定权利和债券募集说明书约定的权利；④ 应当分别委托服务机构、资金保管机构、债券登记托管结算机构及其他为债券交易提供服务的机构履行相应职责。⑤ 发行人必须同意执行法院就债券发行所作出的判决。

3. 投资人

投资人，即项目收益债投资人（持有人），可以分为项目收益债券投资人和项目收益票据投资人。项目收益债券投资人，也称项目收益债券持有人，指持有项目收益债券的人；项目收益票据投资人，也称项目收益票据持有人，指项目收益票据到期后有权收取票据所载金额的人。持有人享有利息支付请求权，要求发行人按照债券发行契约规定的债券利率、利息支付方式及期限支付利息；还享有偿还本金请求权，要求发行人按照债券发行契约规定的偿还本金的期限和方法偿还本金。投资人与投资者为同一概念，在本书不同语境中交替使用。

4. 证券承销商

证券承销商（简称承销商，分为主承销商和承销团）指负责债券（或票据）设计和发行承销的机构，以帮助其成功发行。如果交易金额较大，不仅会委托承销商，可能还会组成承销团，其中一个承销商为主承销商，担任交易的联络人。主承销商指在项目收益债券（或票据）发行中独家承销或牵头组织承销团经销的证券经营机构。主承销商是项目收益债券（或票据）发行过程中最重要的中介机构，是项目收益债券（或票据）交易和市场之间的枢纽。除了提供市场信息，联络投资人，安排项目收益债券（或票据）发行之外，承销商往往还担任整个项目收益债的融资顾问，运用其经验和技能形成一个既能在最大程度上保护发行人的利益又能为投资人接受的融资方案。作为融资顾问，主承销商负责协调律师、会计师、税务师和信用评级机构等多方关系，并设计发行方案来确保发行机构符合法律、规章、财会、税务的要求，还要与信用增进机构、信用评级机构及受托管理人进行合作。此外，作为承销商的机构一般还扮演簿记管理人的角色。国际上，主承销商一般是由信誉卓著、实力雄厚的商业银行（英国）、投资银行（美国）及大的证券公司来担任。在我国，主承销商一般由具有资格的证券公司或兼营证券的信托投资公司来担任。

归纳起来，主承销商主要有以下作用：① 设计项目收益债发行方案，与发行人就有关发行方式、日期、发行价格、发行费用等进行磋商，达成一致；② 协调各中介机构的工作，包括参与交易各主要方面的工作，确定发行时间表并监督执行；③ 起草募集说明书和其他有关文件，组织承销团，筹划组织召开承销会议，准备发行推介材料，路演与推介；④ 协助发行人申办有关法律方面的手续；⑤ 向认购人交付项目收益债券（或票据）并清算价款。

5. 信用增进机构

信用增进机构，简称增信机构，指项目收益债交易中发行人与持有人双方之外的第三方信用提供者，可以是提供与信用风险的分散分担有关的金融服务的任何机构，如专业信用增进机构和担保公司等，如中债信用增进投资股份有限公司（China Bond Insurance Co., Ltd., CBIC）、中国投资担保股份有限公司（China National Investment and Guaranty Co., I&G）、中证信用增进股份有限公司（China Securities Credit Investment Co., Ltd.）等。这些信用增进机构通过采取一定的信用增进措施，使发行人能顺利筹集有效资金，为此要向发行人收取相应费用，并在项目收益债券（或票据）违约时承担约定的赔偿责任。信用增进机构可保证发行人快速高效完成债务融资，客观承担了发行人的信用风险，为投资人提供信用增进服务。

信用增进措施多种多样，可以是内部增信措施，还可以外部增信措施。内部信用增级是为防范信用损失项目自身提供的保证，如建立储备金和债券分档。外部信用增级指第三方为项目收益债提供金融担保，从而增加其信用等级，如备用信用证、相关方担保、单线保险和多线保险等。信用增级一般先内后外。有些项目收益债交易中，并不需要外部增信措施，依靠内部增信措施即可。但在内部增信措施无法达到所需的发行评级时，需要信用增进机构对项目资产和内部增信措施产生的现金流进行补充和加强。这类信用增进机构一般与发行人签订合同（如担保、保险、互换、期权等），在一定的情况下为特殊目的载体提供现金流支持，如差额补足，从而提高项目收益债券（或票据）的信用级别。

6. 会计师事务所

在项目收益债融资过程中，会计师事务所能够提供多种服务，如财务尽职调查、项目现金流分析（财务建模，financial modelling）、会计和税务咨询、服务机构合规和内控鉴证、项目业绩验证和特殊目的载体审计等。以下从财务尽职调查、财务建模、财务审计三个方面概述会计师事务所提供的服务。

（1）财务尽职调查：财务专业人员针对项目中与所发行债券有关的财务状况进行审阅、分析等工作。由于财务尽职调查与一般审计的目的不同，因此财务尽职调查一般不采用函证、实物盘点、数据复算等财务审计方法，而更多使用趋势分析、结构分析等分析工具。在调查过程中，财务专业人员一般通过审阅财务报表及其他财务资料，发现关键及重大财务因素；分析债券相关的资料，如趋势分析、结构分析等，发现异常及重大问题；与发行人内部各层级、各职能人员及中介机构沟通，获取第一手资料。

（2）财务建模：运用数学方法或者计算机将项目的各种信息按照价值创造的主线进行分类、整理和链接，并在此基础上完成项目财务状况的分析、预测和价值评估等功能。财务建模必须考虑：现金流量表及其易变性，将未来因素纳入模型考虑，对未来的情况进行考察，更准确地认识问题中的相关变量和规则，更多地了解变量的变化过程及其变化方式，找出关键变量并考察其敏感性。

（3）财务审计：债券发行中的审计属于社会审计（也称独立审计），指注册会计师依法接受委托、独立执业、有偿为社会提供专业服务的活动，目的是维护债权人的合法权益。在项目融资中，审计机构对项目收益测算报告及其依据的各项假设进行复核审查，看项目收益测算报告的编制是否合适，所作的假设是否充分披露。在企业债务融资中，审计机构对财务报表的合法性和公允性进行审计。

会计师事务所在项目收益债融资交易中，应坚持三个基本原则：一是独立性原则，站在客观中立的立场上工作；二是谨慎性原则，调查过程的谨慎，报告的复核；三是全面性原则，财务调查要涵盖项目有关财务管理和会计核算的全部内容。会计师事务所的服务目的：一是能充分揭示财务风险或危机；二是分析项目盈利能力、现金流，预测项目未来前景；三是披露发行人的资产负债、内部控制、经营管理的真实情况。

7. 法律顾问

在项目收益债发行过程中，发行人在委托会计师事务所进行财务尽职调查的同时，也委托律师事务所进行法律尽职调查。法律顾问可细分为发行人的法律顾问和承销商的法律顾问，如果在境外发行债券，法律顾问还可以进一步细分为发行人国际法律顾问、发行人国内法律顾问、承销商国际法律顾问、承销商国内法律顾问。法律顾问一般由律师事务所担任。

发行人的法律顾问工作内容包括：起草发行说明书；代表发行人审阅并协商项目法律文件；开展法律尽职调查；根据法律尽职调查的结果参与项目架构的设计；提供法律意见书；起草交易公告并就其他交易相关的交易所规则提供建议；审阅项目法律文件，包括债券契约及承销协议；其他相关法律工作。

承销商的法律顾问工作内容包括：起草项目法律文件，包括与债券有关的文件；开展法律尽职调查；根据法律尽职调查的结果参与项目架构的设计；审阅发行说明书并提供意见；审阅项目法律文件，包括债券契约及承销协议；提供法律意见书；其他相关法律工作。

法律顾问最主要的职责是进行法律尽职调查，并出具法律意见书。法律意见书主要审查相关文件和主体是否符合法律法规要求：一是审查发行人的主体资格，如发行人是否具有法人资格，是否为非金融企业，是否是中国银行间交易商协会会员，历史沿革是否合法合规，是否依法有效存续。二是审查各中介机构相关资质，被审查的机构包括主承销商、法律意见书的出具人、资金监管机构等。三是审查发行文件，被审查的文件包括发行公告、募集说明书、评级报告、审计报告和项目收益预测报告。

8. 信用评级机构

信用评级机构是依法设立的从事信用评级业务的社会中介机构，是由专门的经济、法律、财务专家组成的对证券发行人和证券信用进行等级评定的组织，是金融市场上一个重要的服务性中介机构。目前世界上规模最大、最具权威性、最具影响力的信用评级机构为：标准普尔（Standard & Poor's）、穆迪（Moody's）和惠誉（Fitch）。国内的信用评级机构有中债资信评估有限责任公司、中诚信国际信用评级有限公司、大公国际资信评估有限公司、联合资信评估有限公司等。

为了有利于项目收益票据的发行，一般对发行人和拟发行的项目收益票据进行信用评级。一般由一家或两家信用评级机构对项目收益票据进行评级，但对发行人可以进行评级也可以不评级。发行人请信用评级机构进场调研、访谈，并按信用评级机构的要求提供经营和财务信息（包括公开与非公开的），在考察调研和分析的基础上做出有关项目收益票据的可靠性、安全性程度的评价，并以专用符号或简单的文字形式来表达（对信用等级）。如果项目主办人作为发行人，可能还对发行人进行信用评级。对于新设立的特殊目的载体作为发行人，没有信用评级的必要。

一般情况下，信用评级主要包括以下程序：① 接受委托，包括评估预约、正式接受委托、交纳评级费用等；② 前期准备，包括移送资料、资料整理、组成评估项目组、确定评级方案等；③ 现场调研，评估项目组根据实地调查制度要求深入现场了解、核实被评对象情况；

④ 分析论证，评估项目组对收集的信息资料进行汇集、整理和分析，形成《资信等级初评报告书》，经审核后提交信用评级评审委员会评审；⑤ 专家评审，包括评审准备、专家评审、确定资信等级、发出《信用等级通知书》；⑥ 信息发布，向被评对象出具《信用等级证书》，告知评级结果；⑦ 跟踪监测，在信用等级有效期内，评估项目组定期或不定期地收集被评对象的财务信息，关注与被评对象相关的变动事项，并建立经常性的联系、沟通和回访工作制度。

9. 证券托管人

证券托管人，简称托管人。项目收益债交易均采用托管机制。债券托管指投资人基于对托管人的信任，将其所拥有的债券委托托管人进行债权登记、管理和权益监护的行为。债券登记托管结算机构指在银行间债券市场专门办理债券登记、托管和结算业务的法人。

债券登记托管结算机构应当与债券发行人和债券持有人分别签订相关服务协议，明确双方的权利义务。根据《银行间债券市场债券登记托管结算管理办法》，债券登记托管结算机构的主要职能包括：① 设立和管理债券账户；② 债券登记；③ 债券托管；④ 债券结算；⑤ 代理拨付债券兑付本息和相关收益资金；⑥ 跨市场交易流通债券的总托管；⑦ 提供债券等质押物的管理服务；⑧ 代理债券持有人向债券发行人依法行使债券权利；⑨ 依法提供与债券登记、托管和结算相关的信息、查询、咨询、培训服务；⑩ 监督柜台交易承办银行的二级托管业务；⑪ 中国人民银行规定的其他职能。

托管人享有以下权利：① 要求客户提交真实的资料文件；② 监督、制止卖空债券等行为；③ 取得债券托管服务费用。在享受上述权利的同时，托管人应履行以下义务：① 为客户提供规定的各项托管服务，包括债权登记、债券转账过户、代理还本付息及为客户提供有关查询服务等；② 设置账簿，及时准确记录托管事务的处理情况，保存完整的业务记录；③ 按主管部门的要求报送有关资料；④ 将自有债券和其他财产与客户代理托管的债券分别开设账户，予以分别管理，不得擅自挪用客户的债券；⑤ 切实保护客户债券的安全，对客户的债券托管账户记录的真实性与准确性负责，除不可抗拒的因素外，需对因自身原因给客户造成的损失进行赔偿；⑥ 托管人停业整顿、解散、破产或被撤销时，不得损害客户的利益，而应协助新托管人接管托管事务；⑦ 必须为客户保守商业秘密。

项目收益票据托管人指接受出票人的付款委托，同意承担支付票款义务的人，是票据主债务人。项目收益票据托管人具备保险资金托管资质；项目收益票据要求在银行间市场清算所股份有限公司（简称"上海清算所"）进行登记托管。银行间市场清算所股份有限公司为定向工具的法定债权登记人，在发行结束后负责对定向工具进行债权管理、权益监护和代理付息兑付，并受发行人委托进行相关信息的披露。金融交易达成后，必须经过债权债务的清算，才能最终实现资金的支付和金融产品的交割。例如，某项目收益票据的登记托管安排如下：① 本期定向工具以实名记账方式发行，项目收益票据一般在银行间市场清算所股份有限公司进行登记托管；② 银行间市场清算所股份有限公司为定向工具的法定债权登记人，在发行结束后负责对定向工具进行债权管理、权益监护和代理付息兑付，并受发行人委托进行相关信息的披露；③ 本期定向工具的登记托管工作由中国光大银行按照银行间市场清算所股份有限公司的相关规定，为投资人办理；④ 认购本期定向工具的投资人应在银行间市场清算所股份有限公司开立 A 类或 B 类托管账户，或通过全国银行间债券市场中的债券结算代理人开立 C 类托管账户。

10. 资金保管人

为了避免资金流失或挪用,需要有独立的第三方资金保管人(监管人)保管项目收益。资金保管人对项目运营及其所产生的现金流进行监理和保管。例如,负责归集项目收益,并按照要求划拨给托管人;定期向托管人和投资人提供项目的财务报告。

资金保管人在项目收益债交易中担任了高级"出纳"的角色,承担账户的开设,资金的保管和债券的支付等工作。为了避免利益冲突,资金保管人往往由与发起人和服务商等交易主体没有关联关系、信用比较好的第三方担任。

在我国的信贷资产证券化监管规定中,资金保管机构是接受受托机构委托,负责保管信托财产账户资金的机构。信贷资产证券化发起机构和贷款服务机构不得担任同一交易的资金保管机构。资金保管机构应以信贷资产证券化特定目的信托名义开设信托财产的资金账户;依照资金保管合同约定方式,向资产支持证券持有人支付本金和利息;依照资金保管合同约定方式和受托机构指令,管理特定目的信托账户资金;定期向受托机构提供资金保管报告,报告资金管理情况和资产支持证券收益支付情况。在向投资人支付债券本息的间隔期间,资金保管机构只能按照合同约定的方式和受托机构指令,将信托财产收益投资于流动性好、变现能力强的国债、金融债等金融产品。

11. 其他参与人

除上述当事人外,在项目收益债交易结构中可能还涉及设计施工承包商、项目运营商、原料供应商、项目用户、工程风险保险人等。这些参与人在一定程度上影响项目收益,给项目收益债带来某种程度的不确定性。

发行项目收益债的项目一般是在建项目或即将开工的项目,项目设计施工采用何种发包模式、工程承包商是否胜任、履约保函等都会影响项目公司的效益,进而影响项目收益债的偿付。

项目收益债的还款资金主要来源于项目的运营收入。如果项目公司委托专业运营商负责项目的运营,则项目运营商的表现将影响项目收益,进而影响债务的偿还。

项目收益来自于项目产品和服务的用户,用户的多少、用户的支付能力等都将影响项目收益。此外,一般还购买工程保险。虽然保险不能增加项目收益,但可以减轻项目风险,从而为项目收益债券或票据提供一定的保障。

8.3 项目收益债的关键事项

项目收益债券和票据的发行需要构建一个完美的资金循环,设计合理的交易结构,因此需要处理好几个关键事项:发行方式、资金监管、增信措施。

8.3.1 项目收益债的发行方式

1. 根据项目收益债券和票据的发行对象分类

根据项目收益债券和票据的发行对象是不特定投资人还是特定投资人,其发行方式可分为公募发行或公开发行(public placement)和私募发行(private placement)。虽然项目收益债券与项目收益票据都有两种发行方式,但因为二者的发行对象不同,具体做法上有所不同。项目收益票据的发行对象是机构投资者,采用公开发行方式时,应通过中国银行间市场交易商协会认可的网站披露相关信息;采用非公开定向发行方式时,应在定向发行协议中明确约定相关信息的披露方式。项目收益债券的发行对象可以是自然人,要求要严格一些,具体叙述如下。

1) 公募发行

公募发行,又被称为非定向发行,指公开向广泛不特定投资人发行债券。通过媒介向一般社会大众告知发行债券的信息,而一般社会大众则依发行人所制定的价格购买,债券发行后即可进入二级证券市场进行交易。这种发行方式有严格的法定程序并需证券管理机关批准,即公募债券发行人必须向证券管理机关办理发行注册手续。由于发行对象是不特定的广大投资人,因而要求发行人必须遵守信息公开制度,向投资人提供必要的财务报表和有关资料,以防止欺诈行为,保护投资人的利益。公募债券信用度高,可以上市转让,因而发行利率一般比私募债券利率低。

公募债券可以由发行人直接发行,也可以由中介机构代理间接发行。直接发行指发行人不通过证券发行中介机构,完全由自己组织和完成债券发行工作,并直接向投资人销售债券的发行方式。直接发行可以节省代理费用,但直接发行由于所融资金有限,涉及事务烦琐,如果发行债券数量很大,级别不是很高,加之缺乏必要的技术和经验,很容易导致发行失败。只有那些信誉特别高的大企业和网点分布很广的金融机构才会采用直接发行方式来发行债券。间接发行指发行人通过证券发行中介机构向投资人销售债券的发行方式。证券发行中介机构拥有较高的资金实力,广泛的机构网点和可靠的信息情报与专业人才,由其代理发行债券更迅速、更可靠。由于项目收益债券一般发行数额较大,大多数采用间接发行方式。

按承担的风险及手续费的高低,间接发行又可分为代销、全额包销和余额包销3种方式。① 代销指承销商负责按发行人规定的条件代理发行人推销债券,发行人向承销商支付一定的委托手续费,但承销商不垫付资金,承销期满,销不出去的部分退还给发行人,承销商没有购买余额或承诺包销的义务,因而不能保证发行人筹资计划的实现。由于承销商不承担发行风险,手续费一般较低。② 全额包销指发行人与承销商(一般为承销团)通过协商条件签订承购包销合同,在债券还没有向公众发行前,承销商就全部买入,然后再向投资人分次推销,从而保证了发行人及时筹集到所需要的资金。由于承销商承担了全部发行风险,包销费用比较高。③ 余额包销指由发行人委托承销商按照规定的发行数额和发行条件,在约定期限内向社会推销债券,到了销售截止日期未售出的余额由承销商负责认购,从而能够保证发行人及时筹集到所需要的资金。余额包销实际上是先代理发行,然后承购包销,是代销与包销相结合的承销方式。由于承销商承担部分发行风险,能够保证发行人筹资计划的实现,承销费用高于代销费用,但低于全额包销费用。

2) 私募发行

私募发行,又被称为定向发行、私下发行或非公开发行,债券不是销售给一般投资人,而是经由私人接洽的方式,直接出售给少数特定投资人,如保险公司、养老基金、金融集团等。因此,私募发行有两大特点:一是募集对象的特定性;二是发售方式的限制性。这两大特质使其能够在许多国家获得发行审核豁免。一般而言,私募发行的对象主要是拥有资金、技术、人才等方面优势的机构投资者及其他专业投资者,他们具有较强的自我保护能力,能够作出独立判断和投资决策。因此,无须证券监管的直接介入,对私募发行债券给予"强制性信息披露"的豁免,并不贬损《中华人民共和国证券法》(以下简称《证券法》)的目的与功能。此外，私募发行一般不能公开地向不特定的一般投资者进行劝募，更不得采用广告、公开劝诱和变相公开方式，从而限制了即使出现违规行为时其对公众利益造成影响的程度和范围。在这种情形下，通常的证券监管措施，如发行核准、注册或严格的信息披露，对其就是不必要的，甚至可以说是一种监管资源的浪费。因此，给予私募发行一定的监管豁免，可以在不造成《证券法》的功能、目标受损的前提下，使发行人大大节省了筹资成本与时间，也使监管部门减少了审核负担。

基于以上原因，许多国家对私募发行给予审核豁免，如美国为非公开发行设置了144A规则。由于可以获得审核豁免，大大降低了筹资成本，因而对于许多企业来说，私募发行具有很大吸引力。在这种情况下，不经过证券发行中介机构，不必向证券管理机关办理发行注册手续，不受相关规定制约，发行人直接同投资人接触，不需要公开，可以节省承销费用和注册费用，降低融资成本，手续比较简便；但是私募债券不能公开上市，流动性差，转让受限制，利率比公募债券高，发行范围小，发行数额一般不大。在我国，非公开发行的项目收益债券每次发行时认购的机构投资者不超过200人，单笔认购不少于500万元人民币。

2. 根据项目收益债券和票据的定价方式分类

根据项目收益债券和票据的定价方式，项目收益债券和票据可以采用招标发行或簿记建档发行两种方式。

1）招标发行

招标发行指通过招标方式确定承销商和发行条件的发行方式。根据标的物不同，招标发行可分为价格招标、收益率招标；根据中标规则不同，可分为竞争性投标和非竞争性投标。竞争性投标是发行人将拟发行项目收益债券或票据的信息公告投资人，先由投资人主动报价（价格或者利率），然后按价格由高到低，或者按照利率由低到高的顺序决定中标者和配额，即通过投标统一按中标者中最低的价格（或最高的利率）作为中标价格发行项目收益债券或票据，直到完成预定发行额为止。非竞争性投标是预先规定拟发行项目收益债券或票据的发行利率和价格，相关信息公告投资者，由投资人申请购买数量，然后按照投资人认购的时间顺序，确定他们各自的认购数额，直到完成预定发行额为止。

招标发行可以使发行人与投资人直接见面，减少了中间环节，而且使竞争机制和市场机制得以表现，有利于形成公平合理的发行条件，缩短发行期限，提高发行效率，降低了发行成本。但是，在竞争性投标中，投资人拥有更大的定价权，如果发行人处于弱势地位，则无法控制自身的发行成本，不太适合于中小企业发行项目收益债券或票据。

2）簿记建档发行

簿记建档发行是一种系统化、市场化的发行定价方式，包括前期的预路演、路演等推介活动和后期的簿记定价、配售等环节。其具体流程为：首先进行预路演，根据反馈信息并参照市场状况，主承销商和发行人共同确定申购价格区间；然后进行路演，与投资人进行一对一的沟通；最后开始簿记建档工作，具体工作由簿记建档人（一般由主承销商兼任）负责，由权威的公证机关全程监督。承销团成员/投资者发出申购订单，由簿记管理人记录认购价格及数量。簿记建档人一旦接受申购订单，公证机构即刻核验原始凭证，并统一编号，确保订单的有效性和完整性；簿记建档人将每一个价位上的累计申购金额录入电子系统，形成价格需求曲线，并与发行人最终确定发行价格；最后，按确定的定价和配售方式进行配售。具体应按《非金融企业债务融资工具集中簿记建档业务操作规程》《非金融企业债务融资工具簿记建档发行规范指引》等交易商协会相关自律规范文件进行操作。簿记建档发行定价示意图如图 8-4 所示。

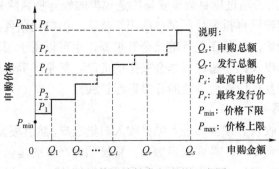

图 8-4 簿记建档发行定价示意图

在簿记建档发行中,发行人、承销商和投资者共同参与其中,定价分销时既考虑了供需情况和资金充裕程度,又考虑了当时的利率水平;此外,引入了律师见证或公证,保证了定价和配售的公平性和公正性。此外,簿记建档发行的环节比较多,承销团成员/投资者能够对发行人和债券进行详尽的价值分析。簿记建档发行比较适用于信用等级和市场认可度相对较低的债券,如企业债券、公司债券等。

8.3.2 项目收益债交易中的资金监管

由于项目收益债的偿债来源只限于项目收益,在进行交易设计时引入监管银行,授权监管银行对项目的现金流入流出实行严格的控制,如对募集资金使用的监控、对项目经营现金流账户的监控、对项目抵质押情况等进行约束、对项目运营情况的定期披露等。因此,为了保障发行项目收益债按时还本付息,发行人、账户及资金监管人(监管银行)、债权代理人(托管人)等共同签订"账户及资金监管协议",授权监管人对募集资金和项目运营收入的使用进行监管。

为了便于监管,发行人必须在监管银行设立专用账户,在募集资金阶段设立募集资金使用专户,在偿还资金阶段设立项目收入归集专户和偿债资金使用专户,保证项目资金流封闭运行。此外,还可能引入差额补偿人,当项目收益不足时,由差额补偿人提供外部资金支持。项目收益债的资金流如图 8-5 所示。

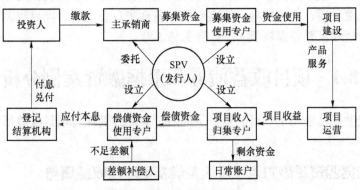

图 8-5 项目收益债的资金流

1. 募集资金的使用

根据《项目收益债券管理暂行办法》的规定，"不得置换项目资本金或偿还与项目有关的其他债务，但偿还已使用的超过项目融资安排约定规模的银行贷款除外"。通过项目收益债所募集的资金可以偿还因建设募投项目所举借的银行贷款，但前提条件是上述贷款是在项目收益债发行之前所借的贷款，并且在发行前已公开披露，也可以用于因项目建设、运营和设备购置产生的应付账款，以及归还超过资本金安排的借款。但是，募集资金不能用于偿还发行人为其他目的举借或在发行债券后举借的各类银行贷款。

2. 项目收入的使用

项目运营期内所有收入必须全部进入项目收入归集专户，然后根据兑付债券的资金要求，划拨至项目收入偿债资金专户。具体规定如下：募投项目产生的运营收入将全部划入项目收入归集专户，当项目收入归集专户收到募投项目所产生的收入时，发行人应在规定时限内将该收入中不低于当年偿债保证金留存比例的资金划转至偿债资金专户，用于偿还本期债券本息，偿债准备金以待偿付的全部债券本息为限，剩余部分可划转至发行人的日常账户，由发行人支配用于项目运营或其他方面。当偿债资金专户内资金不足以支付当期债券本息时，应按要求通知差额补偿人或担保人，及时启动差额补偿或担保程序，避免债券违约。因此，当项目收入归集专户收到当年最后一笔收入时，发行人应检查偿债资金专户内的资金情况，若偿债资金专户的余额不足以支付债券当年应付本息，发行人应将项目收入归集专户中相关收入优先划转至偿债资金专户，以补足当年应付本息与偿债资金专户余额的差额部分，募投项目所产生的收益将优先偿还债券本息。此外，账户及资金监管协议还需要明确阐述和分析账户及资金监管人（监管银行）的监管责任、监管银行对发行人的审查形式、定期检查偿债资金专户内的资金余额、发行主体及增信措施失效时监管银行对所设置账户的监管措施等。

8.3.3 项目收益债交易中的增信措施

项目收益类债务融资工具的信用质量是成功发行项目收益债券和票据的关键。一般来说，项目收益债券和票据的发行人是新设立的特殊目的载体，不是运营相对成熟的公司，对发行人的主体信用进行评级意义不大，主要是对债项的信用进行评级。只有达到一定信用等级的项目收益债券和票据才可能发行成功。

增进项目收益债券和票据的信用等级的措施有两种：一是内部增信措施；二是外部增信措施。在实践中，一般采用内部和外部增信措施相结合的方式来实现信用增级。除了项目资产抵押和项目收益质押、完工担保、设立偿债储备金账户等之外，项目收益债融资的增信措施还包括债券分档和设置差额补偿人等，详见第5章。

8.4 项目收益债券和票据融资案例分析

项目收益债融资已经用于项目融资，下面两个案例分别探讨项目收益债券融资和项目收益票据融资。

8.4.1 广州市第四资源热力电厂垃圾焚烧发电项目收益债券

广州市第四资源热力电厂（原来的番禺大岗垃圾焚烧厂）垃圾焚烧发电项目是广州垃圾

处理重点工程之一，位于广州市南沙区大岗镇装备基地内，占地 9.68 万 m²，设计规模为日处理生活垃圾 2 000t（年处理城市生活垃圾 73 万 t），项目总投资为 13.5 亿元人民币，主要用于处理广州市南部区域——番禺区和南沙区的城市生活垃圾，兼顾处理部分佛山市顺德区的生活垃圾。

该项目采用炉排焚烧发电处理城市生活垃圾，选三炉两机方案，即设置 3 台日处理量为 750t/日机械式炉排及 3 台蒸发量为 63.29t/h、过热器出口温度为 400 ℃、压力为 4.0 MPa 的余热锅炉，配套 2 台 25 MW 凝汽式轮发电机组，同时配套 3 套烟气净化系统及污水处理、灰渣等环保工程，相关的电气系统、仪表与自动化控制给排水消防空调通风系统等公用工程和其他辅助设施，以及厂外取水、高速路连接线程等。

为了筹集项目建设资金，广州环保投资集团有限公司专门成立了广州环投南沙环保能源有限公司（简称"南沙环保"，即项目公司），发行项目收益债券，即"2014年广州市第四资源热力电厂垃圾焚烧发电项目收益债券"，债券发行规模为 8 亿元，票面利率 6.38%（低于发行时基准利率 6.5%），期限为 10 年。

1. 项目收益测算

项目计划于 2014 年 6 月开工建设，建设期为 3 年。运营期第一年生产负荷为 80%，第二年生产负荷为 90%，第三年为达产年。

该项目主要收入来源包括：垃圾处理费、发电上网费、金属回收、即征即退增值税。本债券还本付息的首要资金来源是广州市第四资源热力电厂的运营收入，其中包括由广州市番禺区城市管理局和南沙市城市管理局分别定期支付的垃圾处理费、由广州供电局支付的电厂发电上网费等。经营期内以满负荷为基础计算，垃圾处理费收入每年约 12 629 万元、发电上网费收入约 11 356 万元、金属回收收入约 73 万元、即征即退增值税收入约 1 930 万元（城市垃圾发电收入实行增值税即征即退政策，税率为 17%），预计年收入共计 25 988 万元。

项目经营成本主要包括材料采购、设备检修及员工工资福利等支出，经测算达产年份经营成本为 12 000 万元。

项目收益债券发行至少需涉及的中介机构包括主承销商、审计机构和律师事务所。根据上述安排，本债券的综合成本测算如下：承销费用率 0.16%、债权代理费率 0.013%、律师服务费 0.001%、发行利率区间 6%~6.5%，项目收益债券发行工作的综合成本（年花费率）将介于 6.174%~6.676% 之间，其中发行利率随行就市，市场利率水平下降时，发行利率也会下降。以票面利率为 6.5% 测算债券存续期的现金流情况，在债券存续期内，项目收入可以很好地覆盖债券本息，财务内部收益率（税后）为 8.1%，投资回收期（税后）为 12.79 年（财务计算期为 28 年）。

2. 项目收益债券设计

（1）债券期限：本债券为十年固定利率。本债券每年付息一次，分次还本，从第 3 个计息年度开始偿还本金，在第 3、4、5、6、7、8、9、10 个计息年度末分别按发行总额的 7.5%、10%、10%、12.5%、15%、15%、15%、15% 的比例偿还本金。

（2）债券利率：本期债券为固定利率债券，票面年利率初步确定为不超过基准利率加上 2.5% 的基本利差。基准利率为发行公告日前 5 个工作日一年期上海银行间同业拆放利率（Shibor）的算术平均数。本期债券的最终基本利差和最终票面年利率将根据簿记建档结果确定，并报国家有关主管部门备案，在本期债券存续期内固定不变。本债券采用单利按年计息，不计复利。

（3）发行范围及对象：① 通过承销团成员设置的发行网点公开发行的债券，在中央国债登记结算有限责任公司开户的机构投资者（国家法律、法规另有规定除外）；② 通过上海证券交易所发行的债券，持有中国证券登记结算有限责任公司上海分公司基金证券账户或A股证券账户的机构投资者（国家法律、法规禁止购买者除外）。

3. 增信措施及评级

项目收益债的核心是保证项目产生稳定收益，这是项目收益债券能否如期兑付的关键，虽然项目收益债无须财政兜底，但政府保障项目力度更加明确。首先，债券发行方与广州市南沙区、番禺区签订协议，保证项目两大主要收益（垃圾处理费和发电上网费）的稳定；其次，政府对该项目实施税收优惠，增值税即征即退；最后，实行差额补偿制度作为该债券的重要增信措施：由广州环保投资集团有限公司（简称"广环投集团"）作为本债券的第一差额补偿人，当本期债券募投项目收入无法覆盖债券本息时，将由其承担差额补足义务；广州广日集团有限公司（简称"广日集团"）作为本债券的第二差额补偿人，在本期债券募投项目收入无法覆盖债券本息，同时第一差额补偿人又不能及时足额补足应付本息的情况下，将由其承担差额补足的义务。

经联合资信评估有限公司（以下简称联合资信）综合评定，本债券信用级别为AA级。

4. 项目收益债券的销售及售后管理

本债券为实名制记账式，采用簿记建档、集中配售的方式，通过承销团成员设置的发行网点向机构投资者（国家法律、法规另有规定的除外）公开发行和通过上海证券交易所发行相结合的方式发行，并在中央国债登记结算有限责任公司登记托管。本债券的主承销商是海通证券股份有限公司（简称"海通证券"），分销商包括华英证券有限责任公司（简称"华英证券"）和财达证券有限责任公司（简称"财达证券"），以余额包销的方式承销。在债券存续期内，可变更意向投资人范围，但意向投资人总数不得超过200名。意向投资人名单将在债券发行前（或每次变更后）在国家发改委备案。本债券发行结束后，投资人可按照国家有关法律、法规向中央国债登记结算有限责任公司（简称"中债登"）和中国证券登记结算有限责任公司（简称"中证登"）申请在银行间市场交易流通。

发行债券所募集的资金，在扣除承销费用后，将净额划入发行人在监管银行处开立的募集资金使用专户，资金划出必须依照本募集说明书约定用途，即只用于广州市第四资源热力电厂垃圾焚烧发电项目。

由于项目收益债券还本付息的首要资金来源是项目的运营收入，发行人在监管银行处分别设立"项目收入归集专户"和"偿债资金专户"，分别用于接收项目收入及准备本期债券的还本付息。项目所产生的运营收入按规定的时间全部划入项目收入归集专户。每当项目收入归集专户接收到本期债券募投项目所产生的收入时，应在3个工作日内将该笔收入中不低于当年偿债保证金留存比例的资金划转至偿债资金专户，该笔收入的剩余部分可由发行人自由支配用于项目运营或其他方面。

每个计息年度，当项目收入归集专户收到最后一笔项目收入时，监管银行应检查偿债资金专户内的情况。若在项目收益债券每一年兑付日前第16个工作日，偿债资金专户的余额不足以支付当年应付本金及利息，监管银行应通知第一差额补偿人，应于当年兑付日11个工作日前补足当年应付本息与偿债资金专户余额的差部分；若在项目收益债券每一年兑付日前第10个工作日，偿债资金专户中的余额不足以支付当年应付本金及利息，监管银行应通知第二差额补偿人，应于当年兑付日5个工作日前补足当年应付本息与偿债资金专户余额的差部分。然后，在项目收益债券每一年兑付日前第3个工作日，项目实施主体将兑付款项划入中央国债登记结算有限责任公司账户，最后由中央国债登记结算有限责任公司向项目收益债券持有人兑付本息。

广州市第四资源热力电厂垃圾焚烧发电项目收益债券交易结构如图8-6所示。

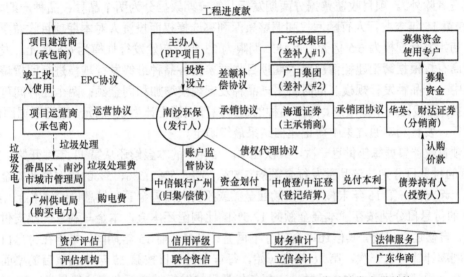

图8-6 广州市第四资源热力电厂垃圾焚烧发电项目收益债券交易结构

8.4.2 武汉城市圈环线高速公路洪湖段项目收益票据

武汉城市圈环线高速公路洪湖段项目收益票据是由湖北省交通投资集团有限公司（以下简称"湖北交投"）发行的有价证券，注册发行金额为26亿元，分两期发行，2015年度发行第一期，金额为13亿元，余额在2年内发行。

2015年9月18日，中国银行间市场交易商协会（简称"交易商协会"）召开了2015年第65次注册会议，接受湖北交投的项目收益票据注册。在发行项目收益票据之时，项目已接近完工。

1. 项目收益测算

武汉城市圈环线高速公路指规划的八城市之间的互联环线，总里程约560 km。其中，洪湖段工程为武汉城市圈环线高速公路西环的重要组成部分，起于洪湖市与仙桃市交界处的五湖南侧，接武汉城市圈环线高速公路仙桃段，跨东荆河，与武汉至监利高速公路洪湖至监利段相交，经荻障口、宋家沟，止于洪湖市燕窝镇团结村，接嘉鱼长江公路大桥北岸接线，全长19.816 km。全线采用设计速度100 km/h的高速公路标准建设，起点至西岸枢纽互通段路基宽26 m，双向四车道，西岸枢纽互通至终点段路基宽33.5 m，双向六车道。全线设置西岸、燕窝2处互通式立交（西岸为枢纽互通）、服务区1处、养护工区1处、匝道收费站1处。项目初步设计总概算核定为34.727亿元，其中项目资本金比例为25%，约8.68亿元，由湖北交投出资，剩余26.047亿元，占项目总投资的75%，需通过外部融资解决。

该项目由武汉城市圈环线高速公路仙洪建设指挥部负责建设实施，于2013年10月10日开工建设，规划完工时间为2015年11月28日，项目总工期为36个月。根据该项目可行性研究报告对交通量的预计，2016年为3 100辆/日，2020年为14 647辆/日，2030年为35 001辆/日，2035年为51 439辆/日。

2. 项目收益票据设计

该项目收益票据的发行对象锁定为全国银行间债券市场机构投资者（国家法律、法规禁止的投资者除外）。项目收益票据分两期发行，第一期票据分为两个品种：品种一期限为23年，但在第15年末发行人有赎回权和调整票面利率选择权而投资人对本期项目收益票据有回售权，初始发行规模为6.5亿元；品种二期限为23年，初始发行规模为6.5亿元。发行人与主承销商有权根据簿记建档情况对本期项目收益票据各品种最终发行规模进行回拨调整，即减少其中一个品种发行规模，同时将另一品种发行规模增加相同金额；两个品种间可以进行双向回拨，回拨比例不受限制，两个品种的最终发行规模合计为13亿元。采用票据面值（100元）发行，发行利率通过集中簿记建档结果最终确定。

该项目收益票据每年付息一次，分次还本。品种一的本金偿还从第11年度开始，第11—15年度的付息日分别按该品种发行金额的3.5%、5%、5%、5%、5%的比例偿还本金，本金与利息一起支付。第15年末按发行人赎回金额或投资人回售金额在付息日偿付本金。第16—23年度的付息日分别按存续本金金额的12.5%的比例偿还本金，本金与利息一起支付。本金偿还后，自偿还之日起，其偿还本金部分不再另计利息。前15年期间，每年在付息日按发行时票面利率计算付息一次，第16年度开始，每年在付息日按第15年末调整后的票面利率和存续本金金额计算付息一次。品种二在每年付息日按发行时票面利率计算付息一次，从第11年度开始偿还本金，第11—23年度的付息日分别按该品种发行总额的3.5%、5%、5%、5%、5%、10%、10%、10%、10%、10%、10%、10%、6.5%的比例偿还本金，本金随利息一起支付，已偿还的本金自偿还之日起不再计息。项目收益票据的兑付由上海清算所代理完成。

3. 增信措施及评级

该项目收益票据在项目建成通车后以该高速公路的收费权提供质押担保。发行人承诺在项目通车后将及时办理完高速公路收费权证，然后把该收费权证质押给债权人代理人——渤海银行，并在项目通车后6个月内在湖北省交通厅办理完质押登记手续，还承诺不进行重复质押。根据信永中和会计师事务所（特殊普通合伙，简称"信永中和"）出具的《项目盈利预测情况》，在项目收益票据存续期内，累计可获得高速公路收费收入113.09亿元，可获得利润总额39.56亿元，超过票据注册发行额，对项目收益票据本息偿付具有较强的保障。

此外，在发行人与监管银行签署的资金监测协议中，发行人承诺，在票据兑付日前5个工作日，将兑付差额部分划入偿债资金专户，以保障项目收益票据能按时还本付息。根据立信会计师事务所（简称"立信会计"）的审计报告，发行人主体具有稳步增长的主营业务收入、充沛的经营活动现金流、充足的货币资金、可变现上市公司股权。因此，具有较强的偿债能力，有能力实现差额补偿承诺。

概括起来，该项目收益票据以项目产生的经营性现金流为主要偿债来源，发行人的其他收入作补充，但不存在任何直接、间接形式的地方政府担保。大公国际资信评估有限公司（简称"大公国际"）评定的该项目收益票据的信用级别为AAA。

4. 项目收益票据的销售及售后管理

该项目收益票据采用主承销商余额包销方式，由主承销商组建承销团，通过集中簿记建档、集中配售的方式在银行间市场公开发行，并由北京金融资产交易所有限公司（简称"北金所"）提供簿记建档系统的技术支持。

主承销商为渤海银行股份有限公司（简称"渤海银行"），每一承销团成员申购金额的下限为1 000万元（含1 000万元），申购金额超过1 000万元的必须是1 000万元的整数倍。认购本期项目收益票据的投资人为境内合格机构投资者（国家法律、法规及部门规章等另有规定的除外）。

渤海银行兼任簿记管理人，在约定的日期通过集中簿记建档系统发送缴款通知书，通知每个承销团成员的获配项目收益票据面额和需缴纳的认购金额、付款日期、划款账户等。合格的承销商应于规定的缴款日，将按簿记管理人的"缴款通知书"中明确的承销额对应的募集款项划至主承销商指定的账户，在主承销商扣除相关承销手续费后，划入由发行人设立的募集资金使用专户，并按约定用途使用，且用途符合国家相关法律法规及政策要求。

该项目收益票据在上海清算所以实名记账方式进行登记托管。作为该项目收益票据的法定债权登记人，上海清算所在发行结束后负责进行债权管理，权益监护和代理兑付，并负责向投资人提供有关信息服务。项目收益票据发行结束后，在债权登记日的次一工作日就可以在全国银行间债券市场流通转让，项目收益票据认购人还可以按照有关主管机构的规定进行项目收益票据的质押。

该项目收益票据还本付息首要资金来源是项目收入。根据信永中和出具的《项目盈利预测情况》，该项目收入由两部分构成，一部分为项目建成通车后的高速公路收费收入，另一部分为与高速公路有关联的服务、开发等经营性设施（如服务区服务、广告等）产生的间接收入。发行人于每月末后5个工作日内将项目收入全额划入发行人在其监管银行开立的项目收入归集专户，并按季披露划付金额。发行人承诺，项目收入优先用于项目正常运转所必需的各项支出及偿还本期票据的本金、利息，剩余资金除用于发行人的业务成本、营运费用、管理费用、财务费用、相关税费、偿还债务、项目建设运营和投资、金融产品投资支出外，不用于其他用途。

发行人与监管银行（渤海银行股份有限公司武汉分行）签署资金监管协议，并在监管银行开立偿债资金专户，偿债资金专户中的资金只能用于兑付本期票据本金、利息。根据资金监管协议，发行人授权监管银行依据资金监管协议对资金监管账户进行监管和测算。在每个计息年度计息日或兑付日前10个工作日，发行人需将项目收入归集专户中的资金划入由发行人在监管银行开立的偿债资金专户，监管银行核实偿债资金专户内的资金情况，若资金余额不足以支付当年应付本息，则通知发行人（此时为差额补偿人）在年度计息日或兑付日前5个工作日将兑付差额部分划入偿债资金专户。在项目收益票据约定的计息日或兑付日，将偿债资金专户用于还本付息的资金划入上海清算所，用于向投资人支付本期收益。此外，未经向市场披露，发行人不得办理账户变更、销户等。武汉城市圈环线高速公路洪湖段项目收益票据交易结构如图8-7所示。

5. 经验教训

由于项目收益票据是以项目自身的资信为基础的，潜在的风险主要包括项目相关风险和交易结构相关风险。

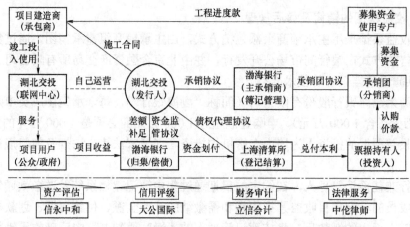

图 8-7 武汉城市圈环线高速公路洪湖段项目收益票据交易结构

1）项目相关风险

本项目的计划工期为 3 年，建设期内可能出现原材料价格（如水泥、沙石、钢材、沥青等）和劳动力成本大幅上涨、不可抗力、意外事故、政策变动及其他不可预见的困难或情况，从而导致总成本上涨或影响工期。该高速公路需穿越洪湖分蓄洪区，因而对项目整体方案和工程造价影响较大；此外，项目初期地质触探资料显示，沿线路段存在软土等不良地质现象。

为保证路基和桥涵等构造物基础的稳定，发行人已在项目可研阶段委托相关单位开展了地质勘探专题研究工作并提出了初步解决方案，后期随着项目建设进度，发行人将进一步加大地质勘探力度，并进行深入分析研究，采取切实可行的解决方案。但在项目建设中仍存在一定的沿线地质情况影响风险，具有一定的建设风险。

项目的收入主要是高速公路通行费收入，收费标准的高低直接影响项目的整体营业收入水平。目前我国高速公路收费标准尚无统一的通行费标准，现行的收费标准主要是由各省市公路建设经营单位根据项目建设规模、投资规模、贷款期限、还款要求、交通量和道路使用者受益及承受能力等因素提出收费标准方案后，由省级交通主管部门会同同级物价主管部门审查批准的。本项目每千米造价较高，而初期交通量规模并不大，项目的融资还款压力沉重，这一点在项目运营初期显得尤为突出。若项目运营初期的收费标准过低，则将长期面临收费收入不够支付利息的窘境，项目投资成本回收压力巨大，显然严重降低了项目对潜在投资人的吸引力。因此，在对项目交通量影响不大的前提下，应关注项目的收费收入，通过拟定一个适当的收费标准，以保证项目的财务能力。

在收费标准确定的情况下，高速公路通行费收入取决于车流量的多少。如果车流量达不到项目设计期的预测水平，则项目存在建成后收费收入达不到预期的风险。车流量的多少与连接路段相关。由于部分连接路段尚未建成通车，短期内可能影响项目的车流量和通行费收入获取能力，存在一定风险。此外，高速公路车流量及通行费收入受汽车保有量、燃油价格、天气、交通方式的变化、交通条件的改善及现有平行国道与省道的分流、区域内公路系统其他部分及其他路网的衔接性等因素的影响。以上因素都将给发行人收入带来一定的不确定性。

2）交易结构相关风险

项目收益票据是以项目收益权在项目建成后其高速公路收费权提供质押担保，项目收益票据能否按时足额兑付主要取决于项目建设和运营情况。因为发行人提供了差额补偿承诺，项目收益票据能否按时足额兑付最终取决于发行人的信用。此外，该项目收益票据发行人与项目实施主体一致，均为湖北交投，没有实现风险双向隔离。因此，该交易结构设计中，发行人的经营好坏非常重要。

发行人所属高速公路行业属于资本密集行业，高速公路的投资、开发、建设需要高额的资本投入和较长的建设期限。由于发行人正处于项目建设相对集中时期，未来几年新建和在建项目较多，发行人资产负债率面临上升的可能性，今后将面临较大的还本付息压力。发行人的融资能力取决于自身的财务状况、宏观经济环境、国家产业政策及资本市场形势等多方面因素，如果融资要求得不到有效满足，将对本公司的经营活动产生不利的影响，也对发行人的偿债能力造成不利影响。如果由于经济环境发生重大不利变化或不可预见的原因，发行人不能从预期的还款来源中获得足够资金，可能使本期项目收益票据不能按期得到兑付。

该项目收益票据设计期限为23年，期限较长，在存续期内不确定因素较多，因而风险较大。项目收益票据的品种一在存续期第15年度的兑付日，发行人对本期项目收益票据有赎回权和调整票面利率选择权，项目收益票据存在一定的赎回风险。

思考题

1. 什么是项目收益债券？什么是项目收益票据？二者有什么异同？
2. 发行项目收益债券有哪些资信增级措施？
3. 项目收益债券交易中有哪些参与人？

第 9 章

其他形式的融资方式

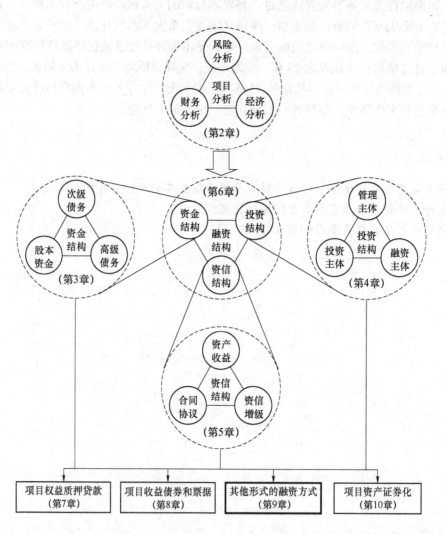

除了项目收益权抵质押贷款、项目收益债融资、项目资产证券化融资外，还可以通过其他方式为项目融资，如融资租赁、基金融资及项目主办人直接安排融资。本章简要介绍这三种融资方式。

9.1 融资租赁

融资租赁（finance lease），又称金融租赁，是以融通资金为主要目的的租赁。出租人根据承租人的请求，按双方事先的合同约定负责筹集资金，购买承租人指定的资产（设备/设施），然后出租给承租人，收取租金，从而收回投资。在租赁期间，出租人拥有该资产（设备/设施）的所有权，而承租人占有和使用该资产（设备/设施），租赁期间届满双方可以约定租赁物的归属，一般是出租人向承租人转移租赁物的所有权，对租赁物的归属没有约定或约定不明确，租赁物的所有权归出租人。融资租赁的特点包括以下几方面。

（1）不可撤销。在基本租期内，租赁物只租给一个用户使用，双方均无权撤销合同，是一种不可解约的租赁；只有租赁物毁坏或被证明为已丧失使用价值的情况下方能中止执行合同，无故毁约则要支付相当重的罚金。

（2）租期较长。基本租期一般相当于租赁物的有效寿命，租期结束时租赁物的残值很小。

（3）所有权与使用权分离。承租人负责租赁物的选择，检查和验收所提供的租赁物，在租赁期间享有使用权，并负责租赁物的保险、保养和维修等；出租人仅负责垫付贷款，购进承租人所需的租赁物，按期出租并保留租赁物的所有权，对该租赁物的质量与技术条件不向承租人做出担保。

（4）租赁物最终处置灵活。承租人一般对租赁物有留购和退租两种选择，若要留购，购买价格可由租赁双方协商确定。如果承租人支付租金的累计总额为租赁物价款、利息及租赁公司的手续费之和，则承租人付清全部租金后，租赁物的所有权即归于承租人。

根据出租人购置一项租赁设备时的出资比例，融资租赁又可以划分为直接融资租赁和杠杆融资租赁。

9.1.1 直接融资租赁

直接融资租赁指出租人独自承担全部设备购置成本的租赁交易。项目主办人（下文各图中将项目主办人简称主办人）设立一个单一目的项目公司，负责项目的日常管理；由租赁公司负责筹集资金并购买所需的设备和设施。直接融资租赁模式一般要经过以下几个操作过程：① 项目主办人设立项目公司（或其他形式的特殊目的载体），由项目公司与租赁公司签订租赁协议，但项目主办人为项目公司提供租赁协议履约担保；② 租赁公司与设备供应商（或设施建造商，分别简称供应商、建造商）签订购买协议；③ 租赁公司支付价款，并获得设备（或设施）的所有权；④ 供应商（或建造商）向租赁公司移交所有权并向项目公司交付设备（或移交设施）；⑤ 项目公司使用设备（或设施）并向租赁公司支付租金；⑥ 租赁期满后，如果承租人支付的租金总额足够补偿出租人相关费用并获得合理的利润，则该设备（或设施）的所有权一般移交给承租人。直接融资租赁模式的操作过程如图9-1所示。

9.1.2 杠杆融资租赁

杠杆融资租赁，简称杠杆租赁（leverage lease），指在融资租赁中，出租人承担小部分购置出租资产所需的资金，并用拟出租资产作为抵押向银行等金融机构借款，补足大部分所需资金，承租人所付租金优先用于偿还贷款。杠杆融资租赁在本质上与直接融资租赁没有大的

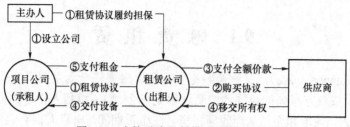

图 9-1 直接融资租赁模式的操作过程

差别,所不同的是出租人购买租赁物的资金部分来源于债务资金,当出租人没有足够的资本或希望分散风险时,常采用杠杆融资租赁模式向第三方寻求贷款资金。

由于引入了债权人,需要为债权安全采取一定的保障措施,确保租金优先用于偿还债务。因此,杠杆融资租赁比直接融资租赁在操作方面要复杂一些,一般要经过以下几个操作过程:① 项目主办人通过信托协议委托物主受托人(出租人)负责安排项目融资、项目建设(购买设备或设施)和项目出租等管理工作;② 物主受托人与承租人签订租赁协议,如果承租人是项目主办人设立的项目公司,项目主办人还为租赁协议提供担保;③ 物主受托人与贷款机构签订贷款协议,并将租赁协议的权益转让给契约受托人作为贷款抵押担保,项目主办人的股权投资和贷款人的贷款也都交由契约受托人管理;④ 物主受托人与建造商签订建设合同,由契约受托人利用股本资金和贷款资金支付合同款后,设施的所有权移交给契约受托人,而实物移交给项目公司;⑤ 项目公司使用设施进行经营并将租金直接交给契约受托人;⑥ 契约受托人按贷款协议要求安排还贷付息;⑦ 如果还贷后有盈余,则把余留的资金交给项目主办人。杠杆融资租赁模式的操作过程如图 9-2 所示。

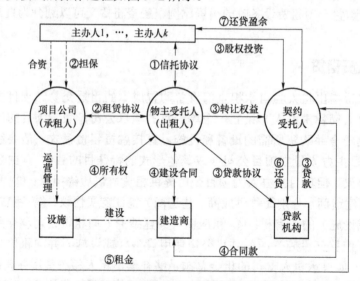

图 9-2 杠杆融资租赁模式的操作过程

在上述杠杆融资租赁模式中,除了项目主办人和贷款人外,还需要 3 个参与人协助完成融资。其中,物主受托人具有三重身份,一是租赁物的所有权人,二是租赁物的出租人,三是贷款的借款人;契约受托人的作用是管理项目资金,负责从承租人那里收取租金,以此对长期贷款人支付本息,并将余留部分再付给项目主办人,如发生违约,契约受托人可以行使其作为受托人的权利，此外还负责持有租赁物的担保物权，保障贷款人的利益；承租人承担项目建成后的运营管理工作，他可以是项目主办人专门设立的单一目的项目公司，也可以是项目主办人以外的第三方，他从物主受托人那里承租设施（或设备），并进行业务经营，支付租金，是项目收入的主要来源。

与其他项目融资方式相比，杠杆融资租赁具有以下优势。

（1）融资成本较低。在杠杆融资租赁结构中，承租人可享受税前偿租的好处；出租人通常可以获得投资税务抵免、优惠政策，加速折旧等好处。在一些国家中，如果租赁的设备为新技术、新设备，符合政府产业政策的要求，融资租赁可享受政府的融资优惠和信用保险。比如政府对租赁公司提供低息贷款，并在承租人无法交付租金时，向租赁公司赔偿部分租金以分担其风险和损失。租赁头几年，高额的折旧费用和利息费用减少了应税收入，从而也减少了缴税支出。融资租赁公司可以将这些好处以较低租金的形式分配给承租人一部分，使项目投资者获得较低的融资成本。

（2）可实现全额融资。在一般项目融资中，项目主办人总是要提供一定比例的股本资金，以增强贷款人提供有限追索性贷款的信心。在杠杆融资租赁模式中，由出租人负责筹集被出租项目所需资金，因此很可能全部解决项目所需资金问题，而不需要项目投资者进行任何股本投资，即实现百分之百的融资。此外，如果租金固定的话，有助于防止资金成本的增加，避免通货膨胀风险。

（3）项目公司对项目拥有实际的控制权。虽然租赁资产的所有权归物主受托人，但项目公司实际占有该租赁资产，作为承租人的项目公司拥有租赁资产的使用权，避免为购置设备（或设施）而增加大笔负债，而租金作为运营费用处理，可以有效地防止资产负债率上升。

（4）杠杆融资租赁具有较强的灵活性，既可以为整个项目安排融资，也可以为项目的一部分建设工程或专项设备安排融资。此外，可以结合承租人的特殊需要签订租赁协议，具有一定的灵活性。

但是，杠杆融资租赁的融资结构、法律关系和操作管理比较复杂，这种复杂性导致了以下两方面的问题。

（1）项目融资依赖于承租人本身的资信状况。由于在杠杆融资租赁结构中，还贷付息的资金来源是承租人的租金，如果承租人不能履行租赁合同下的责任义务，则贷款人无法收回贷款。因此，承租人本身的资信状况是一个相当关键的评断指标。如果项目主办人为承租人提供担保，则出租人实际上已将租赁所有权所引起的成本和风险全部转让给了承租人和他的担保人。

（2）缺乏重新安排融资的灵活性。杠杆融资租赁结构的复杂性使得重新安排融资的灵活性及可供选择的重新融资余地变得较小。因此，项目投资者在选择杠杆融资租赁模式时值得注意的一点是，杠杆融资租赁模式一经确定，重新安排融资的可能性及重新融资的可选择余地就变得较小。

无论是直接融资租赁还是杠杆融资租赁，如果承租人以项目自身的财产和效益为保证，与出租人签订租赁合同，出租人对承租人的项目之外财产和收益无追索权，租金的收取也只能以项目的现金流量和效益来确定，则可以称为项目融资租赁。

9.2 融资基金

从会计角度看,基金指具有特定目的和用途的资金。融资基金,即融资性基金,是以资金融通为目的和用途的一种资金。

9.2.1 融资基金的类型

根据基金的组织形态,融资基金可分为公司型基金、契约型基金和有限合伙型基金。随着资本市场的发展,基金的组织形态向着多样化的方向发展。

1. 公司型基金

公司型基金,又称共同基金,是依据公司法律法规成立的法人实体,本身是一家股份有限公司,以营利为目的。公司型基金通过发行股票或受益凭证的方式来筹集资金,购买该公司的股票或受益凭证的投资人就成为该公司的股东,享有股东的权利,按所持有的股份承担有限责任、分享投资所获得的收益。基金资产由公司拥有,投资人则是这家公司的股东,也是该公司资产的最终持有人。

公司型基金有着与一般公司相类似的治理结构,设有董事会和股东大会,代表投资人的利益行使职权,再由股东大会选举出董事会、监事会。在基金管理人的选择上,既可以由公司型基金自行管理,也可以委托其他机构进行管理。为管理方便,公司型基金往往设定基金经理人和托管人。基金经理人负责基金资产的投资管理,基金托管人负责对基金经理人的投资活动进行监督。在运作过程中,公司型基金的董事会对基金管理公司的投资运作有较大的监督作用。

公司型基金的结构在资本运作及项目选择上受到的限制较少,具有较大的灵活性。公司型基金比较容易被投资人接受,但也存在双重征税、基金运营的重大事项决策效率不高的缺点。

2. 契约型基金

契约型基金,又称单位信托基金,由基金管理人、基金托管人和投资人三方通过基金契约设立的基金,即首先由专门的投资机构(银行和企业)共同出资组建一家基金管理公司,然后,基金管理公司作为委托人通过与受托人签订"信托契约"的形式发行受益凭证(即"基金份额持有证")来募集投资人的资金。

在组织结构上,它不设董事会,投资人一般不参与管理决策,必须委托基金管理公司管理运作基金资产,所有权和经营权分离,有利于产业投资基金进行长期稳定的运作;契约型基金是一种资金的集合,不具有法人地位,在投资未上市企业的股权时,无法直接作为股东进行工商登记的,一般只能以基金管理人的名义认购项目公司股份。基金户头完全独立于基金保管公司的账户,即使基金保管公司因经营不善而倒闭,其债权方都不能动用基金的资产。

3. 有限合伙型基金

有限合伙型基金由普通合伙人和有限合伙人组成,一般都有固定的存续期,也可以根据条款延长存续期。

在有限合伙型基金中,普通合伙人负责有限合伙型基金的运营管理,每个普通合伙人都对合伙债务负无限责任或连带责任,其报酬以利润分成为主要形式。因此,普通合伙人通常是资深的基金管理人或运营管理人，一般在有限合伙型基金的资本中占有很小的份额；在基金的结构化设计中，普通合伙人的资金一般为劣后级资金。

在有限合伙型基金中，有限合伙人实际上放弃了对有限合伙型基金的控制权，有限合伙人不参与有限合伙企业的运作，不对外代表组织，只保留一定的监督权，将基金的运营交给普通合伙人负责，只按合伙协议比例享受利润分配，以其出资额为限对合伙的债务承担清偿责任。因此，有限合伙人主要是纯投资人，是基金的主要提供者；在基金的结构化设计中，有限合伙人的资金一般为优先级资金，承担最少风险，但作为杠杆提高了中间层和劣后层的收益。

4. 契约型基金、有限合伙型基金、公司型基金三者的区别

（1）法律依据不同。契约型基金是依照基金契约组建的，《中华人民共和国信托法》是其设立的依据，基金本身不具有法人资格；有限合伙型基金是指自然人、法人和其他组织依照《中华人民共和国合伙企业法》设立的有限合伙企业，不是独立的法人；公司型基金是按照《中华人民共和国公司法》组建的，具有法人资格。

（2）设立的方式不同。契约型基金在基金管理人与投资人签订基金契约时即告设立，投资人不得超过200人；有限合伙型基金在合伙人签订合伙协议，办理合伙企业设立工商登记并获得营业执照后才告设立，合伙人不得超过50人；公司型基金在股东签订公司章程，办理公司设立工商登记并获得营业执照后才告设立，股东不得超过50人。

（3）资金的性质不同。契约型基金的资金是通过发行基金份额筹集起来的信托财产；有限合伙型基金的资金是合伙人入伙的资金；公司型基金的资金是通过发行普通股票筹集的公司法人的资本。

（4）投资人的地位不同。契约型基金的投资人购买基金份额后成为基金契约的当事人之一，投资人既是基金的委托人，即基于对基金管理人的信任，将自己的资金委托给基金管理人管理和营运，又是基金受益人，即享有基金的受益权；有限合伙型基金的投资人分为普通合伙人和有限合伙人，普通合伙人既是基金受益人又是基金管理人，而有限合伙人只是基金受益人，二者的地位不同；公司型基金的投资人购买基金的股票后成为该公司的股东。

（5）内部治理的方式不同。契约型基金由基金管理人负责基金的投资运营，投资人一般通过基金份额持有人大会行使重大事项的表决权；有限合伙型基金由普通合伙人负责基金的投资运营，有限合伙投资人不执行合伙事务，一般通过合伙人大会行使重大事项的表决权；公司型基金设有股东大会，股东大会为最高权力机构，董事会由股东大会推选并行使基金的经营决策权，投资人通过股东大会行使重大事项的表决权。

（6）基金的营运依据不同。契约型基金依据基金契约营运基金；有限合伙型基金依据合伙协议营运基金；公司型基金依据基金公司章程营运基金。

（7）纳税的方式不同。契约型基金自身不纳税，也无义务代扣代缴个人投资者所得税，由投资者就其收益自行申报纳税；有限合伙型基金自身不纳税，但基金应为个人投资者代扣代缴个人所得税；公司型基金自身缴纳企业所得税，且基金应为个人投资者代扣代缴个人所得税。

（8）退出基金的方式不同。契约型基金投资人按照基金契约约定转让、赎回基金份额，即可实现退出；有限合伙型基金投资人如若退出，应先按照合伙协议的约定转让合伙企业财产份额或退伙，再办理工商变更登记，才实现退出；公司型基金投资人如若退出，应先按照公司章程的约定转让股权或减资，再履行工商变更程序，才实现退出。

由此可见，契约型基金、有限合伙型基金和公司型基金在法律依据、组织形态及有关当事人扮演角色上是不同的。但对于投资人来说，投资于公司型基金、有限合伙型基金和契约型基金并无多大区别，它们的投资方式都是把投资人的资金集中起来，按照基金设立时所规定的投资目标和策略，将基金资产分散投资于众多的金融产品上，获取收益后再分配给投资人。从世界基金业的发展趋势看，公司型基金除了比契约型基金多了一层基金公司组织外，其他各方面都与契约型基金有趋同化的倾向。

5. 基金的用途

组建基金的目的就是募集资金并利用募集的资金进行投资活动。融资基金还可以根据基金的投资对象不同进一步细分。如果所募集的资金80%以上投资于股票，则将其称为股票基金；如果所募集的资金80%以上投资于债券，则将其称为债券基金；如果所募集的资金投资于货币市场上短期有价证券，则将其称为货币市场基金；如果所募集的资金投资于期货，则将其称为期货基金；如果所募集的资金作为信托资产，交由专门的投资机构进行投资，获得的收益由投资人按出资比例分享并承担相应风险，则将其称为信托基金；如果所募集的资金对未上市企业进行股权投资，则将其称为产业投资基金（或简称产业基金，按投资领域的不同，产业投资基金可分为创业投资基金、企业重组投资基金、基础设施投资基金等类别）；等等。

9.2.2 融资基金为项目融资的交易结构

无论是公司型基金还是契约型基金都可以参与项目融资，所募集的资金可以以股权或债权的方式投入项目之中。项目主办人投资设立项目公司，负责项目建设和运营，而基金发起人发起设立融资基金，利用所募集的资金直接购买项目公司的股权，或者购买项目公司的债券或贷给项目公司贷款。基金设立和运作方面涉及4个关系主体：基金发起人、基金管理人、基金托管人、基金持有人。基金发起人发起设立融资基金；基金管理人对基金财产具有经营管理权；基金托管人对基金财产具有保管权；基金持有人则对基金运营收益享有收益权，并承担投资风险。四个关系主体通过基金契约紧密地联结在一起。融资基金为项目融资的典型交易结构如图9–3所示。

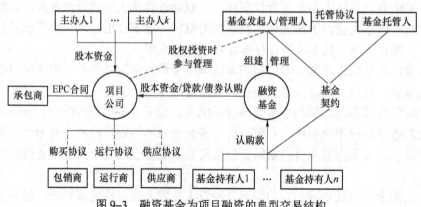

图9–3 融资基金为项目融资的典型交易结构

在基金设立和运作中，基金契约是一个重要的法律文件，它约定了基金发起人、基金管理人、基金托管人、基金持有人四方的权利与义务，其主要内容包括：基金持有人、基金管理人、基金托管人的权利与义务；基金的发行、购买、赎回与转让等；基金的投资目标、范围、政策和限制；基金资产估值；基金的信息披露；基金的费用、收益分配与税收；基金终止与清算等。基金契约并不是要投资人去与基金管理人、基金托管人签约，在投资人充分了解基金契约的内容基础上，认购基金的行为就意味着默许了基金契约，愿意委托该基金管理人"代你理财"。由此可见，基金契约是融资基金正常运作的基础性法律文件，是基金管理人、基金托管人、基金持有人为设立融资基金而订立的用以明确基金当事人各方权利与义务关系的书面法律文件。此外，基金契约也为制定融资基金其他有关文件提供了依据，包括招募说明书、基金募集方案及发行计划等。如果这些文件与基金契约发生抵触，则必须以基金契约为准。各个基金关系主体的权利和义务具体叙述如下。

1. 基金发起人

基金发起人指发起设立基金的机构，一般为有实力的金融机构，可以是一个也可以是多个。基金发起人主要负责基金筹建工作：起草有关法律文件和办理设立手续，办理基金证券的发行事宜，募集资金，创设证券投资基金，基金管理人与基金托管人的聘任事宜。在基金设立后，基金发起人的地位发生了转化，基金发起人有3种选择：① 只购买基金成为单纯的基金持有人；② 转化为基金管理人，同时持有一定的基金份额，具有基金管理人和基金持有人双重身份；③ 只转化为基金公司而不持有基金份额，即成为基金管理人。实践中，基金发起人多数会自任基金管理人。

2. 基金管理人

基金管理人（基金管理公司）指凭借专门的知识与经验，运用所管理的基金资产，根据法律法规及基金章程或基金契约的规定，按照科学的投资组合原理进行投资决策，谋求所管理的基金资产不断增值，并使基金持有人获取尽可能多收益的机构。基金管理人由基金发起人委托聘用或由基金发起人转变而来。

基金管理人的职责主要有：① 按照基金契约的规定运用基金资产投资并管理基金资产；② 及时、足额地向基金持有人支付基金收益；③ 保存基金的会计账册、记录15年以上；④ 编制基金财务报告，及时公告，并向中国证券监督管理委员会（以下简称中国证监会）报告；⑤ 计算并公告基金资产净值及每一基金份额资产净值；⑥ 基金契约规定的其他职责。

基金管理人除应当遵守上述规定外，还应当履行下列职责：① 依据基金契约，决定基金收益分配方案；② 编制并公告季度报告、中期报告、年度报告等定期报告；③ 办理与基金有关的信息披露事宜；④ 确保需要向投资人提供的各项文件或资料在规定时间内发出，并且保证投资人能够按照基金契约规定的时间和方式，随时查阅到与基金有关的公开资料，并得到有关资料的复印件。

3. 基金托管人

基金托管人，又称基金保管人，是根据法律法规的要求，在证券投资基金运作中承担资产保管、交易监督、信息披露、资金清算与会计核算等相应职责的当事人。基金托管人是基金持有人权益的代表，是基金资产的名义持有人或管理机构，通常由有实力的商业银行或信托投资公司担任。基金托管人与基金管理人签订托管协议，在托管协议规定的范围内履行自己的职责并收取一定的报酬。

基金托管人的权利主要有：① 保管基金资产；② 监督基金管理人的投资运作；③ 获取基金托管费用。同时，基金托管人应尽以下义务：① 保管基金资产；② 保管与基金有关的重大合同及有关凭证；③ 负责基金投资于证券的清算交割，执行基金管理人的投资指令，负责基金名下的资金往来。

4. 基金持有人

基金持有人指持有基金份额或基金股份的自然人和法人，也就是基金的投资者，是基金受益凭证的持有者。作为基金的受益人，基金持有人享有基金资产的一切权益：① 出席或委派代表出席基金持有人大会；② 取得基金收益；③ 监督基金经营情况，获得基金业务及财务状况方面的资料；④ 申购、赎回或者转让基金份额；⑤ 取得基金清算后的剩余资产；⑥ 基金契约规定的其他权利。基金持有人在享有权利的同时，也必须承担管理办法所规定的义务：① 遵守基金契约；② 交纳基金认购款项及规定的费用；③ 承担基金亏损或者终止的有限责任；④ 不从事任何有损基金及其他基金持有人利益的行为。

值得注意的是，融资基金通常都有一定的期限，一般都比较短，而且融资基金设有基金持有人的退出机制；PPP 项目的特许期一般比较长，可能长达数十年，因此 PPP 项目的交易结构也应设置融资基金的退出机制。融资基金以股权投资形式参与 PPP 项目时，其退出方式包括：项目清算退出、股权回购或转让退出、资产证券化退出。

（1）项目清算退出。基金资金以股权投资的形式投入到项目公司后，在项目公司完成项目任务（或阶段性投资任务）后，通过项目公司清算（或注册资本减少）的方式，返还基金应当获取的股权收益，实现投资的退出。

（2）股权回购或转让退出。基金资金以股权投资的形式投入到项目公司后，在项目公司完成项目任务（或阶段性投资任务）后，由项目公司进行股权回购，或者将股权转让给项目公司或其他投资者。实践中，为了不影响项目的持续运营，可采用新基金替换旧基金方法，即原基金的股权转让给新设立的基金。值得注意是，如果基金管理人不参与项目管理，到了约定的时间就从项目中撤股，则有假股暗贷之嫌。

（3）资产证券化退出。基金资金以股权投资的形式投入到项目公司后，在项目运营成熟后，通过将项目公司资产注入上市公司、发行资产证券化产品方式，获得投资收益，实现投资的退出。

9.2.3 苏州绕城高速公路项目的股权投资信托基金融资案例分析

苏州绕城高速公路全长 216 km，全线采用平原微丘区高速公路标准建设，双向六车道高速公路标准设计，部分地段预留八车道的高速公路标准，沿线共设有 26 个互通出入口、3 个服务区、9 个交通枢纽，总投资 153 亿元。苏州绕城高速公路采用"省市共建、以市为主、股份制建路"策略，分西南、西北、东北和东南四段进行开发建设。该项目于 2002 年 1 月 8 日开工建设，2005 年 11 月 8 日全线通车，历时 46 个月。

1. 融资结构

在我国收费公路的建设运营中，招标文件中规定项目法人的股权投资必须达到总投资的 35% 以上，而苏州绕城高速公路有限公司（项目公司）的资本金约为 18 亿元，因此需要补足以后才能从银行贷款。为了利用民间资本，该项目采用股权信托模式向社会公众募集资本金。为此，项目公司（信托资金使用人）通过苏州信托投资有限公司（受托人）推出苏州绕城高速公路有限公司股权投资项目集合资金信托计划，信托规模为 5 亿元人民币（当发售金额达到 5 亿元或发售合同份数达到 200 份时信托计划即宣告成立），该信托计划面向中国境内具有完全民事行为能力的自然人、法人或依法成立的其他组织（委托人），委托人最低认购金额为 50 万元，信托期限为三年，从 2005 年 9 月 13 日起，至 2008 年 9 月 13 日止。中国建设银行苏州分行作为信托资金代理收付银行（简称收付行），负责基金的收付工作。受托人按委托人的意愿以自己的名义管理信托财产，将募集的资金以股权投资的方式向苏州绕城高速公路有限公司进行投资，并向项目公司选派董事，参与项目公司的管理，行使股东权利。信托到期后，受托人名下的苏州绕城高速公路有限公司的股权分期转让给苏州交通投资有限责任公司（股权受让人），苏州财政部门出具交通建设资金安排计划文件，以保证股权受让人及时足额向受托人支付股权受让款（包括前两年预付部分股权受让款）。信托收益主要来源于股权投资转让收入，预期年收益为 5.5%。苏州绕城高速公路的融资结构如图 9-4 所示。

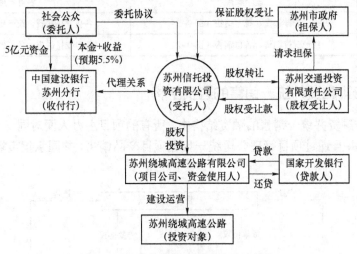

图 9-4 苏州绕城高速公路的融资结构

2. 经验教训

苏州绕城高速公路有限公司股权投资项目集合资金信托计划之所以成功，主要是 5.5%预期年收益对基金购买者有较强的吸引力，而该预期的收益又得到了政府的保证。苏州市政府同意担保是因为该项目有利于当地经济发展，促进旅游，方便居民出行。

9.3 项目主办人直接安排融资

项目主办人直接安排融资，即直接融资模式，该模式中项目主办人（如果项目主办人多于 1 人的话）通过合作协议设立项目管理机构（或公司），负责项目管理，形成一种非公司型契约投资结构。在非公司型契约投资结构中，一般都不允许以合作结构或管理公司的名义举债，所以项目主办人只能直接安排融资，并直接承担投融资安排中相应的责任和义务。因此，所设立项目管理机构只有项目管理的职能（只承担管理主体的角色），没有投资主体和融资主体的职能；项目主办人本身承担了投资主体和融资主体的角色。

在直接融资模式中，融资安排上主要有两种操作思路。一种思路是统一安排融资，即由所有的项目主办人面对同一贷款银团,采用统一的贷款协议条件(相同的协议条款),分别签订贷款协议(没有还贷的连带责任)。这样做的优点是有利于融资谈判,节约谈判费用和时间。另一种思路是各自安排融资,即项目主办人各自寻找自己的贷款人,各自进行贷款谈判,各自与自己的贷款人签订贷款协议。这样做的优点是有利于项目主办人根据各自的情况,灵活安排融资。直接融资模式主要用于项目产品可分割的情况,如石油开发项目。因此,在项目产品处理方面也有两种选择:一是统一销售,由项目管理公司负责市场销售,项目主办人按比例获得销售收入;二是各自销售,项目主办人按比例获得产品,自己处理。上述融资安排与销售安排结合起来,可形成 4 种典型的直接融资结构,如表 9–1 所示。

表 9–1 4 种典型的直接融资结构

产品销售	债务融资	
	统一安排	各自安排
统一销售	统一安排融资、统一销售(图 9–5)	各自安排融资、统一销售(图 9–6)
各自销售	统一安排融资、各自销售(图 9–7)	各自安排融资、各自销售(图 9–8)

9.3.1 统一安排融资并统一销售的融资结构

在统一安排融资并统一销售的融资结构中,所有的项目主办人面对同一个贷款银行(团)统一安排融资,并且通过项目管理公司统一代理项目产品销售,共同承担市场责任,如图 9–5 所示。

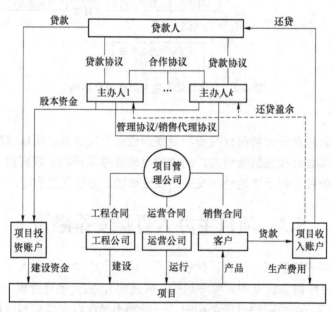

图 9–5 直接融资结构(统一安排融资、统一销售)

统一安排融资并统一销售的融资结构的具体操作过程可归纳如下。

(1)项目主办人通过签订合作协议组成非公司型合资结构,并按照投资比例合资组建一个项目管理公司。同时,项目主办人与项目管理公司签订项目的管理协议和销售代理协议。

按照协议规定，项目管理公司负责项目的建设和生产经营，并作为项目主办人的代理人负责项目产品销售。

（2）根据合作协议规定，设立项目投资账户，项目主办人分别按规定的比例投入自有资金，并统一面向同一贷款人（银团）安排贷款。但是，每个项目主办人要独立地与贷款人签署融资协议，筹集协议规定份额的项目建设资金和项目流动资金，项目主办人之间没有连带偿债责任。

（3）根据管理协议，项目管理公司代表项目主办人与工程公司签订工程合同，监督项目的建设，工程费用由项目投资账户支付。

（4）根据合作协议规定，设立项目收入账户；项目管理公司负责项目的生产管理，并根据销售代理协议，代理销售项目产品，销售收入进入项目收入账户。项目收入按事先规定顺序进行使用，一般而言，首先用于支付项目的生产费用和资本再投入，然后偿还贷款银行的到期债务，最后按照合作协议的规定比例分配盈余资金。有关税务问题，由项目主办人各自安排上缴，即与自己的资产负债表合并后，确定应缴税额。

9.3.2 各自安排融资但统一销售的融资结构

在各自安排融资但统一销售的融资结构中，各个项目主办人根据自己的财务状况完全独立地面向各自的贷款人安排融资；但是，通过项目管理公司统一代理项目产品销售，共同承担市场责任，如图9-6所示。

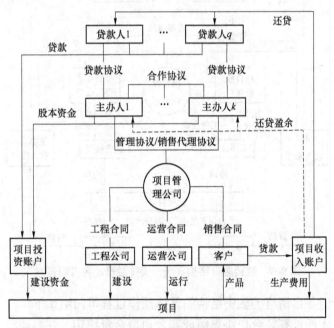

图9-6 直接融资结构（各自安排融资、统一销售）

各自安排融资但统一销售的融资结构的具体操作过程可归纳如下。

（1）项目主办人通过签订合作协议组成非公司型合资结构，并组建一个项目管理公司。同时，项目主办人与项目管理公司签订项目的管理协议和销售代理协议。按照协议规定，项目管理公司负责项目的建设和生产经营，并作为项目主办人的代理人负责项目产品销售。

(2) 根据合作协议规定,设立项目投资账户,项目主办人分别按规定的比例投入自有资金,并各自安排贷款。

(3) 根据管理协议,项目管理公司代表项目主办人与工程公司签订工程合同,监督项目的建设,工程费用由项目投资账户支付。

(4) 根据合作协议规定,设立项目收入账户;项目管理公司负责项目的生产管理,并根据销售代理协议,代理销售项目产品,销售收入进入项目收入账户。项目收入按事先规定顺序进行使用,一般而言,首先用于支付项目的生产费用和资本再投入,然后偿还贷款银行的到期债务,最后按照合作协议的规定比例分配盈余资金。有关税务问题,由项目主办人各自安排上缴,即与自己的资产负债表合并后,确定应缴税额。

9.3.3 统一安排融资但各自销售的融资结构

在统一安排融资但各自销售的融资结构中,所有的项目主办人面对同一个贷款银行(团)统一安排融资;但是各自负责项目产品销售,各自承担市场责任,如图9-7所示。

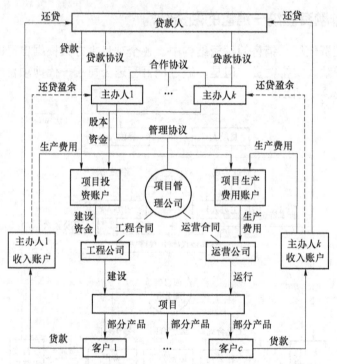

图 9-7 直接融资结构(统一安排融资、各自销售)

统一安排融资但各自销售的融资结构的具体操作过程可归纳如下。

(1) 项目主办人通过签订合作协议组成非公司型合资结构,并组建一个项目管理公司。同时,项目主办人与项目管理公司签订项目的管理协议。按照协议规定,项目管理公司负责项目的建设和生产经营。

(2) 根据合作协议规定,设立项目投资账户,项目主办人分别按规定的比例投入自有资金,并统一面向同一贷款人(银团)安排贷款。但是,每个项目主办人要独立地与贷款人签署贷款协议,筹集协议规定份额的建设资金和流动资金,项目主办人之间没有连带责任。

（3）根据管理协议，项目管理公司代表项目主办人与工程公司签订工程合同，监督项目的建设，工程费用由项目投资账户支付。

（4）项目主办人签署"无论提货与否均需付款"性质的产品购买协议，并按协议规定价格购买项目产品。按照项目主办人与贷款人之间的现金流量管理协议，产品销售收入进入贷款人的监控账户，按照资金使用优先序列进行分配。

9.3.4　各自安排融资并各自销售的融资结构

在各自安排融资并各自销售的融资结构中，各个项目主办人根据自己的财务状况完全独立地面向各自的贷款人安排融资，并且各自负责组织相应份额的产品销售和债务偿还，如图9-8所示。

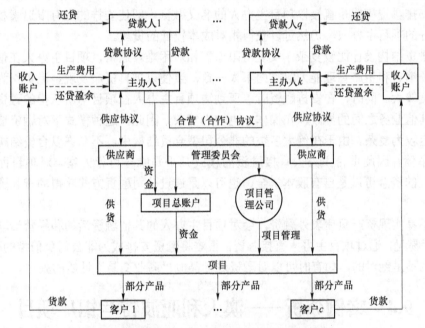

图9-8　直接融资结构（各自安排融资、各自销售）

各自安排融资并各自销售的融资结构的具体操作过程可归纳如下。

（1）项目主办人根据合营（合作）协议组成非公司型合资结构，并组建一个项目管理公司，用于项目的建设管理和生产管理。

（2）项目管理公司代表项目主办人安排项目的建设和生产，组织原材料供应，但不负责产品的销售，只是根据投资比例将项目产品分配给项目主办人。

（3）项目主办人按照投资比例提供建设资金和流动资金，并且直接向项目支付建设费用和生产费用。各个项目主办人的融资安排根据自己的财务状况自行决定。

（4）项目主办人签署"无论提货与否均需付款"性质的产品购买协议，并按协议规定价格购买项目产品。按照项目主办人与贷款人之间的现金流量管理协议，产品销售收入进入贷款人的监控账户，按照资金使用优先序列进行分配。

9.3.5 直接融资的特点

项目主办人直接融资的融资结构具有以下特点。

（1）项目主办人可以根据其投资战略的需要，较灵活地安排融资结构。一方面，项目主办人可以根据不同需要在多种融资模式、多种资金来源方案之间充分加以选择和合并；另一方面，项目主办人可以根据项目的经济强度和本身的资金状况较灵活地安排债务比例。

（2）有利于项目主办人进行税务结构方面的安排，降低融资成本。在项目主办人直接安排融资的模式中，项目主办人通常能够直接拥有项目资产并控制项目现金流量的投资结构，因而可以比较充分地利用项目的税务亏损或优惠来降低融资成本。

（3）项目主办人的资信状况对融资条件影响较大，信誉卓著的项目主办人往往能够得到较优惠的条件。对于大多数银行来说，资信良好的项目主办人的企业名称本身就是一种担保。由于直接安排融资模式是直接以项目主办人的名义融资，即使安排的是有限追索权融资，资信状况良好的项目主办人，仍然可以获得相对成本较低的贷款。

（4）融资结构设计比较复杂，实现有限追索相对困难。通常，项目主办人在信誉、财务状况、市场销售和生产管理能力等方面不太一致，致使以项目资产及现金流量作为融资担保抵押的难度较大。同时，在安排融资时，要划清项目主办人在项目中所承担的融资责任和项目主办人其他业务之间的界限，在操作上也较为复杂。因此，这种模式下对融资追索的程度和范围界定较为复杂。由于在绝大多数的非公司型合资结构中，不允许以合资结构或管理公司的名义举债，因此项目主办人直接融资的模式几乎是唯一可行方案。对项目而言，项目主办人投入的资金可以是自有股本资金，也可以是通过公司融资方式获得的贷款资金，即直接融资。

（5）不易实现资产负债表外融资，会对项目主办人的其他融资活动和经营活动产生一定影响。显而易见，通过项目主办人直接融资，很难将融资安排成为非公司负债型的融资形式。当然，这也不是绝对的，如有时可以对融资进行类似"商业交易"性质的处理。

9.4 案例分析——澳大利亚波特兰铝厂项目

澳大利亚波特兰铝厂项目（以下简称波特兰铝厂项目）采用非公司型契约投资结构为项目主办人的投融资决策提供了广阔的灵活空间。由于各个项目主办人可以选择自己喜欢的融资方式，该项目形成了比较复杂的融资结构，除了政府投资、项目贷款外，不仅包括了信托基金，还包括了杠杆融资租赁，是一个值得深入分析的案例。

9.4.1 项目概况

澳大利亚波特兰铝厂（以下简称波特兰铝厂）位于澳大利亚维多利亚州的港口城市波特兰，由电解铝生产线、阳极生产、铝锭浇铸、原材料输送及存储系统、电力系统等几个主要部分组成，其中核心的铝电解部分采用的是美国铝业公司20世纪80年代的先进技术，建有两条生产线，整个生产过程采用电子计算机严格控制，每年可生产铝锭30万t，是目前世界上技术先进、规模最大的现代化铝厂之一。

波特兰铝厂项目于1981年开工建设，但在1982年因国际市场铝价大幅度下跌和电力供应等问题而停工。1984 年与澳大利亚维多利亚州政府（以下简称维多利亚州政府）达成 30 年电力供应协议，解决了电力供应问题之后又恢复建设。为了解决资金问题，1985 年 6 月美国铝业澳大利亚公司（简称美铝澳公司，是美国铝业公司为波特兰铝厂项目专门成立的全资子公司）邀请中国国际信托投资公司（简称"中信公司"）投资波特兰铝厂。于是中信公司在澳大利亚当地注册成立了中信澳大利亚有限公司，并由中信澳大利亚有限公司（简称"中信澳公司"）出资成立单一目的项目公司——中信澳（波特兰）公司，代表总公司管理项目的投资、生产、融资、财务和销售，承担总公司在合资项目中的经济责任。波特兰铝厂在 1986 年 11 月投入试产，1988 年 9 月全面建成投产。

9.4.2 投资结构

波特兰铝厂采用的是非公司型契约结构。每个参与人按照合营（合作）协议约定的出资比例投资波特兰铝厂，并根据出资比例获得项目产品——铝锭。具体出资比例如下：美铝澳公司出资 45%，维多利亚州政府出资 35%（维多利亚州政府在 1992 年将其在波特兰铝厂中的 10%资产转让给日本丸红株式会社），中信澳（波特兰）公司出资 10%，第一国民资源信托基金出资 10%。每家公司选派代表成立项目管理委员会，该委员会是波特兰铝厂项目的最高管理决策机构，负责项目的建设、生产、资本支出和生产经营预算的审批等一系列重大决策，而项目日常生产经营活动委托给波特兰铝厂管理公司——美铝澳公司为波特兰铝厂项目专门成立的全资子公司。图 9-9 是波特兰铝厂项目最初的投资结构和管理示意图。

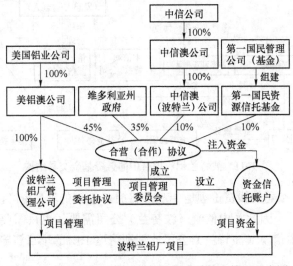

图 9-9 波特兰铝厂项目最初的投资结构和管理示意图

9.4.3 资金结构

波特兰铝厂项目采用的是非公司型契约投资结构，参与人之间是合作关系，各自按照合营（合作）协议约定的投资份额去筹集资金，没有统一的股债比例。项目投产后，按照持有投资份额拥有资产，并按照投资份额分享项目产品。因此，参与人可以自主选择融资方式和股债比例，结果是各自的融资方式不同，股债比例也不同，可谓"八仙过海，各显神通"。

美国铝业公司的融资方式和股债比例在此略去不说；维多利亚州政府的资金来源是政府的财政资金，也不必多说；第一国民管理公司采用信托基金的融资方式；中信公司采用杠杆融资租赁的方式。下面重点分析第一国民管理公司和中信公司的融资方式。

第一国民管理公司采用信托基金方式融资。为此，发起组建了第一国民资源信托基金，在证券市场公开上市募集资金，投资收购波特兰铝厂10%的资产。第一国民管理公司在信托基金中没有任何投资，只是被基金受托管理人任命为基金经理，负责信托基金的管理，并以项目投资者经理人的身份参与波特兰铝厂的管理，如图9–10所示。

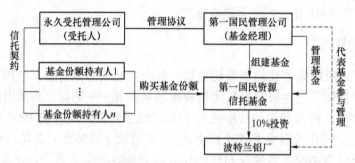

图9–10　第一国民资源信托基金投资波特兰铝厂的融资结构

图9–11是波特兰铝厂项目中的融资基金交易结构。

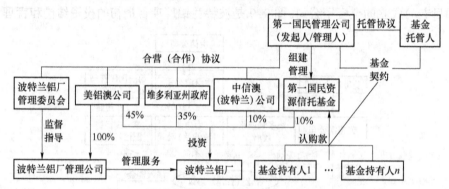

图9–11　波特兰铝厂项目中的融资基金交易结构

中信澳（波特兰）公司的投资份额是10%，将拥有10%的项目资产，并每年可获得3万t铝锭（30万t的10%）。因此，中信澳（波特兰）公司需要（也只需要）为这10%的项目资产筹集资金。为此，中信澳（波特兰）公司计划利用这10%的项目资产进行项目融资，采用杠杆融资租赁的方式。

鉴于第一国民资源信托基金的资信结构比较简单，在此略去不谈。下面重点分析中信澳（波特兰）公司的资信结构和融资结构。

9.4.4　资信结构

为了实现项目融资目标，中信澳（波特兰）公司采用了一个为期12年的杠杆融资租赁模式，并安排了以下资信增级措施。

（1）只有当项目完工后，才可能生产产品，但项目有可能因超支而发生资金短缺，进而导致烂尾。为此，中信公司在一家国际一流银行中存入一笔固定金额（为项目融资总金额的10%）的美元担保存款，作为项目完工担保和资金缺额担保的准备金，供项目建设费用超支和项目现金流量出现缺额时使用。但是这个担保是有限的，其限额为担保存款的本金和利息。事实上，由于项目经营良好，担保存款从来没有被动用过，并在1990年通过与银行谈判解除。

（2）由于中信澳（波特兰）公司的收入来自于项目产品（铝锭），如果卖不出去或者价格下跌，则中信澳（波特兰）公司的收入没有保障。因此，中信澳公司与中信澳（波特兰）公司签订了与融资期限相同的"提货与付款"性质的产品销售协议，保证按照国际市场价格购买中信澳（波特兰）公司生产的全部项目产品，降低了项目贷款银团的市场风险。但由于中信澳公司与中信澳（波特兰）公司一样均为一种新成立的"空壳公司"，二者之间的"提货与付款"性质的产品销售协议（以下简称销售协议）的信用并不高。为此，中信公司为该销售协议提供担保，保证中信澳公司履行销售协议的付款责任。

（3）中信公司以大约为项目融资总金额的4%的资金购买了特殊目的合伙制载体发行的与融资期限相同的无担保零息债券。该无担保零息债券属于次级债务，对项目贷款银团的贷款是一种保障，同时由于中信公司成为特殊目的合伙制载体的利益相关者，对项目贷款银团起到一种良好的心理作用。

9.4.5 融资结构

中信公司在波特兰铝厂项目中利用杠杆融资租赁模式筹集所需的项目资金，其融资结构涉及项目资产承租人、项目资产出租人、项目股本参与银团、项目债务参与银团及其他相关机构，如图9-12所示。

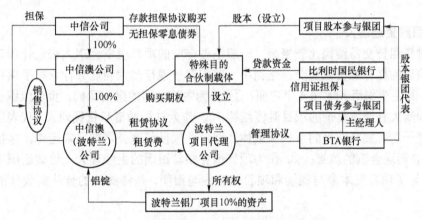

图9-12 波特兰铝厂项目10%资产的融资结构

1. 项目股本参与银团与项目资产出租人

根据合营（合作）协议，中信澳（波特兰）公司应投资波特兰铝厂项目10%的资产。因采用杠杆融资租赁，首先寻找项目资产出租人（简称出租人）。为了获得波特兰铝厂项目10%资产的所有权并出租给项目资产承租人，以美国信孚银行澳大利亚分行（Bankers Trust Australia Ltd.，BTA银行）为首的五家澳大利亚当地的银行（称为"项目股本参与银团"）共同出资（占该部分项目资产投资的1/3）设立了一个特殊目的合伙制载体，由该特殊目的合伙制载体负责筹集债务资金（占该部分项目资产投资的2/3），并设立"波特兰项目代理公司"

持有波特兰铝厂项目10%的资产。

波特兰项目代理公司是波特兰铝厂项目10%资产的出租人，与中信澳（波特兰）公司（项目资产承租人）签署的租赁协议，将该部分项目资产出租给中信澳（波特兰）公司生产电解铝，所获得的租赁费收入用于支付债务、管理费用、税收等，其剩余用来分红。

2. 项目债务参与银团

特殊目的合伙制载体除了占该部分项目资产投资1/3的股本资金外，还需要筹集占该部分项目资产投资2/3的债务资金。为此，特殊目的合伙制载体要求中信公司以无担保零息债券方式购买4%的债务，其余的债务资金由比利时国民银行牵头的项目贷款银团提供。项目贷款银团中还包括澳大利亚、日本、美国、欧洲等地的几家银行（在此称为"项目债务参与银团"）。实质上，比利时国民银行提供了全部贷款资金，项目债务参与银团只是以银行信用证形式为贷款提供担保。因此，比利时国民银行并没有承担贷款的信用风险。

3. 项目资产承租人

中信澳（波特兰）公司是杠杆融资租赁模式中的项目资产承租人（简称承租人）。通过一个12年期的租赁协议，从波特兰项目代理公司手中获得波特兰铝厂项目10%的资产的使用权（实质上是债权性用益权）。中信澳（波特兰）公司根据与美铝澳公司等达成的合作协议，参与波特兰铝厂项目的建设和生产运营，并获得约定比例的项目产品（铝锭）；又根据与中信澳公司签订的"提货与付款"性质的产品销售协议，将铝锭出售给中信澳公司，所得收入优先支付生产成本、租赁费等经营费用，在满足了一定的留置基金条件下，可以以红利形式返还给中信澳（波特兰）公司的股东。在12年租赁期限结束时，中信澳（波特兰）公司可以通过期权安排，收购项目股本参与银团在项目中资产权益，成为波特兰铝厂项目10%的资产的法定持有人。

4. 项目融资经理人

杠杆融资租赁交易结构比较复杂，一般需要专业的项目融资经理人来设计和运作。在波特兰铝厂项目的杠杆融资租赁交易结构中，美国信孚银行澳大利亚分行承担了项目融资经理人的角色，其主要作用表现在4个方面：① 作为中信公司的融资顾问，负责组织了这个难度极高被誉为澳大利亚最复杂的项目融资结构；② 作为杠杆融资租赁经理人，代表项目股本参与银团处理一切有关特殊目的合伙制载体及波特兰项目代理公司的日常运作，包括对中信澳（波特兰）公司现金流的监管；③ 作为项目债务参与银团的主经理人，协调组织项目贷款；④ 分别参与了项目股本参与银团和项目债务参与银团，是特殊目的合伙制载体的股东和债权人。

9.4.6 经验总结

波特兰铝厂项目采用非公司型契约投资结构，项目主办人以合作的方式参与项目的建设和生产运营，为项目融资提供了广阔的空间，是一个典型的各自安排融资并各自销售的融资结构。因此，各个项目主办人可以选择自己喜欢的融资方式，发挥各自的优势。

以中信公司为例，非公司型契约投资结构使得中信公司独立安排项目融资成为可能。在制定项目投资决策时，要充分考虑项目的特点、当地的法律法规（特别是税法）、融资途径等。电解铝项目资本高度密集，根据澳大利亚的有关税法规定可享有数量相当可观的减免税优惠，如固定资产加速折旧、投资扣减等。对于新成立的中信澳公司而言，没有其他方面的经营收入,无法利用每年可得到的减税优惠和税务亏损充抵;即使每年未使用的税务亏损可以向以后年份引起结转,但从货币时间价值的角度考虑,这些减税优惠和税务亏损如能尽早利用,也可以提高项目投资者的投资效益;如果能够利用减税优惠和税务亏损偿还债务,还可以减少项目前期的现金流量负担,提高项目的经济强度和抗风险能力。因此,中信公司选择了杠杆融资租赁的融资模式,充分利用这种模式可以吸收减税优惠和税务亏损的特点,减少了项目的直接债务负担,提高了投资的综合经济效益。但是,利与害总是夹杂在一起的。为了满足出租人对租赁费支付的保障要求,中信澳公司签订了"提货与付款"性质的产品销售协议,而且由中信公司提供担保,中信公司承担了项目风险,其融资实质上建立在中信公司的信用基础之上,而不是项目资产和预期收益。

项目融资结构设计还充分利用不同国家对利息预提税的优惠政策。比利时税法允许其国家银行申请扣减在海外支付的利息预提税,因此通过信用证担保安排比利时国民银行贷款,充分利用比利时政府对利息预提税的优惠政策,为中信澳公司节约了几百万美元的利息预提税款。从项目投资者的角度,这样的安排可以节省融资成本。

思考题

1. 融资租赁有哪些模式?各有哪些特点?
2. 融资基金有几种类型?各有哪些特点?
3. 项目主办人直接安排融资有哪些模式?
4. 项目主办人直接安排融资有哪些特点?

第 10 章

项目资产证券化

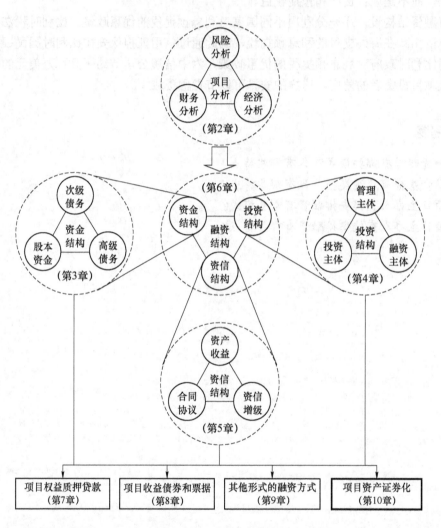

广义的融资是资金双向互动的过程,包括资金的融入和融出。一般而言,项目资产证券化(以下简称资产证券化)的目的在于将缺乏流动性的资产提前变现,解决流动性问题,提高资本市场的运作效率。资产证券化融资与项目收益债融资的不同之处在于二者的融资目的不同:项目收益债融资是到金融市场上为本项目筹集资金,是资金的融入;而资产证券化融资也是到金融市场上筹措资金的行为,但一般不是为本项目筹集资金,而是为了"退出"项目。

理论上，项目主办人可通过资产证券化（assets securitization）的方式把已投入运营的 PPP 项目用来筹集一笔资金（只出售剩余特许期中某个时段的收益），或者作为退出该 PPP 项目的方式（出售剩余特许期的全部收益）；作为贷款人的金融机构（主要是银行），也可以把贷给 PPP 项目的贷款进行信贷资产证券化；政府也可以把现有的收费项目进行资产证券化，筹集资金用于新的建设项目。无论在哪种情景下，资产证券化的核心理念是相同的。本章主要叙述资产证券化的基本概念，资产证券化过程及交易结构，以及资产证券化的关键事项。

10.1 资产证券化的基本概念

资产证券化包含三个概念：证券、资产支持证券、证券化，详细叙述如下。

（1）证券是多种经济权益凭证的统称，也指专门的种类产品，是用来证明券票持有人享有的某种特定权益的法律凭证，可以是债券，也可以是票据。在资产证券化中，它是一种债权性质的金融工具。

（2）资产支持证券（asset-backed securities, ABS），可以简称"资产证券"，是一种债券性质的金融工具，其向投资者支付的本息来自于基础资产（underlying assets）或基础资产池（pool of underlying assets）产生的现金流或剩余权益。与股票和企业债券不同，资产支持证券不是对某一经营实体的利益要求权，而是对基础资产（池）所产生的现金流和剩余权益的要求权，是一种以资产信用为支持的证券：资产支持债券或资产支持票据。

（3）证券化，即资产证券化，指将原本不流通的资产（如信贷资产、企业资产、项目资产）转变成具有流通性证券的过程，以基础资产未来所产生的现金流为偿付支持，并将基础资产划分为若干标准化的金额（切割为证券），通过信用增级，在金融市场上出售给投资者的过程。简单地讲，资产证券化就是出售基础资产的未来现金流进行融资，使原本不流通的资产变成可流通的有价证券。

10.1.1 资产证券化的类型

在资产证券化中，被证券化的资产称基础资产——具有可预期的、稳定的未来现金收入流属性的债权、股权、物权、收费权、知识产权等。基础资产可以是单一资产也可以是组合资产，包括能够直接产生独立、可持续现金流的财产（动产、不动产和知识财产）、财产权利（债权、股权、物权、知识产权等）或者财产与财产权利构成的资产组合。根据基础资产的类型，可以将资产证券化分为不动产证券化、应收账款证券化、信贷资产证券化、未来收益证券化（如高速公路收费权）、债券组合证券化等类别，但在这里只是简单地分为信贷资产证券化、企业资产证券化和项目资产支持专项计划三种类型。资产证券化及其类型如图 10-1 所示。

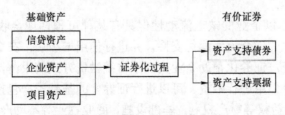

图 10-1 资产证券化及其类型

1. 信贷资产证券化

信贷资产证券化指以信贷资产作为基础资产来支持发行证券的融资过程，即把信贷资产（诸多离散贷款）进行组合打包，并切割和转化为证券出售的融资过程。金融机构（特别是银行）向借款人发放贷款之后，为了快速回笼资金，将这部分贷款转化为资产支持证券出售给证券投资者，一次性地回收了贷款资金。

信贷资产证券化是介于直接融资模式与间接融资模式两者之间的一种融资模式。直接融资模式是借款人发行债券给投资人而获取资金的融资形式；间接融资模式是以银行作为信用中介，投资人存款于银行，银行向借款人发放贷款的融资形式。在直接融资模式中，投资人自己负责评审和风险管理；而在间接融资模式中，银行负责贷款的评审和贷后管理，并承担贷款违约的信用风险。在信贷资产证券化中，银行负责贷款的评审和贷后管理，但是贷款违约的信用风险转移给了投资人。

信贷资产证券化使信贷资产的形态发生了转化，从原始的诸多离散贷款形式，转化为系列化的证券形式；通过贷款的组合能有效分散单个贷款的特定风险；将贷款包拆细为标准化的证券，提高了资产的流动性；通过对资产支持证券的结构划分，能满足不同的投资需求。根据基础资产的不同，信贷资产证券化的形式、种类很多，如住房抵押贷款、汽车贷款、消费信贷、信用卡账款、企业贷款等信贷资产证券化。

金融机构发放给 PPP 项目的贷款本质上也是信贷资产，也可以进行证券化，即把 PPP 项目（单个项目或多个项目）的债权收益作为基础资产，出售给特定的发行人或信托给特定的受托人，通过创立一种以该基础资产产生的现金流为支持的金融工具或权利凭证（资产支持证券），在金融市场上出售变现该资产支持证券，这种融资活动被称为项目债权资产证券化，如图 10-2 所示。

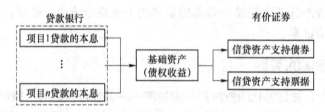

图 10-2 项目债权资产证券化

值得注意的是，PPP 项目贷款人把自己的债权收益证券化，提前收回债权资本，并不意味着退出 PPP 项目，因为贷款银行一般被要求作为信贷资产服务商继续进行贷款的管理工作。所不同的是，原来需要逐渐收回的债权资本变成一次性收回。项目债权资产证券化在理论上是可行的，但目前还没有得到实践检验。

2. 企业资产证券化

企业资产证券化指以企业的缺乏流动性但具有某种可预期现金收入的资产作为基础资产，以基础资产所产生的现金流为偿付支持，并进行信用增级后，在金融市场上出售给投资者的业务活动。企业资产证券化帮助企业突破了传统融资方式的束缚，它依托企业资产产生的现金流而非企业自身信用进行融资。可以进行证券化的基础资产包括企业应收款、租赁债权、信贷资产、信托受益权等财产权利，基础设施、商业物业等不动产财产或不动产收益权，以及中国证监会认可的其他财产或财产权利。

PPP 项目是 PPP 项目主办人的资产，如果将其在 PPP 项目（单个项目或多个项目）中的股权收益作为基础资产，并出售给特定的发行人，或者信托给特定的受托人，通过创立一种以该基础资产产生的现金流为支持的金融工具或权利凭证（即资产支持证券），在金融市场上出售变现该资产支持证券，这种融资活动被称为项目股权资产证券化，如图 10-3 所示。

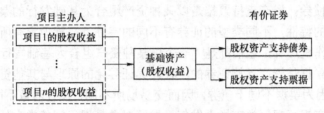

图 10-3　项目股权资产证券化

PPP 项目主办人把自己的股权收益证券化，提前收回股权资本，由原来需要长期逐渐收回的股权资本变成一次性收回。项目股权资产证券化在理论上是可行的，但有待于实践检验。

3. 项目资产支持专项计划

项目资产支持专项计划[①]指专业管理机构作为计划管理人，按照约定从原始权益人受让或者以其他方式获得基础资产，以基础资产产生的现金流为偿付支持，在银行间市场发行受益凭证的业务活动。

例如，项目资产支持证券发起人（如 PPP 项目公司）有一正在运营的项目，该项目向它的用户有偿提供产品或服务（由最终用户直接付费或政府代替最终用户付费），在今后一段时间内，陆续收到用户的付费收入，即项目收益。为了将这些陆续收到的项目收益兑现为现在的一次性收益，把这些未来陆续收到的项目收益作为基础资产，委托给计划管理人，形成项目资产支持专项计划，并以该基础资产产生的现金流为支持发行证券（债券或票据），在金融市场上出售变现该资产支持证券，如图 10-4 所示。这种融资活动被称为项目资产支持专项计划。

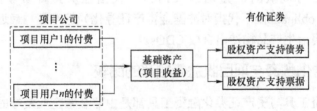

图 10-4　项目资产支持专项计划

PPP 项目公司通过项目资产证券化，提前兑现了项目的预期收益，不会因此失去对项目的经营决策权，因为 PPP 项目公司一般被要求作为资产服务商继续运营 PPP 项目，并没有退出 PPP 项目。鉴于本书的主题是项目融资，因此把项目资产支持专项计划定义为以特定项目资产为基础资产的资产证券化，本章以下内容主要是围绕"项目资产支持专项计划"展开叙述。

---

① 在中国，项目资产支持专项计划一般指中国保险监督管理委员会主管的一种资产支持证券，本书将其定义为以项目资产为基础资产的资产证券化。

10.1.2 资产证券的类型

根据资产证券化的金融产品类型,资产支持证券可分为资产支持债券(一般称为"资产支持证券",而不强调是资产支持的"债券")和资产支持票据。资产支持债券是以某种资产组合为基础发行的债券;资产支持票据是以某种资产组合为基础发行的票据。虽然不同类型的基础资产有不同的特性,不同类型的证券有不同的特性,在管理上有所不同,但就核心思想、基本原理和运作机理看,它们都是"一个以某种资产组合为基础发行证券的过程"。

既然资产支持票据是资产支持证券的一种,其证券化的原理与其他资产证券化的原理类似。所不同的是,因为票据不同于债券,因而交易场所不同,发行对象不同,交易方式不同。资产支持票据一般在银行间债券市场上发售,发行对象是银行间债券市场的所有投资者——商业银行、农村信用联社、保险公司、基金、证券公司、信托公司、财务公司、企业法人等;银行间债券市场参与者以询价方式与自己选定的交易对手逐笔达成交易,而交易所进行的债券交易与股票交易一样,是由众多投资者共同竞价并经精算机构配合磋商成交的。此外,在登记托管机构、审核方式、法律依据等方面与资产支持债券也有所不同。理论上,信贷资产也可以以票据的方式发行,但因为信贷资产的发起人主要是金融机构,而票据的投资人也主要是金融机构,因而信贷资产支持票据罕有发生。适用于资产支持票据的基础资产包括那些符合法律法规规定,能够直接产生独立、可持续现金流的财产、财产权利或者财产与财产权利构成的资产组合,但这些资产不得附带抵押、质押等担保责任或者其他权利限制。

值得注意的是,资产证券化还在发展之中,证券化产品的种类不断增加。最早的证券化产品以商业银行房地产按揭贷款为支持,故被称为按揭支持证券(MBS);随着可供证券化操作的基础产品越来越多,把除 MBS 之外资产支持证券称为资产支持证券(ABS);再后来,由于混合型基础资产(具有股权和债权性质)越来越多,对 ABS 又进行细分,甚至干脆用 CDOs(collateralized debt obligations)概念代指证券化产品,并细分为 CLOs(collateralized loan obligations,代指公司贷款的证券化)、CMOs(代指住房抵押贷款的证券化)、CFOs(collateralized fund obligations,代指对冲基金资产证券化)等产品。最近几年,还采用金融工程方法,利用信用衍生产品构造出合成 CDOs。

10.1.3 资产证券化融资与项目收益债融资的比较

项目收益债融资工具与资产证券化融资工具都是由非金融企业发行的债券或票据,其理念都是将未来的现金流兑现一次性的收益,都要进行信用增级和评级,都可以公开发行或非公开定向发行,但也有一些差异,主要体现在以下 6 个方面。

(1) 应用范围不同。顾名思义,项目收益债融资工具只用于为在建项目或在 3 个月内开工的拟建项目筹集资金;而资产证券化融资工具具有更广泛的应用,如信贷资产证券化、企业资产证券化、项目资产支持专项计划等。由于资产证券化的目的在于提高资产的流动性,因此前期投资大、资产周转率较低且具有持续稳定现金流的行业最适合发行资产支持证券。这些行业包括铁路、公路、港口、机场和轨道交通等基础设施,电力、水务和燃气等公用事业,掌握大量 BT 类合同的建筑行业及租赁行业等。

(2) 基础资产不同。项目收益债融资工具的基础资产一般为单一的在建项目或在 3 个月内开工的拟建项目的未来收益权,包括但不限于市政、交通、公用事业、教育、医疗等与城镇化建设相关的、能产生持续稳定经营性现金流的在建或拟建项目；而资产证券化融资工具的基础资产为符合法律法规规定，权属明确，能够产生可预测现金流的财产、财产权利或者财产和财产权利的组合，一般为已建项目（国家发展和改革委员会要求稳定运营 2 年以上的项目）的未来收益权或既有债权（如应收账款），即要求产生现金流的基础资产已经建成，可以是单一资产，也可以是资产组合，基础资产可以为债权类（如应收账款、融资租赁款、BT 回购款、信贷资产等）、收益权类（如水务、电力销售收入收益权、高速公路收费权和信托收益权等）和不动产类（商业地产租金收入等）。

（3）发行期限不同。由于基础资产性质不同：一个是在建或拟建项目短时期内没有现金流偿还债务；另一个是正在运营的项目，当前已经在产生现金流，可以用于偿还债务。因此，项目收益债融资工具的期限比较长，可以涵盖项目投资、建设、运营与收益整个生命周期，发行期限和还本付息一般与未来现金流流入相匹配；而资产证券化融资工具的期限比较短，一般在 5 年左右，特殊情况下，可以发行较长期限的资产支持证券。

（4）募集资金用途不同。项目收益债融资工具所募集的资金要求用于专项项目，在用途上严格限定在项目本身，不得挪作他用；而资产证券化融资工具所募集的资金在用途上并没有限定在项目本身，可以用于偿还项目的银行贷款、提前收回股权投资、补充运营资金、投资其他项目或另作他用。

（5）现金流控制不同。在项目收益债融资中，不仅设立项目收入归集专户和偿债资金专户，还设立募集资金使用专户，控制募集资金的使用；而在资产证券化融资中，重点是现金流归集和管理，一般不控制募集资金的使用。

（6）还债资金来源不同。项目收益债融资工具的还债资金主要是项目产生的现金流，通过对特定项目产生的收入及现金流实行全封闭运行来偿债，如果设置了差额补偿机制，则在项目产生的现金流不能按时、足额支付本息时可获得差额补偿人的资金；而资产证券化一般还要求设置差额补偿人，第一还债资金来源是基础资产产生的现金流，第二还债资金来源是差额补偿人，在到期不能按时、足额支付本息时可获得差额补偿人的资金。

10.2 资产证券化的过程及交易结构

把基础资产转变为有价证券并销售给证券投资人的过程是一个复杂过程，其交易结构也非常复杂，涉及许多参与人。

10.2.1 资产证券化的过程

资产证券化的基本思路是：基础资产的原始权益人（或资产支持证券发起人）将计划证券化的资产组建成资产池，并"真实出售"给资产支持证券的发行者——特殊目的载体（special-purpose vehicle，SPV）而获取所需资金，或者由特殊目的载体主动购买可证券化的资产；特殊目的载体将购买到的资产重新包装和信用增级，根据信用质量不同，将资产按不同等级分类，以这些资产所产生的现金流为支撑在金融市场上向投资者公募或私募发行有价证券，募集购买资产池的资金。整个过程包括资产池的组建，交易结构的安排（风险隔离的安排、信用增级的安排），有价证券的发行，以及发行后的管理等八大步骤，具体叙述如下。

1. 确定证券化资产，组建资产池

资产支持证券化发起人（简称证券发起人或发起人）根据自身的融资要求、资产情况和市场条件（包括证券需求，定价和其他融资选择等），对资产证券化的目标资产和规模进行规划。根据一定的资产入池条件，发起人要对已有的资产进行分析和评估，将符合条件的资产纳入资产池，有时候发起人还会根据需要向第三方购买资产来补充和完善资产池。必要时，发起人还会雇佣第三方机构对资产池进行审核。

2. 设立特殊目的载体

计划管理人（或受托人）设立特殊目的载体。特殊目的载体是资产证券化的关键性主体，它是一个专为隔离风险而设立的特殊实体，设立目的在于实现发起人需要证券化的资产与其他资产之间的"风险隔离"。在特殊目的载体成立后，发起人将资产池中的资产出售给特殊目的载体，将风险锁定在特殊目的载体名下的证券化资产范围内。根据特殊目的载体构成的不同形式，可分为特殊目的公司（special purpose company, SPC）、特殊目的信托（special purpose trust, SPT），以及基金或理财计划等类型。

3. 资产的真实销售

资产的真实销售就是证券化资产完成从发起人到特殊目的载体的转移。在法律上，资产证券化中的资产转移应当是一种真实的权属让渡，在会计处理上称"真实销售"，即这部分资产与其原始拥有者在法律上已经没有任何关系，即使原始拥有者发生破产，这部分资产也不会遭到清算，从而达到了破产隔离的目的，资产支持债券的持有人权益得到了保证。其目的是保证证券化资产的独立性：一方面发起人的债权人不得追索该资产，另一方面特殊目的载体的债权人也不得追索发起人的其他资产。

4. 构架和信用增级

为了达到发行要求，需要进行必要的信用增级。根据市场条件和信用评级机构的意见，对资产池及其现金流进行预测分析和结构重组，以实现最优化的分割和证券设计。此外，第三方提供的信用支持增进证券的信用等级。通过内部信用增级措施和外部信用增级措施来强化目标证券的现金流和信用保障，实现证券的目标信用评级和发行的最大经济效益。

5. 信用评级

为了取信于投资人，在发行前，需要请第三方进行资产评估、会计审核、资信评级和法律咨询。信用评级机构对交易发行的证券进行分析和评级，为投资者提供证券选择和定价的依据。信用评级与信用增级之间一般是一个互动的过程，信用评级机构一般会从交易一开始或计划阶段就参与进来，在资产证券化的整个设计和发行过程提供意见和反馈，而且一般会在证券发行后一直跟踪观察交易的表现。发起人有时还会聘用会计师事务所对交易的资产信息、建模结果和交易文件的披露进行审核以保证交易信息的质量。

6. 证券发售

作为发行人，特殊目的载体一般不直接向证券持有人销售证券，需要通过承销商（多数情况下通过主承销商及承销团），由承销商通过公开发售或私募的形式向投资者销售证券。资产支持证券可以向投资者定向发行。定向发行资产支持证券可免于信用评级，但定向发行的资产支持证券只能在认购人之间转让。

7. 向发起人支付资产购买价款

特殊目的载体从承销商处获得证券发行收入后，按约定的价格向发起人支付购买基础资产的资金,最终完成原始权益人与特殊目的载体之间的基础资产出售交易。

8. 后期管理

从组建基础资产池到售出资产支持证券一般在几个月或几个星期内(有的甚至是几天内)就能够完成。证券的售出只是资产证券化交易的"一半"工作,而"另一半"工作则是证券的偿付或赎回。然而,证券的偿付时间短则一年半载,长则十几年,甚至几十年。只有当全部证券偿付完毕或资产池里的资产全部被处理后,资产证券化的交易过程才算真正结束。因此,资产支持证券的后期管理包括基础资产池的管理和证券的偿付。

资产支持证券的后期管理包括基础资产的管理、资产现金流的收集、收入账户的管理、债务的偿付、交易的监督和报告。为了保障投资人的利益,首先,要为证券进行登记,因为证券不是普通商品,所以需要在指定的机构(如中国证券登记结算有限责任公司)进行登记;其次,基础资产一般不在证券投资人的控制之下,为了避免资金流失或挪用,需要由独立的第三方(资金保管人)保管收益;此外,证券的偿付依赖于基础资产的收益,需要良好的管理,特殊目的载体一般会聘请专门的服务商或管理人对资产进行管理,在很多情况下,发起人一般有偿作为资产服务人对基础资产进行管理服务。

10.2.2 资产证券化的交易结构

交易结构是买卖双方以合同条款的形式所确定的、协调与实现交易双方最终利益关系的一系列安排。交易结构设计是在不违反法律法规的前提下,选择一种法律安排,以便尽可能满足交易双方的意愿,在交易双方之间平衡并降低交易成本和交易风险,并最终实现交易双方的双赢。

为了保障证券持有人的利益,资产支持证券不是简单的基础资产原始权益人与证券持有人之间的关系,而是引入了多个其他参与主体,如增信机构、资金监管机构、承销商,以及其他的服务机构,如资产评估机构、信用评级机构、律师事务所等。图 10-5 为资产证券化的典型交易结构。

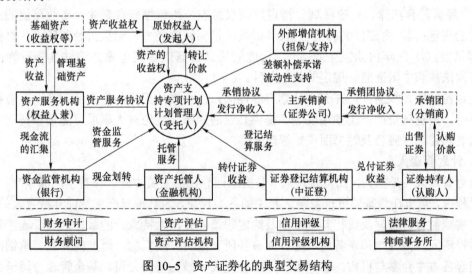

图 10-5 资产证券化的典型交易结构

在资产证券化交易中,发起人为了实现风险隔离,一般不直接发行证券,而且与众多的证券持有人直接打交道也不现实；而证券投资人为了保护自身的利益，也需要有第三方参与的保障机制；结果在发起人与证券投资人之间增加了许多环节，同时也引入更多的参与人。

除了原始权益人（发起人）和证券投资人外，资产证券化还包括下述参与主体（参与人）：计划管理人、信用增进提供人、承销商（主承销商和分销商或推广机构）、证券托管人、资金托管人、资金监管机构、资产服务机构（资产托管机构）、律师事务所、会计师事务所、资产评估机构、信用评级机构、财务（或投资）顾问、证券交易所、证券登记结算机构、计划推广人等。上述参与人中，多数参与人如承销商、证券托管人、资金托管人、资金监管机构、律师事务所、会计师事务所、资产评估机构、信用评级机构、财务（或投资）顾问的角色与项目收益债券和票据交易中所担当的角色相同或类似（参见第8章），但有几个参与人的角色是不同的，具体叙述如下。

1. 原始权益人

原始权益人（发起人，简称权益人）指按照规定及约定向专项计划转移其合法拥有的基础资产以获得资金的主体，是资产证券化业务中的资金融入方，也是整个业务的发起者。通过资产证券化，拥有一定资产（如所投资的PPP项目）的原始权益人，将基础资产在今后一段时间内陆续获得收益兑现为现在的一次性收益。

资产的原始拥有者不是资产支持证券发行人（issuer），只是发起人（sponsor），他们把其拥有的资产组合出售给了特殊目的载体，特殊目的载体才是资产支持证券发行人或者债务人。因此，原始权益人不得侵占、损害专项计划资产，并应当履行下列职责：① 依照法律、行政法规、公司章程和相关协议的规定或者约定移交基础资产；② 配合并支持管理人、托管人及其他为资产证券化业务提供服务的机构履行职责；③ 专项计划法律文件约定的其他职责。此外，原始权益人向管理人等有关业务参与人所提交的文件应当真实、准确、完整，不存在虚假记载、误导性陈述或者重大遗漏；原始权益人应当确保基础资产真实、合法、有效，不存在任何影响专项计划设立的情形。

不是任何人都可以发起资产证券化业务。特定原始权益人还应当符合下列条件：① 生产经营符合法律、行政法规、特定原始权益人公司章程或者企业、事业单位的内部规章文件的规定；② 内部控制制度健全；③ 具有持续经营能力，无重大经营风险、财务风险和法律风险；④ 三年内未发生重大违约、虚假信息披露或者其他重大违法违规行为；⑤ 法律、行政法规和中国证监会规定的其他条件。

上述特定原始权益人，在专项计划存续期间，应当维持正常的生产经营活动或者提供合理的支持，为基础资产产生预期现金流提供必要的保障。发生重大事项可能损害资产支持证券投资者利益的，应当及时书面告知管理人。

2. 计划管理人

计划管理人（受托人，简称管理人）是资产证券化的主要中介，在整个产品设立、发行、管理过程中，负责托管基础资产及与之相关的各类权益，为维护资产支持证券持有人的利益，对资产实施监督、管理及履行其他法定及约定职责，并作为特殊目的载体的代表连接发起人与证券投资人，沟通律师事务所、会计师事务所、信用评级机构、资产托管人、承销商、财务顾问等各方中介参与机构。计划管理人或受托人一般为证券公司、基金管理公司子公司，或者经中国证监会认可的期货公司、证券金融公司、中国证监会负责监管的其他公司，以及商业银行、保险公司、信托公司等金融机构。

计划管理人享有下列权利：① 有权根据合同的规定将专项计划募集资金用于购买基础资产，并管理、分配专项计划利益；② 有权根据合同的规定收取管理费；③ 有权根据合同的规定终止专项计划的运作；④ 有权委托托管人托管专项计划现金资产，并根据《托管协议》的规定，监督托管人的托管行为，并针对托管人的违约行为采取必要措施保护资产支持证券持有人的合法权益；⑤ 有权监督资产服务机构严格按照《服务协议》的约定划转基础资产产生的回收款；⑥ 有权委托监管银行对监管账户实施监管，以监督资产服务机构严格按照《服务协议》和《监管协议》的约定划转基础资产产生的回收款，并根据《监管协议》的规定，监督监管银行的监管行为，并针对监管银行的行为采取必要措施保护资产支持证券持有人的合法权益；⑦ 有权根据《计划说明书》《标准条款》《认购协议》《服务协议》的约定，委托资产服务机构代为履行其对基础资产的管理服务；⑧ 当专项计划资产或资产支持证券持有人的利益受到差额支付承诺人或其他任何第三方损害时，计划管理人有权代表全体资产支持证券持有人依法向相关责任方追究法律责任；⑨ 有权根据《计划说明书》《标准条款》《托管协议》的约定向托管人发送划款指令，指令托管人将专项计划募集资金用于购买基础资产或进行合格投资，并分配专项计划资产。

同时，计划管理人应履行下列义务：① 按照《管理规定》对相关交易主体和基础资产进行全面的尽职调查，可聘请具有从事证券期货相关业务资格的会计师事务所、资产评估机构等相关中介机构出具专业意见；② 在专项计划管理中恪尽职守，根据《认购协议》的规定为资产支持证券持有人提供服务；③ 根据《管理规定》建立健全内部风险控制，将专项计划资产与其固有财产分开管理，并将不同客户资产支持专项计划的资产在账户设置、资金划拨、账簿记录等方面相互独立；④ 按合同的规定，将专项计划募集资金用于向原始权益人购买基础资产；⑤ 应根据《服务协议》的约定，按时向资产服务机构发送《监管账户收款通知书》，保证资产服务机构能够及时了解回收款划转金额等信息；⑥ 在管理、运用专项计划资产时，应根据《管理规定》和《托管协议》的约定，接受托管人对专项计划托管账户内资金拨付的监督；⑦ 按期出具《收益分配报告》和《年度资产管理报告》，履行信息披露义务，保证资产支持证券持有人能够及时了解有关专项计划资产与收益等信息；⑧ 按合同约定向资产支持证券持有人分配专项计划利益；⑨ 应监督托管人、资产服务机构、监管银行、差额支付承诺人及其他机构履行各自在专项计划文件项下的职责或义务，如前述机构发生违约情形，则计划管理人应代资产支持证券持有人根据有关专项计划文件的规定追究其违约责任；⑩ 计划管理人因自身的过错造成专项计划资产损失的，应向资产支持证券持有人承担赔偿责任。

3. 资产支持证券发行人

资产支持证券发行人（简称证券发行人或发行人）指发行资产支持证券的机构，一般是专门设立特殊目的载体。特殊目的载体可以是有限责任公司、有限合伙制、信托等，但资产支持票据并不强制要求设立特殊目的公司，可以使用特殊目的账户（专项资产管理计划或专项计划）。作为项目资产支持证券发行人，特殊目的载体从发起人处购买或接受发起人信托持有基础资产并以之为支持发行资产支持证券。虽然资产支持证券发行人本身不进行生产经营，没有经营利润，其发行证券的还本付息资金来源是其收购并证券化资产的收益，但它在交易中起着核心作用，其主要作用包括：① 确定基础资产的选择标准，汇集组合基础资产（池），设计证券化交易方案；② 为资产支持证券设计信用增级方案；③ 聘请信用评级机构对证券进行信用评级；④ 选择资产（资金）托管人、资产服务机构、财务顾问、律师事务所、会计师事务所和承销商等为交易提供服务的中介机构，并与之签订相关协议；⑤ 发行资产支持证券，并通过承销商出售给证券投资人；⑥ 委托服务商管理基础资产，委托受托管理人向投资人支付证券本息；等等。

4. 资产支持证券持有人

资产支持证券持有人（投资人），简称证券持有人，指符合监管部门要求可以投资于该证券品种的人（不仅仅指自然人，还包括法人和金融产品如信托计划、资管计划、有限合伙产品、保险债权计划等）。资产支持证券持有人可以分为资产支持债券持有人和资产支持票据持有人。由于债券与票据的发行条件不同，对投资人的要求也有所不同；此外，发行方式不同（公开和非公开），对投资人的要求也有所不同。

资产支持证券持有人应享有以下权利：① 按照合同的规定取得专项计划利益；② 有权依据专项计划文件的约定知悉有关专项计划投资运作的信息，包括专项计划资产配置、投资比例、损益状况等，有权了解专项计划资产的管理、运用、处分及收支情况，并有权要求计划管理人作出说明；③ 按照合同的规定，获得《年底资产管理报告》等专项计划信息披露文件，查阅或复制专项计划相关信息资料；④ 当合法权益因资产服务机构、计划管理人、托管人过错而受到损害的，有权按照合同及其他专项计划文件的规定取得赔偿；⑤ 有权将其所持有的资产支持证券在上海证券交易所（简称上交所）或监管机构认可的其他平台进行转让，并根据证券交易场所相关规则，通过回购进行融资；⑥ 召集或出席资产支持证券持有人会议，并行使表决等权利；⑦ 有权按照合同的约定参与分配清算后的专项计划剩余资产。

同时，资产支持证券持有人应承担以下义务：① 按期缴纳专项计划的认购资金，并承担相应的费用；② 应自行承担专项计划的投资损失；③ 按法律规定承担纳税义务；④ 专项计划存续期间，不得要求计划管理人赎回其取得或受让的资产支持证券，亦不得主张分割专项计划资产；⑤ 如果有差额补偿人，则不得单独向差额补偿人行使差额补足款项的追偿权。

5. 资产（资金）托管人

资产（资金）托管人（简称托管人），指依据有关法律法规，与委托人签订托管协议，安全保管委托资产的人。在资产证券化中，一般聘用具备一定资格的商业银行作为托管人，负责资金的托管服务。

托管人依照《托管协议》的规定享有以下权利：① 有权要求计划管理人提供相关交易凭证或单据、合同或其他有效会计资料等材料作为划款指令的附件，以确保托管人有足够的资料来判断划款指令的有效性；② 对不符合法律法规规定及相关合同约定的费用有权拒绝划付，而且不承担由此给专项计划资产造成的损失；③ 有权根据《托管协议》的约定收取托管费。

同时，托管人应履行以下义务：① 应在专项计划的托管活动中恪尽职守，履行诚实信用、谨慎勤勉的义务，按照《托管协议》约定保管专项计划账户内资金，将专项计划托管资产与托管人管理的其他资产分开保管，确保资产的独立和安全，依法保护资产支持证券投资者的财产权益；② 管理专项计划账户，执行计划管理人的划款指令，负责办理专项计划名下的资金划转；③ 及时通知管理人专项计划托管账户内的资金情况；④ 制作并按时向管理人提供有关托管人履行《托管协议》项下义务的《托管报告》；⑤ 负责保管托管账户的银行结算凭证原件及与专项计划托管业务有关的记录专项计划业务活动相关的所有原始凭证、记账凭证、专项计划账册、交易记录和重要合同等文件、资料，保管期限至自专项计划终止日起20年；⑥ 对计划管理人管理、运用和处分专项计划资产进行监督与核查，发现计划管理人违反约定进行操作的，应当拒绝执行并通知计划管理人纠正；计划管理人未能在限期内纠正的，托管人应及时向中国证券投资基金业协会报告，同时抄送对计划管理人有辖区监管权的中国证监会派出机构；⑦ 在专项计划终止或《托管协议》终止时，托管人应协助计划管理人妥善处理有关清算事宜，包括但不限于复核计划管理人编制的《清算报告》，以及办理专项计划资金的分配；⑧ 因故意或过失而错误执行指令进而导致专项计划资产产生任何损失的，托管人发现后应及时采取措施予以弥补，并对由此造成的实际损失承担赔偿责任；⑨ 法律、行政法规和中国证监会规定及《托管协议》约定的其他义务。

6. 资产服务机构

资产服务机构（服务商）是资产证券化中一个重要参与主体，接受受托机构委托，负责支持资产（基础资产）的日常管理和经营，并按所管理资产的一定比例提取服务费。其主要的职责有：① 监督资产债务人的债务履行情况；② 收取、汇总统计支持资产产生的现金流并将其存入受托管理人设立的特定账户并进行相应的会计处理；③ 对资产债务人的违约实施相关补救措施，并在必要情况下依约垫付证券的到期本息；④ 代理支持资产相关的税务和保险事宜；⑤ 遵循受托管理人的指示处置支持资产；⑥ 向投资者和受托管理人邮寄交易清单、定期报告支持资产的收入实现及分配情况及其他必要信息（包括收支结构、保险费、税收、剩余资产额等）；⑦ 对在管理支持资产工作中所出现的问题承担相应的法律责任；等等。

随着证券化交易的日趋复杂和支持资产规模的不断增长，支持资产的管理服务工作越来越庞大而繁杂，单一服务商对此往往力不从心。因此，根据基础资产管理服务工作的性质分类，聘任不同功能的服务商来处理不同的资产管理事项。例如，根据服务商在交易中承担的职能，服务商可分为主服务商、附属服务商和特殊服务商三类。

(1) 主服务商（master server）主要负责收取或通过其他服务商收取支持资产到期收入，在资产收入迟延实现或不足以支付证券本息时依约提供垫款，管理支持资产所有的税务和保险事宜，以及对所有附属服务商进行监督管理等。

(2) 附属服务商（sub-server）主要负责对支持资产进行日常管理，审查和汇报收入实现情况，在某些情况下还负责实施补救措施和行使证券抵押权。一般地，附属服务商并不直接对投资者或受托管理人负责，而只对主服务商负责。一个证券化交易中针对构成支持资产组合中的不同资产可以有数个不同的附属服务商。附属服务商可以是主服务商的附属机构，也可以是独立于主服务商之外的市场主体。

(3) 特殊服务商（special server）负责监督和处理交易中发生问题的支持资产。一旦发生某些支持资产收入未能如期实现的情况，则对这些支持资产的管理服务将从主服务商或附属服务商处转移到特别服务商。特别服务商将有权采取必要的措施来保护证券持有人的利益。特别服务商的作用在资产证券化中日益重要，因为人们逐渐意识到：在支持资产质量正常时能胜任资产日常管理服务工作的服务商不一定在资产质量恶化后还能对资产进行最佳管理或服务。

服务商是证券化交易中非常重要的一个角色，他们的工作将直接影响到资产池的现金流实现情况，并进而影响整个证券化交易。在很多证券化交易中，发起人虽然转让了资产，但是由于其拥有现成的系统和客户关系，因而顺理成章地成为交易的服务商。

实际交易操作中，发起人一般会被要求担任证券化交易的服务商或主服务商。因为发起人已经比较熟悉支持资产的情况，与资产相关当事人有天然的联系。而且，发起人对支持资产的管理在人才、技术、信息和经验等方面都具优势也更具能力。此外，对采取高级/从属结构的证券化交易而言，由于次级证券一般由发起人或其关联机构保留，发起人充任服务商能够让高级证券投资者对交易的资产管理和服务工作更放心，因为服务商和次级证券持有人有一致的利益追求，必会尽心尽力于资产的管理服务，这无疑增加了证券化交易对投资者的吸引力。而发起人一般也乐意继续对支持资产进行管理和服务，因为担任服务商除了可获得服务费收入外，发起人还可借为支持资产提供管理服务之机继续与支持资产债务人（大多数情况下为发起人的商业伙伴或重要客户）保持和发展良好的合作关系。发起人也可把具体的服务工作分配给其附属机构或专长于此方面业务的代理机构来完成。当然，服务商也可以是独立于发起人的其他实体。而且在有些国家，如西班牙，为了使证券化交易中各参与人职能有效分离，以起到相互牵制的作用，在法律上要求对特殊目的载体资产的管理必须由独立第三方担任。

10.3 资产证券化的关键事项

资产支持证券是一种金融产品，把项目未来收益转化为金融产品的过程不复杂，但交易结构复杂。优秀的交易结构设计就是要实现原始权益人与资产支持证券持有人的双赢，因此资产证券化的交易结构应当符合以下要求：① 结构简单明晰，募集资金投向基础资产的路径清晰，不存在两层或者多层嵌套；② 实现资产风险隔离，确保基础资产独立于原始权益人、受托人、托管人、受益凭证持有人及其他业务参与机构的固有财产之外，从而实现有限追索，即证券持有人的追索权仅限于被证券化的资产及该资产相关的权益和担保（如果有的话），而与发起人和发行人无关；③ 建立相对封闭、独立的基础资产现金流归集、资金托管和资金监管机制；④ 服务商应具备运营维护基础资产的能力，能够保障基础资产产生现金流的稳定性和可持续性，无重大经营风险、财务风险和法律风险；如果基础资产仍然由原始权益人管理使用，则原始权益人聘为资产服务商有利于资产的管理；⑤ 信用增级，利用合适信用增级措施，使证券达到可接受的信用等级。

因此，需要处理好几个关键事项：基础资产的选择、特殊目的载体的设立、信用增级、资金流的管理。

10.3.1 资产证券化中基础资产的选择

资产证券化是以基础资产为依托，设计产品、募集资金、受让基础资产的受益权，按照约定获得预期收益的过程。资产支持债券与传统意义上的公司债券最大的区别在于信用基础不同，一般意义上的公司债券的信用基础是公司债券发行人的信用历史、资产规模、资产质量和经营利润，都是已经发生的或存在的信用基础形式，而资产支持债券的信用基础不在于特殊目的载体的资产规模，资产质量和经营利润，而是支持债券的资产的未来收益，担保人的信用或抵押物。这是对公司债券的创新和发展，是资产支持债券的核心思想。因此，基础资产的选择非常重要。

基础资产可以是单项财产权利或者财产，也可以是多项财产权利或者财产构成的资产组合，但都应该符合法律法规规定，而且权属明确，可以产生独立、可预测的现金流且可特定化的财产权利或者财产。此外，资产证券化的基础资产还应当符合以下要求：① 原始权益人对基础资产具有完整的财产权利和处置权利；② 基础资产要求还款来源明确、真实可靠，资产支持专项计划存续期间内预期产生的累计现金流能够覆盖资产支持专项计划预期投资收益和投资本金；③ 没有附带抵押、质押等担保责任或者其他权利限制，或者能够通过相关安排解除基础资产相关担保责任和其他权利限制；④ 资产转让依法办理批准、登记手续，法律法规未要求或者暂时不具备办理登记条件的，应当采取其他措施，有效维护基础资产安全。

10.3.2 资产证券化中特殊目的载体的设立

资产证券化的两大特点之一是风险隔离。为了实现风险隔离，一般设立一个特殊目的载体，目的在于隔离资产出售人和被出售资产之间的权利关系。在基础资产从原始权益人名下转移至特殊目的载体名下之后，如果原始权益人进入破产程序，已转让的基础资产不再属于其破产财产，不得用于清偿原始权益人的债务，因而实现了基础资产的风险隔离。原始权益人先将能产生现金流的资产出售给特殊目的载体，然后由特殊目的载体发行以该现金流为支持的证券化产品。因而，特殊目的载体成为资产证券化交易中的核心主体。因此，能否实现基础资产风险隔离的关键是特殊目的载体的设立。特殊目的载体一般采用特殊目的公司（SPC）、特殊目的信托（SPT）或资产支持专项计划三种形式。

在以特殊目的公司作为特殊目的载体的模式下，基础资产被"出售"给特殊目的公司，从而实现基础资产的风险隔离。既然要求特殊目的载体能够发行债券，它必须是产权清晰的独立法人，并且要承担有限责任。因此，特殊目的载体一般形式应是股份有限公司和有限责任公司。由于资产支持债券与一般意义上的公司债券有较大差别，不能按公司债券来处理，资产支持债券应作特别处理。

在以特殊目的信托作为特殊目的载体的模式下，基础资产被"信托"给特殊目的信托。根据《中华人民共和国信托法》的规定，信托财产具有所有权和收益权相分离的特征，其所有权归属于受托人，在委托人破产时，信托财产不作为委托人的清算财产，因此实现了基础资产的风险隔离。在我国现有法律体制下，资产证券化产品的风险隔离基本都是通过信托实现的，采取了 SPT 形式，即将基础资产设定为信托资产，转移给受托人所有，再由受托人发行相关资产证券化产品。

在资产支持专项计划模式下，基础资产被"独立"出来。计划管理人以资产支持专项计划的名义在托管人处开立资产支持专项计划托管账户，资产支持专项计划的一切货币收支活动均需通过该账户进行，并与计划管理人固有财产分开管理。根据《证券公司及基金管理公司子公司资产证券化业务管理规定》的规定，"原始权益人、管理人、托管人及其他业务参与人因依法解散、被依法撤销或者宣告破产等原因进行清算的，专项计划资产不属于其清算财产。"由此可见，资产支持专项计划模式是可以实现基础资产的风险隔离的。由于《证券公司及基金管理公司子公司资产证券化业务管理规定》是由中国证监会颁布的部门规章，资产支持专项计划并不具有类似信托计划的法律地位。

10.3.3 资产证券化中信用增级

信用增级是资产证券化的另一个重要设计。由于基础资产本身已经被隔离出来，目标明确，预测相对稳定，需要增补的范围可以定向，从而可以设计有效的信用增级措施。

信用增级的方式多种多样（参见第5章），但不是每种信用增级措施都适合资产证券化交易，对于一个特定的项目资产支持专项计划，没有必要用尽所有的信用增级措施。项目资产支持证券的信用增级措施主要包括：降低基础资产的风险、证券分档、超额抵押和差额补偿、担保和保险等。

1. 降低基础资产的风险

虽然特殊目的载体隔离基础资产与原始权益人的破产风险，但基础资产自身的风险会影响证券持有人的利益。为了降低基础资产的风险，可以对资产过滤，选择不同风险的资产来建立资产证券化的资产池，从而分散或降低基础资产池的整体风险：一是通过大量资产的组合来减少单个资产的影响，实现资产池的风险分散；二是在资产的种类、地区、期限、信用级别或经济关联性等方面进行筛选组合，减少整体资产池在某些特定风险上的集中度或是对特定经济条件的敏感度，从而加强总体现金流的稳定性。

2. 证券分档

证券分档（优先与次级结构）指把基础资产的现金流分割成不同层次的子现金流并以此发行不同档次的证券，如优先级证券和次级证券或更多的级别（如优先级、中间级、劣后级）。现金流的分配一般按照证券级别的高低顺序进行，高级别证券优先得到偿付，而低级别证券在高级别证券偿付之后才得到偿付；如果发生损失，低级别证券一般首先吸收损失，最后才由高级别证券承担未被低级别证券吸收的损失。因此，低级别证券由原始权益人自己购买或出售给偏好风险的投资人，从而保证高级别证券能获得较高的信用级别。应注意的是，如果原始权益人出于销售和风控等方面的考虑，购买了一部分劣后级资产支持证券，则原始权益人的风险增加了，而证券投资人的风险降低了。

3. 超额抵押和差额补偿

超额抵押指资产池的规模超过证券发行规模的部分，超额部分可以为证券投资人提供风险缓冲作用。超额抵押一般由发起人持有，没有评级，其性质类似企业的股权。在现金流分配中，超额抵押的优先次序一般低于其他证券；当基础资产发生损失时，超额抵押往往承担"第一损失"。应注意的是，超额抵押与基础资产交易价值公允是一对天然的矛盾——超额抵押率越高，交易价值就越不公允。因此，在设计交易结构时切不可过分追求超额抵押，而忽略其伴生的风险。

差额补偿指当项目产生的现金流不足以覆盖债务本息时，由差额补偿人提供资金补足差额部分，从而保证按时偿还债券本息。由此可见，差额补偿人的偿付能力决定了债券偿还的保障程度，因此最终债券的信用等级一般为最终差额补偿人的主体信用等级。差额补偿人可以是项目主办人，也可以是项目公司安排的第三方信用增级机构。差额补偿增信措施由差额补偿协议来实现，该协议由发行人、所有差额补偿人、债权代理人、监管银行等共同签署，其主要内容通常包括发行人的本息偿还责任、差额补偿人的补偿责任、差额补偿责任的履行、通知方式，以及协议各方的陈述与保证、违约责任、不可抗力情况、争议解决办法、协议的终止条件等事项。

4. 担保和保险

为了降低证券的风险，提高信用等级，直接为证券提供担保，或者为基础资产提供担保，或者提供流动性支持。如果通过购买保险公司的保单为资产支持证券的损失作保，则证券信用级别最高可以达到该保险公司的信用级别；如果由第三方（保险公司、财务公司或发起人关联方）对资产证券化交易中的资产质量进行担保，则当资产池发生损失时，该担保人会偿付损失额，从而提高了证券信用级别；如果由第三方金融机构（一般是银行）在交易的现金流出现短缺时提供流动资金支持，则提高了现金流的稳定性，增进了证券信用级别。

10.3.4 资产证券化中资金流的管理

资产证券化最大优点在于通过证券化使非标准化、非流动性的资产达到标准化，提高其资产的流动性；但是，这也给投资人带来一定的风险。为了投资人的利益，应对资产证券化的资金流进行有效管理。

从基础资产收益的归集到证券的兑付经历了多个环节。为了管控资产证券化的资金流，一般需要设立多个专项计划相关账户，每个账户的作用不同，但目的是一致的，就是要保障证券的按期足额兑付。资产证券化的主要账户包括以下几种。

1. 募集资金使用专户

募集资金使用专户是专项计划发行期内，计划管理人指定的用以接收、存放资产支持证券持有人交付的认购资金的资金账户。为了资金的安全，避免挪用，该账户一般设立在资金托管人处，受监管银行监管，确保资金用来支付基础资产的转让价款，完成基础资产出售交易。

2. 资产收益收款专户

资产收益收款专户一般由基础资产原始权益人开立，是专门用于接收基础资产所产生收益的资金账户。基础资产所产生收益先存入资产收益收款专户，然后按照合同约定时间和方式划入收入归集专户或者资金监管账户。

3. 资金监管账户（收入归集专户）

资金监管账户（简称监管账户）指证券发行人与监管银行签订资金监管协议，委托监管银行对指定账户的特定用途资金进行专项管理和使用。资金监管账户一般由资产服务机构在监管银行处开立，是在收款期间专门用于接收从资产收益收款专户划入的资产收入及其他专项计划应收款项，并对该收入或款项执行资金监管的资金账户。

基础资产产生的收入可能比较分散，需要对收入进行归集，将资产支持专项计划中所有的资产收益收款专户上的资金按照事先约定的原则（例如，按每月、每周、每天进行归集，或者在指定日期进行归集）向上划转到指定的账户上。接收资产收益收款专户上的资金的账户即为收入归集专户。资金监管账户与收入归集专户可以合二为一，即把收入归集专户作为资金监管账户进行监管。

4. 专项计划托管账户

专项计划托管账户指由托管人根据计划管理人委托在其处开立的资金账户。专项计划托管账户是资产证券化中最重要的一个账户，资产支持专项计划的一切货币收支活动，包括但不限于接收专项计划募集资金、支付基础资产购买价款、存放认购人专项计划资产中的现金部分、支付专项计划利益及专项计划费用、接收差额支付承诺人差额补足款项，均须通过该账户进行。

5. 偿债资金专户

偿债资金专户指证券发行人在托管人处开设的，专门存放偿付证券本息资金（称偿债资金）的账户。偿债资金是证券发行人为保证按照约定及时足额支付本期证券到期应偿还的本金及利息而设置的专项偿债资金。除本期证券的本金兑付和支付证券利息及银行结算费用外，偿债资金不得用于其他用途。为了确保项目收入优先用于支付债券和票据的本息，要求项目收益债发行人设立项目收入归集专户和偿债资金专户，项目收入直接划入由监管银行监管的项目收入归集专户中，然后在偿付日之前将当期应付本息划入偿债资金专户，若有剩余，则将剩余资金划入发行人的日常账户。

6. 证券本息的兑付

根据《银行间债券市场非金融企业债务融资工具管理办法》的规定，债务融资工具在中央国债登记结算有限责任公司（简称中债登）、中国证券登记结算有限责任公司（简称中证登）或上海清算所登记、托管、结算。因此，在债券付息日前，将付息兑付款项划入登记托管机构开立的账户，并完成本息兑付。

通过这些专用账户，对资产支持专项计划项下的资产收集、管理、核算的安排，确保资产支持专项计划建立了相对封闭、独立的基础资产现金流归集机制、分配使用机制，相对有效地做到与原始权益人、计划管理人、监管银行和托管人其他资产的隔离，防范了资产支持专项计划资产与原始权益人、计划管理人、监管银行和托管人其他资产混同及被侵占、挪用等风险。项目资产证券化资金流的管理如图10-6所示。

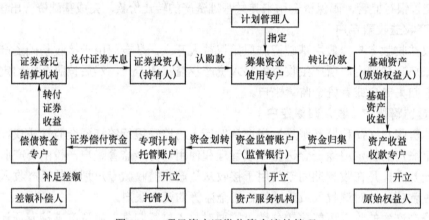

图10-6 项目资产证券化资金流的管理

此外，资产证券化交易结构中，为及时偿还到期债务，可能还设立偿债准备金账户，或者证券售回和购回准备金账户，一般由原始权益人在监管银行处开立，是专门用于存放偿债、投资人售回和/或原始权益人购回优先级资产支持证券所需支付款项的资金账户。

10.4 资产证券化案例分析

资产证券化融资已经用于项目融资，下面两个案例分别探讨资产证券化融资在基础设施建设筹资中的应用。

10.4.1 珠海高速公路项目资产证券化

20世纪90年代中期国内资本市场尚处于起步阶段，金融市场上资金紧缺，很难满足项目需求的巨额资金，并且资金成本也相当高，因此需要到海外发行债券，引进外资，获得建设资金。这样既解决了当时国内资金缺乏的问题，又保证了能够快速、高质量地完成项目建设，同时大大节省了借款利息，降低了项目建设成本。

1. 项目资产支持证券概述

为了发行资产支持证券为广州到珠海的高速公路建设项目（简称珠海高速公路项目）筹集资金，珠光集团（珠海市政府 1981 年在澳门注册成立的国有企业）于 1996 年 8 月在开曼群岛注册了珠海高速公路有限公司，该公司作为证券发行人，成功地根据美国证券法律 144A 规则在美国证券市场发行了资产支持证券——珠海高速收益债券[①]。证券发行规模为 2 亿美元，分为两个等级：一个是年利率为 9.125%（与美国国债利差+250 基点）的 10 年期优先级债券，发行量为 8 500 万美元（占 42.5%），被穆迪评为 Baa3 级，被标准普尔评为 BBB 级；另一个是年利率为 11.5%(与美国国债利差+475 基点)的 12 年期的次级债券,发行量为 11 500 万美元（占 57.5%），被穆迪评为 Ba1 级，被标准普尔评为 BB 级；二者的资金成本均低于当时的银行贷款利率。

2. 项目资产证券化过程及交易结构

为了筹集广州到珠海的高速公路的建设资金，珠海市政府计划把珠海道路桥梁管理公司名下的部分资产进行证券化。为此，珠海市政府聘请中国国际金融有限公司（简称"中金公司"，现为中国国际金融股份有限公司）为财务顾问，协助完成资产证券化。其融资过程如下。

首先，确定被证券化的资产。珠海市政府把下属公司——珠海道路桥梁管理公司名下的珠海高速公路 15 年的过路费、过桥费、当地机动车管理费及外地过往机动车所缴纳的过境费打包，形成资产池作为资产支持证券的基础资产。珠海道路桥梁管理公司是基础资产的原始权益人。

为了发行资产支持证券，珠海市政府利用其下属公司——珠光集团公司在开曼群岛注册了珠海高速公路有限公司，该公司是为本资产证券化融资而专门设立的特殊目的载体，作为证券发行人，负责资产支持证券的发行。

珠海高速公路有限公司与珠海道路桥梁管理公司签订了 15 年的收费权的买卖合同，即珠海高速公路公司以 2 亿美元买下了珠海高速公路 15 年的过路费、过桥费、当地机动车管理费及外地过往机动车过境费的收费权。买卖合同中明确规定：如果珠海道路桥梁管理公司发生破产清算，基础资产不在清算范围内，从而将基础资产"真实出售"给珠海高速公路有限公司，达到了"破产隔离"的目的。

为了提高证券的信用级别，一是对证券进行分档，设计了优先、次级债券的结构，风险与收益成正比，次级债券利率高，相应的承担的风险较大，缓冲了高级债券的风险压力；二是资金缺额担保：如果由于货币兑换的原因导致不能及时偿付债券，则珠光集团在澳门的子公司承担无限的信用支持；而其他的原因导致不能及时偿付债券，该子公司在指定银行账户开具一张 5 000 万美元的备用信用证，用以弥补资金的不足，为偿付债券提供保证。

为了便于在美国证券市场发行资产支持证券，珠海高速公路有限公司委托摩根士丹利公司推广销售债券，并且聘请穆迪和标准普尔对本资产支持证券进行信用评级，以便获得证券投资人的认可。

鉴于珠海高速公路在珠海道路桥梁管理公司的管控之下，珠海高速公路有限公司与珠海

[①] 虽然被称为"珠海高速收益债券"，但其本质是资产支持证券，不要与第 8 章中的项目收益债券混淆，因为支持本债券的基础资产是珠海高速公路有限公司拥有的过路费、过桥费、当地机动车管理费及外地过往机动车所缴纳的过境费，而且是为了项目自己融资，而不是第 8 章所说的单一收费公路项目的收益权。

道路桥梁管理公司签订了资产服务协议。作为本资产证券化的资产服务商,珠海道路桥梁管理公司负责收取、记录由资产池产生的全部收入,将这些收款按照约定原则全部归集到托管行(中国建设银行珠海分行)的收入归集专户。托管银行按约定建立积累金,用于债券的清偿。每到规定的日期前10天,托管银行将积累金拨入付款账户,用于债券的还本付息。由资产池产生的收入在还本付息、支付各项服务费之后,若有剩余,则根据收益共享计划在珠海高速公路公司与珠海道路桥梁管理公司之间进行分配。

珠海高速公路资产证券化交易结构如图10-7所示。

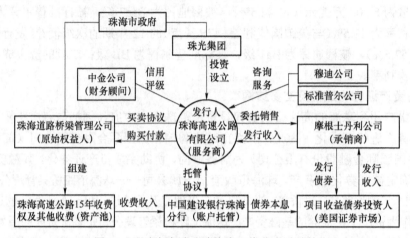

图10-7 珠海高速公路资产证券化交易结构

3. 风险分析

(1) 外汇风险。本债券是在美国证券市场发行,获得的美元融资,而基础资产的收益为人民币,存在外汇风险。一是外汇管制,离岸资产证券化的障碍是外汇管理制度,因为通过"离岸资产证券化模式"筹集的是外汇,还本付息也得是外汇,但资产的现金流是人民币,而目前中国尚未实行资本项目的自由兑换。为了克服把现金流从人民币换成外汇的障碍,债券的相关条款获得了国家外汇管理局的批准,因而保证了货币的兑换。二是汇率风险,当时为了避免人民币对美元的贬值风险,项目采用在提高费率的计算公式中包含的一项允许按照上一年度人民币兑美元贬值幅度的最高50%来提高高速公路通行费,规避了汇率风险。

(2) 利率风险。为了避免利率变化造成的风险,该项目采用浮动利率,且经利率互换改为浮息,即将原来的票面利率按美国同期国库券固定利率加250个基本点为9.125%,经利率互换改为浮息LIBOR+1.75%~1.8%,规避了利率变化造成的风险。

(3) 高速公路营运风险。高速公路营运风险指高速公路在投入营运后,由于市场、技术、管理等多方面因素,导致营运成本增加、车流量减小、收入降低、本息偿还和收益得不到保证的风险。高速公路营运风险包括技术落后、管理水平低下等对高速公路带来不利影响,如养护技术落后,养护成本高,收费系统效率低等,还包括由于政治、经济、法律、政策、利率、汇率、社会等外部环境变化对高速公路营运所产生的不利影响,如物价上涨、通货膨胀、车辆通行费下调、自然灾害等。其中包括较突出的竞争风险,即政府在同一区域建设或许可建设与该BOT项目同样性质的项目,使该项目的客户分流,利用量减少。如在离已建好的收费公路较近的区域内另建一平行公路，或者将现行的平行公路进行重大改造，提高其等级，这样就会发生两条公路争夺同一路段交通量的情形。对于这种情况，在合同中明确规定由此产生的交通量下降或增长率降低而造成的损失应给予补偿，即如果珠海高速公路的收入以年为单位计算低于偿还债务资金的 1.25 倍，项目公司有权调高收费水平。

（4）不可抗力风险。不可抗力风险指项目的参与方不能预见且无法克服及避免的事件给项目所造成的损坏或毁灭的风险，如地震、水灾、瘟疫、社会动乱、战争行为等。一旦出现不可抗力，项目可能中断或完全失败。项目公司无法控制这些不可抗力风险，因而可在合同中约定采用顺延工期和延长营运期补偿损失，或者投保将此类风险转移给保险公司。

4. 经验教训

20 世纪 90 年代中期国内资本市场尚处于起步阶段，金融市场上资金紧缺，很难满足项目需求的巨额资金，并且资金成本也相当高。因此，大胆引进外资，采用离岸资产证券化模式，通过在美国证券市场发行公司债券的方式来获得建设资金。这样的融资模式，在当时的确可算是一个很大胆的创新，并取得了较大的成功：既解决了当时国内资金缺乏的问题，又保证了能够快速、高质量地完成项目建设，同时大大节省了借款利息，降低了项目建设成本。综合分析，离岸资产证券化融资有以下优势。

（1）采用离岸资产证券化融资可以有效地克服借用国外贷款和吸收国外直接投资等传统引进外资所带来的外债压力与产业安全问题；离岸资产证券化融资对已建成和在建项目均适用，不受项目的局限，在离岸资产证券化融资的过程中主权国政府始终保有项目的所有权。

（2）离岸资产证券化融资可以满足支撑债券发行国的法律要求，规避我国有关制度方面的不确定性，保证资产证券化融资的顺利完成。

（3）在境外发行证券时面对的市场容量更大，机构投资者更多，有利于大规模筹集资金。

10.4.2 华夏幸福固安 PPP 资产支持专项计划[①]

2016 年 12 月 26 日国家发展和改革委员会、中国证监会联合印发《关于推进传统基础设施领域政府和社会资本合作（PPP）项目资产证券化相关工作的通知》，鼓励 PPP 项目资产证券化，旨在更好地吸引社会资本参与 PPP 项目。在此良好的政策背景下，华夏幸福基业股份有限公司（以下简称"华夏幸福"）下属全资子公司固安九通基业公用事业有限公司（以下简称"固安九通"）于 2017 年 3 月发起了华夏幸福固安工业园区新型城镇化 PPP 项目（以下简称华夏幸福固安 PPP 项目）供热收费收益权作为基础资产支持的证券。作为资产支持专项计划的计划管理人，招商证券资产管理有限公司（简称"招商资管"）设立了华夏幸福固安工业园区新型城镇化 PPP 项目供热收费收益权专项计划（简称"华夏幸福固安 PPP 资产支持专项计划"）。通过该专项计划发行 7.06 亿元的资产支持证券，其中 6.7 亿元为优先级资产支持证券，分为 1 年至 6 年期 6 档，均获中诚信证券评估有限公司（以下简称"中诚信证评"）给予的 AAA 评级；0.36 亿元为次级资产支持证券，期限为 6 年，未进行信用评级，详情如表 10–1 所示。

[①] 资料来源：《华夏幸福固安工业园区新型城镇化 PPP 项目供热收费收益权专项计划计划说明书》。

表 10-1 资产支持证券期限及预期年收益

证券简称	兑付日	预期收益	发行规模	信用级别
A1 九通 17	2018 年 4 月 24 日	3.90%	0.58 亿元	AAA
A2 九通 17	2019 年 4 月 24 日	5.00%	0.80 亿元	AAA
A3 九通 17	2020 年 4 月 24 日	5.20%	1.02 亿元	AAA
A4 九通 17	2021 年 4 月 23 日	5.20%	1.28 亿元	AAA
A5 九通 17	2022 年 4 月 22 日	5.20%	1.43 亿元	AAA
A6 九通 17	2023 年 4 月 24 日	5.20%	1.59 亿元	AAA
九通次 17	2023 年 4 月 24 日	—	0.36 亿元	未评级

1. 资产支持专项计划的基础资产

本资产支持专项计划的基础资产为固安九通在特定期间内为华夏幸福固安 PPP 项目提供供热等公用事业服务而取得使用者付费收入的收益权（收费收益权）。依据三浦威特园区建设发展有限公司与固安县人民政府签署的委托协议、三浦威特园区建设发展有限公司与固安九通签署的委托运营协议，固安九通获得在特定期间内为华夏幸福固安 PPP 项目提供供热等公用事业服务而取得使用者付费收入的收益权。固安九通未向第三方转让或质押收费收益权（基础资产），也不存在已出现的或潜在的权属纠纷，不存在质押等担保负担或其他权利限制。固安九通能够独立提供供热服务，不以任何第三方提供的服务、产品、技术等支持作为前提条件；签订的供热合同明确约定了收费标准，获得可预测的收益。

2. 资产支持专项计划的设立

为了发行本资产支持证券，招商资管设立了华夏幸福固安 PPP 资产支持专项计划，该专项计划的设立过程如下：完成证券发行准备工作之后，由招商证券股份有限公司牵头（牵头代理推广机构）联合中信建投证券股份有限公司、兴业证券股份有限公司和中信证券股份有限公司（联席代理推广机构）通过簿记建档集中配售、直销、代理推广等方式销售本专项计划优先级资产支持证券。当募集资金使用专户中的认购资金达到了约定的目标发售规模后，将所募集的资金全部划转至托管账户，并聘请具有证券相关业务资格的会计师事务所对专项计划资金托管账户（简称托管账户）中的资金进行验资，会计师事务所出具验资报告，验证托管账户内资金达到了约定的目标发售规模，则本专项计划设立。计划管理人在专项计划设立日后 5 个工作日内，将专项计划的设立情况报中国证券投资基金业协会备案。

3. 资产支持专项计划的资金流管理

为了防范本资产支持专项计划资产与原始权益人、计划管理人、监管银行和托管人其他资产混同及被侵占、挪用等风险，设立了一系列的专用账户对本专项计划的资金流进行管控。详情如下：① 固安九通开立了回收款收款专户，专门用于接收基础资产产生的回收款；② 资产服务机构在监管银行处开立了资金监管账户，专门用于接收从回收款收款专户划入的回收款及其他专项计划应收款项（按月归集基础资产收入），并对该等收入或款项执行资金监管；③ 计划管理人在专项计划发行期内指定了一个募集资金使用专户，专门用于接收和存放资产支持证券持有人交付的认购资金；④ 资金托管人根据计划管理人委托在其处开立了托管账户，专门用于管理专项计划的一切货币收支活动，包括但不限于接收专项计划募集资金、支付基础资产购买价款、存放认购人专项计划资产中的现金部分、支付专项计划利益及专项计划费用、接收差额支付承诺人差额补足款项，均须通过该账户进行。此外，原始权益人在监管银行处开立了售回和购回准备金账户，专门用于存放售回和/或购回优先级资产支持证券所需支付款项的资金账户。

4. 资产支持专项计划的交易结构

招商资管是本资产支持专项计划的计划管理人。作为计划管理人，招商资管拟定了《华夏幸福固安工业园区新型城镇化 PPP 项目供热收费收益权资产支持专项计划标准条款》（简称《标准条款》），确立了证券发行的标准；招商资管还与多个参与人分别签订了一系列的协议：与认购人签订《华夏幸福固安工业园区新型城镇化 PPP 项目供热收费收益权资产支持专项计划资产支持证券认购协议》（简称《认购协议》），建立证券买卖关系；与原始权益人签订《华夏幸福固安工业园区新型城镇化 PPP 项目供热收费收益权资产支持专项计划资产买卖协议》（简称《买卖协议》），建立基础资产买卖关系；与托管人签订《华夏幸福固安工业园区新型城镇化 PPP 项目供热收费收益权资产支持专项计划托管协议》（简称《托管协议》），把本资产支持专项计划的资金交由托管人管理；与资产服务商签订《华夏幸福固安工业园区新型城镇化 PPP 项目供热收费收益权资产支持专项计划服务协议》（简称《服务协议》），把基础资产委托给资产服务商进行管理；与监管银行和资产服务商签订三方协议——《华夏幸福固安工业园区新型城镇化 PPP 项目供热收费收益权资产支持专项计划监管协议》（简称《监管协议》），让监管银行监管本资产支持专项计划的资金流。

作为原始权益人的母公司，华夏幸福签署了《华夏幸福基业股份有限公司关于华夏幸福固安工业园区新型城镇化 PPP 项目供热收费收益权资产支持专项计划差额补足承诺函》，承诺履行差额补足义务，对原始权益人提供流动性支持；签署了《华夏幸福基业股份有限公司关于华夏幸福固安工业园区新型城镇化 PPP 项目供热收费收益权资产支持专项计划的保证合同》，为原始权益人在回购或证券持有人售回优先级资产支持证券时所需支付的款项提供连带责任保证担保；计划管理人、资产服务商、三浦威特园区建设发展有限公司（基础资产服务购买人）与华夏幸福签订《固安九通基业公用事业有限公司运营支持协议》，该协议中华夏幸福为基础资产运营提供流动性支持。此外，证券分为优先级（占 95%）和次级（占 5%）两档，优先偿付优先级证券预期收益后，再偿付优先级证券本金，之后的剩余归次级证券所有人所有；九通基业投资有限公司（以下简称"九通基业"，是华夏幸福的全资子公司，也是固安九通的控股股东）认购全部次级证券，为优先级证券进行信用增级。在证券发行规模控制上，实现了现金流超额覆盖：本专项计划在正常情况下，每年监管账户中现金流入对优先级证券本息覆盖倍数均可保持 1.1 倍及以上。

华夏幸福固安 PPP 资产支持专项计划的交易结构如图 10-8 所示。固安九通承担了双重角色，既是原始权益人又是资产服务商；为了简化，证券销售商（推广机构）没有出现在交易结构图中。

5. 主要参与人的权利和义务

本专项计划的参与人众多，各自承担特定的角色，其中，主要参与人的权利与义务叙述如下。

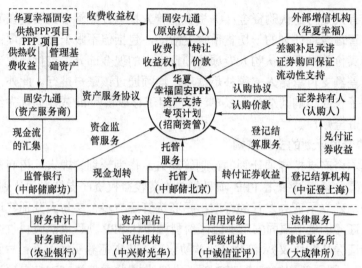

图 10-8 华夏幸福固安 PPP 资产支持专项计划的交易结构

1）原始权益人的权利与义务

作为基础资产的原始权益人，固安九通把华夏幸福固安工业园区新型城镇化 PPP 项目供热收费收益权出售给本专项计划的计划管理人。因此，出售之后，固安九通不得侵占、损害专项计划资产，并应当履行下列职责：① 依照法律、行政法规、公司章程和相关协议的规定或者约定移交基础资产；② 配合并支持计划管理人、托管人及其他为资产证券化业务提供服务的机构履行职责；③ 专项计划法律文件约定的其他职责。此外，原始权益人向计划管理人等有关业务参与人所提交的文件应当真实、准确、完整，不存在虚假记载、误导性陈述或者重大遗漏；原始权益人应当确保基础资产真实、合法、有效，不存在任何影响专项计划设立的情形。

2）计划管理人的权利与义务

作为计划管理人，招商资管享有以下权利：① 有权根据《标准条款》及《认购协议》的约定将专项计划募集资金用于购买基础资产，管理、分配专项计划利益，并收取《标准条款》约定的管理费；② 有权根据《认购协议》及《标准条款》的规定终止专项计划的运作；③ 有权委托托管人托管专项计划现金资产，并根据《托管协议》的规定，监督托管人的托管行为，并针对托管人的违约行为采取必要措施保护证券持有人的合法权益；④ 有权监督资产服务商严格按照《服务协议》的约定划转基础资产产生的回收款；⑤ 有权委托监管银行对监管账户实施监管，以监督资产服务商严格按照《服务协议》和《监管协议》的约定划转基础资产产生的回收款，并根据《监管协议》的规定，监督监管银行的监管行为，并针对监管银行的行为采取必要措施保护证券持有人的合法权益；⑥ 有权根据《标准条款》《认购协议》《服务协议》的约定，委托资产服务商代为履行其对基础资产的管理服务；⑦ 当专项计划资产或证券持有人的利益受到差额支付承诺人或其他任何第三方损害时，计划管理人有权代表全体证券持有人依法向相关责任方追究法律责任；⑧ 有权根据《标准条款》和《托管协议》的约定向托管人发送划款指令，指令托管人将专项计划募集资金用于购买基础资产或进行合格投资，并分配专项计划资产。

在享受权利的同时，计划管理人应承担以下义务：① 应对相关交易主体和基础资产进行全面的尽职调查，可聘请具有从事证券期货相关业务资格的会计师事务所资产评估机构等相关中介机构出具专业意见；② 应根据《认购协议》及《标准条款》的规定为证券持有人提供服务，在专项计划管理中恪尽职守；③ 应建立健全内部风险控制，将专项计划资产与其固有财产分开管理，并将不同客户资产支持专项计划的资产在账户设置、资金划拨、账簿记录等方面相互独立；④ 应根据《标准条款》的规定，将专项计划募集资金用于向原始权益人购买基础资产；⑤ 应根据《服务协议》的约定，按时向资产服务商发送《监管账户收款通知书》，保证资产服务商能够及时了解回收款划转金额等信息；⑥ 在管理、运用专项计划资产时，应根据《托管协议》的约定，接受托管人对专项计划托管账户内资金拨付的监督；⑦ 应根据《标准条款》的约定，按期出具《收益分配报告》和《年度资产管理报告》，保证证券持有人能够及时了解有关专项计划资产与收益等信息，履行信息披露义务，并妥善保存与专项计划有关的合同、协议、销售文件、交易记录、会计账册等文件、资料；⑧ 应按照《标准条款》的约定向证券持有人分配专项计划利益；⑨ 应监督托管人、资产服务商、监管银行、差额支付承诺人及其他机构履行各自在专项计划文件项下的职责或义务，如前述机构发生违约情形，则计划管理人应代证券持有人根据有关专项计划文件的规定追究其违约责任；⑩ 自专项计划清算日起，应按照《管理规定》《标准条款》《托管协议》的约定，妥善处理有关清算事宜；⑪ 因自身的过错造成专项计划资产损失的，计划管理人应向证券持有人承担赔偿责任；⑫ 应履行法律、行政法规和中国证监会规定及《计划说明书》约定的其他职责。

3）证券持有人的权利与义务

专项计划的证券持有人享有以下权利：① 有权按照《标准条款》的规定，取得专项计划利益；② 有权依据专项计划文件的约定知悉有关专项计划投资运作的信息，包括专项计划资产配置、投资比例、损益状况等，有权了解专项计划资产的管理、运用、处分及收支情况，并有权要求计划管理人作出说明，获得《年度资产管理报告》等专项计划信息披露文件，查阅或复制专项计划相关信息资料；③ 当合法权益因资产服务商、计划管理人、托管人过错而受到损害的，有权按照《标准条款》及其他专项计划文件的规定取得赔偿；④ 有权将其所持有的资产支持证券在上交所或监管机构认可的其他平台进行转让，并根据证券交易场所相关规则，通过回购进行融资；⑤ 享有按照《标准条款》的规定召集或出席资产支持证券持有人会议，并行使表决等权利；⑥ 有权按照《标准条款》的约定参与分配清算后的专项计划剩余资产。

证券持有人在享有上述权利的同时，应承担以下义务：① 应根据《认购协议》及《标准条款》的规定，按期缴纳专项计划的认购资金，并承担相应的费用；② 应自行承担专项计划的投资损失；③ 应依法纳税；④ 专项计划存续期间，证券持有人不得要求计划管理人赎回其取得或受让的资产支持证券，亦不得主张分割专项计划资产；⑤ 不得单独向华夏幸福行使差额补足款项的追偿权。

4）托管人的权利与义务

托管人依照《托管协议》的规定享有以下权利：① 有权要求计划管理人提供相关交易凭证或单据、合同或其他有效会计资料等材料作为划款指令的附件，以确保托管人有足够的资料来判断划款指令的有效性；② 对不符合法律法规规定及《标准条款》《计划说明书》《认购协议》约定的费用有权拒绝划付，由此给专项计划资产造成的损失，托管人不承担责任；③ 有权根据《托管协议》的约定收取托管费。

托管人在享受上述权利的同时，应承担以下义务：① 应在专项计划的托管活动中恪尽职守，履行诚实信用、谨慎勤勉的义务，按照《托管协议》约定保管专项计划账户内资金，将专项计划托管资产与托管人管理的其他资产分开保管，确保资产的独立和安全，依法保护资产支持证券投资者的财产权益；② 应依据《托管协议》的约定，管理专项计划账户，执行计划管理人的划款指令，负责办理专项计划名下的资金划转；③ 应依据《托管协议》的约定，及时通知计划管理人托管账户内的资金情况；④ 应按《托管协议》的约定制作并按时向计划管理人提供有关托管人履行《托管协议》项下义务的《托管报告》；⑤ 专项计划存续期内，如果发生可能对证券持有人权益产生重大影响的临时事项，托管人应在知道或应该知道该临时事项发生之日起3个工作日内以邮寄或传真的方式通知计划管理人；⑥ 应按照《托管协议》的约定，负责保管托管账户的银行结算凭证原件及与专项计划托管业务有关的记录专项计划业务活动相关的所有原始凭证、记账凭证、专项计划账册、交易记录和重要合同等文件、资料；⑦ 应依据《托管协议》的约定，对计划管理人管理、运用和处分专项计划资产进行监督与核查，发现计划管理人违反约定进行操作的，应当拒绝执行并通知计划管理人纠正，计划管理人未能在限期内纠正的，托管人应及时向中国证券投资基金业协会报告，同时抄送对计划管理人有辖区监管权的中国证监会派出机构；⑧ 在专项计划终止或《托管协议》终止时，托管人应协助计划管理人妥善处理有关清算事宜，包括但不限于复核计划管理人编制的清算报告，以及办理专项计划资金的分配；⑨ 因故意或过失而错误执行指令进而导致专项计划资产产生任何损失的，托管人发现后应及时采取措施予以弥补，并对由此造成的实际损失承担赔偿责任。

6. 经验教训

本资产支持证券的成功发行得益于当时的形势，基础资产权属明确，完全符合《证券公司及基金管理公司子公司资产证券化业务管理规定》的发行要求；证券信用级别达到 AAA 得益于资信增级措施，如原始权益人的母公司提供了差额补足承诺、流动性支持和证券购回保证，此外，还购买全部次级证券，降低了优先级证券的风险。本 PPP 项目在证券化之前，项目资产、收益等并没有用于项目融资，因此没有附带抵押、质押等担保责任或者其他权利限制，有利于资产支持专项计划的实施。

思考题

1. 什么是资产证券化？
2. 资产支持证券与项目收益债券有什么不同？
3. 资产支持专项计划的计划管理人主要有哪些权利和义务？
4. 资产支持专项计划托管人的主要权利和义务有哪些？
5. 简述资产支持专项计划设计的关键。

参考文献

叶苏东，2005a. BOT/PPP 采购策略的主要事项和陷阱[J]. 国际工程与劳务（6）：8–12.
叶苏东，2005b. 印尼 Paiton 电厂的开发经验及教训分析[J]. 项目管理技术（7）：18–22.
叶苏东，2006. 浅谈 BOT/PPP 基础设施项目实施要点[J]. 项目管理技术（12）：37–42.
叶苏东，2007a. 工程项目开发策略研究[J]. 项目管理技术（7）：63–66.
叶苏东，2007b. BOT 项目的融资风险与融资成本分析：加拿大 407 号公路的案例分析[J]. 项目管理技术（11）：36–40.
叶苏东，2008a. 公共基础设施项目的混合开发模式研究[J]. 公共管理学报，5（2）：66–72.
叶苏东，2008b. 水处理项目利用私人投资的开发模式[J]. 项目管理技术（7）：32–37.
叶苏东，2008c. BOT 项目主要风险的管理研究[J]. 项目管理技术（8）：26–31.
叶苏东，2010a. 公路项目开发策略及其选择研究[J]. 北京交通大学学报（社会科学版），9（4）：50–55.
叶苏东，2010b. 铁路项目利用民间资本的开发模式研究[J]. 北京交通大学学报（社会科学版），9（1）：6–12.
叶苏东，2010c. 公路项目利用民间资本的开发模式研究[J]. 项目管理技术，8（9）：49–53.
叶苏东，2011a. BT 模式中承约商偿付机制的设计框架[J]. 北京交通大学学报（社会科学版），10（4）：58–63.
叶苏东，2011b. 民间资本开发城市轨道交通项目的偿付机制研究[J]. 北京交通大学学报（社会科学版），10（2）：33–39.
叶苏东，2012. BOT 模式中开发城市轨道交通项目的补偿机制研究[J]. 北京交通大学学报（社会科学版），11（4）：22–29.
叶苏东，2014a. 城市垃圾焚烧发电 BOT 项目的偿付机制研究[J]. 北京交通大学学报（社会科学版），13（4）：25–30.
叶苏东，2014b. 电力项目利用民间资本的开发模式研究[J]. 北京交通大学学报（社会科学版），13（3）：22–28.
CHANCE C，1991. Project finance[M]. London：IFR Publishing Ltd.
ING N，2001. The implementation of the Taiwan high-speed rail project as a private-sector venture：opportunity and challenges[J]. Leadership and management in engineering，1（3）：33–35.
NEVITT P K，FABOZZI F，2001. Project financing[M]. London：Euromoney Publications PLC.
YE S D，LIU Y S，2008. Study on development patterns of infrastructure projects[J]. Journal of construction engineering and management，134（2）：94–102.
YE S D，LIU Y S，2007. Major pitfalls in developing independent power projects[C]. Proceedings of international conference on construction and real estate management：21–22.
YE S D，TIONG R L K，2004. Public-private partnerships for power projects：a case study of hub power project[J]. Journal of financial management of property and construction，9（3）：75–89.

YE S D, TIONG R L K, 2003a. Effects of tariff design in risk management of privately financed infrastructure projects [J]. Journal of construction engineering and management, 129 (6): 610–618.

YE S D, TIONG R L K, 2003b. The effect of concession period design on completion risk management of BOT projects[J]. Construction management and economics, 21(5): 471–482.

YE S D, TIONG R L K, 2003c. Tariff adjustment frameworks for privately financed infrastructure projects [J]. Construction management and economics, 21 (4): 409–419.

YE S D, TIONG R L K, 2000a. NPV-at-risk method in infrastructure project investment evaluation [J]. Journal of construction engineering and management, 126 (3): 227–233.

YE S D, TIONG R L K, 2000b. Government support and risk-return trade-off in China's BOT power projects[J]. Engineering construction and architectural management, 7 (4): 412–422.

YIN B K, 1999. Waiting for Gadot in Indonesia's power scene [J]. Project finance international, 165: 56–59.

后　记

"古为今用，洋为中用"。伟大领袖毛泽东为我们学习指明了方向。虽然知识没有时空之别，但是掌握知识的人有时空之别。我们可以学习古人的智慧，也可以学习外国人的智慧，但无论我们学习古人的知识还是学习外国人的知识，都要用在中华民族伟大复兴的事业上。本着这个想法，作者结合中国的具体实践，撰写了《项目融资》一书，希望能够为国家建设和发展做点贡献。

虽然知识技能没有国界，但掌握知识技能的人是有国界的。如果只是埋头学知识技能而不注重思想品德的培养，所培养出来的"人才"为谁所用？鉴于此，我们应重视个人的品德修养。

党的十八大以来，习近平主席多次在讲话中谈及中国知识分子"修身、齐家、治国、平天下"的家国情怀。"古之欲明明德于天下者，先治其国；欲治其国者，先齐其家；欲齐其家者，先修其身；欲修其身者，先正其心；欲正其心者，先诚其意；欲诚其意者，先致其知，致知在格物。"为我们指明了奋斗的方向——从"格物"开始。因为"物格而后知至，知至而后意诚，意诚而后心正，心正而后身修，身修而后家齐，家齐而后国治，国治而后天下平"。从如何修身到修身之后做什么，最为关键的环节是"修身"，这就是为什么说"自天子以至于庶人，壹是皆以修身为本"。因此，我们应从修身开始，而修身是从格物开始。学习《项目融资》的目的就是格物致知——提升自己的知识技能。然而，只是学习知识而不诚意正其心就达不到修身的目的，需要培育社会主义核心价值观。

党的十八大提出，"富强、民主、文明、和谐，自由、平等、公正、法治，爱国、敬业、诚信、友善"的社会主义核心价值观。社会主义核心价值观分三个层次：富强、民主、文明、和谐是国家层面的价值目标，自由、平等、公正、法治是社会层面的价值取向，爱国、敬业、诚信、友善是公民个人层面的价值准则。我个人认为应该从我做起，也就是从个人层次做起，从修身做起。首先要修一颗爱国之心，修一颗敬业之心，修一个诚信的人格，修一个友善的品格，做到"爱国、敬业、诚信、友善"，因为它是从个人行为层面对社会主义核心价值观基本理念的凝练，是公民的基本道德规范。

知识无国界，但掌握知识的人有国界。中国首位铁路总工程师詹天佑说，"各出所学，各尽所知，使国家富强不受外侮，足以自立于地球之上。"他留学美国耶鲁大学土木工程系，学成归国，主持修建中国自主设计并建造的第一条铁路——京张铁路，做到了"洋为中用"。由此可见，从哪儿获得知识不是关键，关键是要有爱国之心，用自己掌握的知识技能做利国利民的事。如果不爱国，就可能做有害于国家和民族的事。因此，我们应以周恩来为榜样，为中华之崛起而读书，以振兴中华为己任，促进民族团结、维护祖国统一、自觉报效祖国。所学知识技能应用于国家建设、民族复兴，服务社会，服务人民。例如，如果是海外项目，在进行项目评价时，要考虑与中国的关系，不能做有损于中国的事。

有爱国之心还需要有爱国之力。如果没有能力，不具备相关的知识技能，当国家需要你的时候，你却心有余而力不足。如果有能力而不敬业，饱食终日，无所用心，尸位素餐，不但不能为国家做贡献，还可能给国家造成损失。敬业是对公民职业行为的基本要求——正确的职业观念，热爱本职工作和对技术精益求精。我们应该忠于职守，克己奉公，然后才能更好地服务人民，服务社会。应学习诸葛亮"鞠躬尽瘁，死而后已"的精神。因此，认真学习《项目融资》，掌握项目融资的资金结构、投资结构、信用结构、融资结构、融资模式、融资工具等，为国为民做贡献。

诚信即诚实守信，强调诚实劳动、信守承诺、诚恳待人。"诚者，天之道也；思诚者，人之道也。"鲁迅说"诚信为人之本"。二者都强调诚信是为人之道，是立身处事之本。项目融资特别重视信用，虽然项目融资不依赖个人信用，但不是说个人信用不重要，而是个人信用还不足以完成项目融资。此外，在项目融资中，人若不讲诚信，就会造成纠纷，彼此无信任感，后患无穷。因此，我们应注重自己的诚信，尊重事实，实事求是，诚实守信、诚恳待人，从而有利于项目的顺利执行。

友善指人与人之间相互友好帮助共求进步，强调公民之间应互相尊重、互相关心、互相帮助，和睦友好，努力形成社会主义的新型人际关系。老子倡导"上善若水"的人生道德智慧。善待亲人可以形成和谐的家庭关系，善待他人可以形成和谐的人际关系，善待伙伴可以形成和谐的合作关系，善待自然可以形成和谐的生态关系。我们修身修出友善的品格就有利于协调管理项目融资项目。虽然在项目融资中，一切依照合同办事，依法办事；但是，由于项目融资一般用于PPP项目，而PPP项目一般都有比较长的合同期限，涉及面广，参与人多，难免产生纠纷，友善可以减少争执矛盾，友善有利于纠纷的处理。在国外投资PPP项目，与当地人相处也要友善，从而避免许多摩擦和纠纷，也有利于树立中国企业的形象。

我们学习《项目融资》的目的，就是利用外国资金，利用外国市场，实现中华民族伟大复兴的中国梦。这也是我写作本书的目的。